京都橘大学女性歴史文化研究所叢書

身体はだれのものか

比較史でみる装いとケア

南　直人
北山 晴一
日比野 英子
田端 泰子
編

昭和堂

はじめに

「身体」というテーマは、人間にかかわるあらゆる学問分野の対象になりうるものであるが、人文科学ではいわゆる「身体論」として哲学、社会学、文化人類学などの分野での研究が先行していた。日本において、歴史学の分野で身体というテーマが注目され始めたのは、いわゆる「社会史」が歴史学界の中で大きな力を持つようになった一九八〇年代ごろからである。この動きは、アナール学派などの影響などもあり、西洋史の研究者から拡大していった。ここでいう身体の歴史研究は、大きく分けて二つの分野において展開されていった。ひとつは身体ケアの分野であり、これは主として医療の歴史というかたちで展開され、フーコーの議論などからも影響を受けつつ近代医学批判や政治的身体管理といったテーマなどが研究されてきた。もうひとつは身体表現の分野で、ここでは服飾やファッションの研究、身体に関わる性的規範、舞踏やスポーツなど、幅広いテーマの研究が展開され、特に女性史研究の進展とも関連しつつ種々の研究がおこなわれてきた。

本書は、二〇一四年度～二〇一七年度にわたっておこなわれた京都橘大学女性歴史文化研究所第一二プロジェクト「装いと身体の比較史」の研究成果をまとめたものである。同プロジェクトでは歴史学（西洋史、日本史）を中心に、文学、美術史、心理学、さらには看護学や理学療法学など、文理の壁を越えた分野の研究者が「身体」をキーワードとして共同研究を展開してきた。何度も研究会や合宿を重ね、異分野の研究発表の聴講や異分野の研究者同士の議論をおこなうなかで、互いの研究を深化させ、その成果としてこの書籍を刊行することができた。こうした研究背景を踏まえ、本共同研究でも、とりあえず「身体表現」と「身体ケア」という二つの視点を設定して研究活動を展開することとした。

さて、本書に収められた各章は、大きく第Ⅰ部から第Ⅲ部までの三つのグループに分けられている。第Ⅰ部は「身体表現」と「身体ケア」という二つの視点を結びつける四つの論文から成る。そのうち巻頭の第一章「消費社会の発展と近代的身体の発見」とそれに続く第二章「〈太った身体〉の是認」、第三章「新しい食と身体表現を求めて」は歴史学や文学の立場からフランスやドイツなど西洋諸国の近代を対象としたもので、身体をめぐる政治文化を中心とするさまざまな言説や思想、運動が取り上げられる。もうひとつの第四章「化粧の心理」は、心理学の視点から、身体表現と身体ケアが化粧という行為を通じて密接に結びついていることを明らかにしている。

第Ⅱ部は、日本と中国の文学や美術作品における身体表現の問題をあつかう三つの章、第五章「五輪五体の身体観」、第六章「中国古代絵画史籍から見える女性画家の事蹟」、第七章「仏像の装いがあらわすもの」から成っている。研究分野は文学と美術史学で、学術的に高いレベルの研究成果が披露されている。

第Ⅲ部は、身体ケアの問題に焦点を当てた研究となり、第八章「中世の湯屋と施浴」、第九章「在宅看護活動の先駆者たち」から成る。日本史と西洋史から入浴や看護といった身体ケアの歴史が論じられるとともに、看護学および理学療法学の分野からも身体ケアの基本的な捉え方に関するコラムが寄せられた。本共同研究の学際的性格が端的にあらわれている部分である。

第一〇章は、田端泰子京都橘大学名誉教授による小袖（＝今日の「きもの」の原型）の普及に関する歴史的考察である。動きやすさを目的とした小袖がやがて武士階級の正装となっていくプロセスが説明され、まさに身体ケアと身体表現の接点の一例が示されている。

一見内容的にはバラバラに見える各章およびコラムだが、いくつかの点において共通点があり、それは読み進めるうちにしだいに明らかとなっていくだろう。たとえば第二章「〈太った身体〉の是認」と第三章「新しい食と身体表現を求めて」は、肥満というキーワードで結びついており、フランスとドイツでの肥満に関する言説を比較することができるであろうし、第七章「仏像の装いがあらわすもの」と第八章「中世の湯屋と施浴」では、藤原氏の氏寺としての興福寺が論の展開において重要な位置を占めている。それに第五章「五輪五体の身体観」も加えて考えると、仏教思想における身体の問題が浮かび上がってくるのである。また、第九章「在宅看護活動の先駆者たち」とコラム「看護学における身体」を読むと、身体ケアの最前線ともいえる看護の昔と今のありようの対比が実に印象的に理解されるであろう。

このように、本書は、文学系から医療系までの幅広い異なった学問分野の研究の結晶であり、読者の関心に応じてどこから読みはじめられてもよかろう。最後に全体として、「身体はだれのものか」ということについて、読者の方々が自分なりの何らかのイメージを描き出すことができれば編者の一人としてたいへんうれしく思う。

南　直人

◉ 目次

第Ⅱ部　美術、文学作品にあらわれる身体表現

第Ⅲ部　身体ケアをめぐる学際的視点

第I部

身体表現と身体ケアの接点を求めて

第一章

消費社会の発展と近代的身体の発見
——近代ヨーロッパ社会における身体ケアと身体表現

北山晴一

本章のキーワード
身体ケア／身体表現／風俗画／行政学の世紀／消費社会の誕生／近代的身体の発見／女性身体の回復

一九世紀後半のヨーロッパ社会を見ると、三つの特色があったことが分かる。まず、統治の技法が政治から経済へ（つまり消費社会の運営へ）と大きくシフトしたこと、次に社会のしくみがジェンダー化されたこと、そして三つ目が、「身体性＝女性身体」ということになって身体ケアも身体表現もともに女性の領分とする考え方が定着したことである。

本章では、これら三つの仮説を軸に、まず、ルネサンスから二〇世紀初頭のヨーロッパにおける身体ケアと身体表現がどのような変遷を遂げたのか、すなわち「近代的身体」がいかにして発見されたのか、についてその経緯を跡づけてみたい。そして最後に、二〇世紀全体を通貫する重要課題でもあったし、いまなお私たちのアクチュアルな問題関心でもある、「身体は誰のものか」という問いについて考えてみたい。

一 身体ケアとは何か、身体表現とは何か

私たちの身体がいまだその中に取り込まれている、「近代的身体」。その内実を考えるための導きの糸として、身体ケアと身体表現をめぐる歴史的変遷を辿っていきたい。

身体ケアと身体表現とは、いわば同語反復のような表現だが、では、それぞれがどのような意味で使われてきたのか。

常識的には、身体表現は他人向けで、身体ケアは自分向けということになる。化粧を例に挙げれば、メイクアップは人に見せるためのもの、すなわち身体表現。これに対してスキンケアは自分のため、と考えられてきた。ところが、現代の化粧においては、このメイクアップとスキンケアとは、概念としての差異は保ちつつも行為（プロセス）としてはほとんど一体化してしまった。身体ケアと身体表現の場合にも、時間的な尺度はまったく異なるものの、そこに同じような関係性を見出すことができる。すなわち、身体表現と身体ケアとは、概念的にも、また行為の上でも異なる事柄であったものが、あるときから一緒になってしまった。いいかえれば、身体ケアそのものが身体表現だ、ということの発見である。厳密に言えば、この二つの行為はその起源を辿っていけばもともと同一の行為として分類すべきものであったのだが、長らく二つの別物として認識されてきた。それが、あるとき、再び同一の事象として、社会的にもはっきりと認識されるようになったのである。

では、それはいつ頃のことだったのか。ヨーロッパにおいては、一六世紀頃であったと考えられる。

一五三〇年に、『子供のための礼儀作法』という、貴族やエリートの子供たちに向けて書かれた作法マニュアルが出版されている。著者は、後にヨーロッパ随一の人文学者と言われたエラスムス。同書には、テーブルマナーとして、

「人が食べかけているものを取って食べてはいけない」とか、「一度口に入れたものは出してはいけない」とか、「テーブルクロスで口を拭いてはいけない」とか、「痰や唾を地面に吐いてはいけない」とかいった、身体に関する「いけない事例」がたくさん挙げられている。なぜ、この時期に、このような書物が出版されたのか。その理由については、ここでは深入りしないが、こうしたマニュアル的な情報が当時いかに求められていたか、そして、今から見れば、言わずもがなことが書かれたことの意味について、ここで二つのことを指摘しておきたい。まず、こういうことが書かれたという、そのこと自体が、当時の人々がそうした行為を日常的にやっていたのだという事実を逆に教えてくれること。なぜなら、「やってはいけない」といって教育することは、じつは、当時のほとんどの人々がそうした行為をやっていたのだということの逆証でしかないからである。そして、もうひとつの意味は、ほかでもない、こうした作法書が書かれた時期に、「やってはいけない」ことへの忌避の認識が社会的に広まってきたことを教えてくれるという点にある。貴重な歴史的証拠というわけである。

一　文明化の過程

「やってはいけないこと」がおこなわれていた当時の現実と、「やってはいけないこと」を排除する認識、この現実と認識とのギャップに注目し、深く研究したのが『文明化の過程』（一九三九年）の著者ノルベルト・エリアスであった。エリアスによれば、私たちの身体はヒトが人間になるときに必ず加工されている、そしてこの加工こそが人間を人間たらしめる特色なのであった。エリアスの言う文明化とは、こうした加工行為のことに他ならない。

私たちは、裸の身体は自然の身体だと思っているが、それは単なる思い込みにすぎない。たとえ裸になったとしても、その時の私たちの身体は、文明という衣で覆われているのであり、私たちが羞恥心と呼んでいるもの、それは文明の衣なのだ、いうわけである。いいかえれば、自然の身体とは、もはや不可能の身体となったことを意味する。私たちの身体には、物理的だろうと、精神的だろうと、かならず何らかの文明の手が入っているのであり、加工されて

図１　身体装飾の工夫　エチオピアの事例。
出所：Hans Silvester

いない生《き》の人間身体などあり得ないのだということを、エリアスは宣言したのである。

　ところで、文明化の具体的実践としての身体表現には、化粧、仮面、着衣、さらには身振り手振り、話し方の習得など多種多様のものがあるが、これらはひっくるめて身体変工とも呼ばれる。話し方の習得は、身体変工とは言いにくいのだが、これもまた文明化の重要な要素のひとつとして、身体変工に分類することが可能である。

　ここで身体表現には多種多様があると言ったが、たとえばこの写真（図１）に写っているものを、なんと呼んだらよいのか、判断に迷うだろう。仮面なのか、ヘアメイクなのか、化粧なのか、服なのか、全体が渾然一体となって判別を難しくしている。とはいえ、この奇妙なオブジェクトが身体を覆う装飾物であることは誰が見ても明らかだろう。装飾物で身体を覆う行為、それらはいずれもが、私たちがヒトから人間になる時にやってきた文明化の実践に他ならないのである。

　一六世紀には、顔への関心が高まり、真の意味での顔の研究も始まった。「いや、そんなことはない。顔の研究は、ずっと昔からあったはず」との異論もあろうが、それ以前の研究は、そのほとんどが顔の研究ではなく、頭の形など頭骨の研究でしかなかったのである。

　では、真の意味での顔の研究とは何を指すのかといえば、それは、その頃ようやく表情の研究が始まったことを意味する。食卓の作法への関心と表情への関心の高まりがほぼ同じ頃に確認されるのは興味深い。

　具体的に見てみよう。一六世紀になると、たとえば「顔は心の窓」とか「顔によって自己を表現する」ということが、よく言われるようになった。これは、この頃になって、私的な感情の表出に対する世間の自由度、寛容度が増大したことの反映だと考えられる。表情も含めて、自分のプライベートな感情を人前で出しても怒られない。そういう世の中になってきた。それが表情の研究を導き出したというわけである。

しかし、世の中が一方向にだけ動くことはまれである。表情の表出が自由になり、それがその人の自己、その人のアイデンティティと見なされるようになると、今度は、自分の顔に責任を持とう、責任を持て、といった社会的機制が強まり、次いでそれを内面化した自己抑制、自己管理の力が立ち現れ、結局のところ、好き勝手なことのできない状況を創り出してしまうからである。

いささか厄介な状況である。

しかし、厄介な状況とは、逆に人間の知恵が磨かれ発揮される状況でもある。「ここまでやっていいのだ」というのと、「これから先はダメ」という状況をうまく調和させ、止揚するノウハウが一般化され、表情、つまり内面の開示法の形式化が生み出されることになった。こうして形式化された知恵が、次には決まりや礼儀作法としてまとめられ、作法書や教えやレッスン等のかたちで伝えられるようになる。エチケットの誕生である。

ところが情報のパッケージであるエチケットはしばしば、格差生産的に作用する。つまり、多くの場合、形式化された知恵であるエチケットは社会的強制力として作用することになるのだが、他方、そうした知恵、身体作法を知悉した人たちに対しては、逆に、自由な身体表現の発揮できる特権的な場を提供するといった状況を生み出すからである。こうして後者こそが文明人であり、文明人は自分たちだけだという差別化の言説を生み出すことになる。

文明人の内面は、まことに複雑である。

二　再帰する自我像

文明人の内面は、単に複雑というのではなく、輻輳《ふくそう》化（こんがらがるということ）をもたらした。私たちは、単に見

図２　「鏡をもつヴィーナス」16 世紀、École de Fontainebleau
出所：Musée Marmottan Monet（2015）

たり、見られたりしているのではなく、見られている自分をもう一度見る、つまり他者の反応を見ることによって、自分がどう見られているかを想像し、その想像されたイメージによって、さらに自分を作り直すということをやっているわけだが、このようにして構築される自己イメージのことを、「再帰する自我像」と呼んでおきたい。そのメカニズムは、昔からよく言われている「人の振り見て、わが振り直せ」とほぼ同じである。自分だけで決めるのではなく、人がどう見ているかを見て、私たちは自分の振る舞いを決めていく、それが、私たちの常態だというわけである。

「人の振り見て、わが振り直せ」と言ったが、鏡は、「他人の目に自分がどう見えているか」を他人の気持ちになって、自分自身で確認できる便利な道具である。たとえば、一六世紀のフォンテーヌブロー派の作品に「鏡をもつヴィーナス」（図２）がある。また、時代はだいぶ下るが、大きな鏡の前で、お嬢さんか奥方のような女性が姿を直しているイラスト画がある。二〇世紀初めのファッション雑誌 *La Gazette du Bon Ton*（一九一三年三月号）に掲載されたもので、絵の下には「奥様の相談役」と書かれていた。この絵のテーマが、女性たちではなくて鏡のほうにあったことは明らかだろう。

さて、私たちは、このように自分の姿格好だけでなく言葉づかいをも含めて、自分の外部に現れているものと、それを他人が見て判断することと、その判断をさらに自分の判断にかけるといった社会的な往復運動のなかで、瞬間瞬間に自分の振る舞いを調整しているのが常なのである。

このことは、私たちに二つのことを教えてくれる。ひとつは、私たちが私たちであること、つまり私たち人間のアイデンティティの構成には他者の存在が深く関わっているということ。もうひとつは、私たちの身体が社会との心理的往復運動の中で絶え間なく更新されているという事実である。これを私は身体の「内面化」と呼んでおきたい。すこし面倒くさい表現になるが、これらをまとめて言えば、自己の身体への配慮（身体ケア）の高まりが、一方で私的な空間の拡張を伴うとともに、もう一方で他者の視線に向けて自己身体を再構成する動き（服装や化粧、話し方、立ち居振る舞いなど、外に向けての身体表現の技術を鍛練したいという欲望）を促すのだということができる。

このように考えてくると、最初に私の述べたこと、身体ケアは身体表現でもある、ということの意味も容易に理解してもらえるのではなかろうか。

二　身体ケアと身体表現の道具立て

さて、身体ケアの社会的必要性の認識、つまり自分の身体に責任を持たなければいけない、という考え方が定着すると、そのための技術、すなわち身体表現の知識と、知識を現実化する道具立てとが必要になってくる。

道具立てとは何か。まずは入浴の習慣である。他にも、化粧や身づくろい、エチケット、言葉づかい、歩き方なども、道具立てに含まれる。先ほど言及した鏡も、自分の姿を確認する道具立てとして、一六世紀以降、急速に注目が高まっていく。

道具立ては、歴史的に大きく揺れ、変化していく。簡単に流れを追ってみよう。

一　中世からルネサンス

まず、入浴に関する時代の感覚の変化について説明しよう。

パリのクリュニー美術館には中世末期に制作されたタペストリーがたくさん収蔵されているが、その中のひとつ（一五〇〇年頃の制作）に、貴婦人が大勢の人々の視線の中で入浴する光景が描かれている（図3）。このタペストリーには、「私の愛しい人が裸です」というコメントが加えられている。美術史的な特色については省略するが、この作品を史料として見た場合に気づかされるのは、この時代における親密空間と公的空間の切り分けが、言い換えれば羞恥心というものの位置づけが、私たちの時代の感覚と大きくずれていることである。

女性の入浴シーンを描いた作品は、他にもたくさんあって、図4は一六世紀の画家クルエの作品である。アンリ四世の愛妾だったディアーヌ・ド・ポワティエの入浴シーンを描いている。それに対して、図5では、ガブリエル・デストレとマダム・ヴィラールとが同じバスタブに入っているという奇妙な光景を描いている。時代的には五〇年ぐらい離れているが、後景に授乳する乳母が描かれている等、前作を意識した作品であることは明白である。

細部の違いはさておき、いずれにせよ、これらのタペストリーや絵画を見る限り、一六世紀の末くらいまでは、入

図3　「入浴——領主たちの生活」1500年頃、Musée Cluny
図4　「入浴するディアーヌ・ド・ポワティエ」16世紀、François Clouet
図5　「入浴するガブリエル・デストレとヴィラール公爵夫人」16世紀末、École de Fontainebleau
出所：いずれも、図2に同じ

浴がふつうにおこなわれていたことが推察できる。

二　一七世紀の変化

ところが、一七世紀に入ると身体ケアの分野で大きな断絶が起きた。というのも、この頃、身体衛生への関心の高まりにも関わらず、ヨーロッパ世界から入浴の習慣が後退してしまうからである。

たしかに、一般的には、一六〇〇年代、つまり一七世紀の特徴として、清潔への配慮の高まりを挙げることができる。とくに口と歯への配慮が出てきて、口の臭うことがとても嫌われた。それなのに、ルイ一四世は悪い歯医者にひっかかり、晩年、歯がガタガタになって口臭もひどかったと伝えられている。奇しくも、このエピソードは、この頃すでに、そういう身体衛生への配慮が、人びとの意識にのぼっていたということを教えてくれるわけだが、にもかかわらず、ヨーロッパ世界では入浴の習慣が後退したのである。その理由として挙げられるのが、キリスト教の影響である。入浴がキリスト教徒にとってタブーにされてしまったというのである。

同じタブー状況の中で、入浴ばかりか、水そのものへの忌避感情の強まったことも知られている。水に浸かると、水といっしょに毒素が体内に入ってきて病気になる、とまで言われた。その一方で、白い布の衛生効果への信仰が非常に高くなり、白い布で体を拭くことが推奨されたりもした。その結果、白い布の人気はどんどん上がり、ヨーロッパ中が白い布を求め、いろいろなものを白い布で覆う習慣が普及した。テーブルクロスやナプキンといった食卓リネンも普及し、白布が、清潔信仰のシンボルになったのである。ちなみに食卓リネンの生産は、当時、ほとんどオランダが独占しており、ヨーロッパ中がオランダ産の食卓リネンを求めることに熱心だったことが知られている[1]。

入浴や水へのタブーが強まるのと対照的に、上流階級では、身体ケアに関わる様々な道具立て（インテリアや家具など）が続々と登場する。なかでも、化粧台と鏡とは、女性空間に必須のセットとして普及し始めた。そうした女性空間の様子は、たとえば、図6を見ればよく分かる。鏡の前に座って自分の顔を眺める女性、そして、前述したように、女性の肩には当時まだ貴重品扱いされていた白い布の掛けられているのが見える。画家の筆は、化粧台の上に置かれた櫛やアクセサリーの類までもくっきりと描いている。

白い布への注目度はとても高く、別の絵（図7）からも、その点の強調されていることが分かる。この絵は、一風変わった絵柄で、なぜか男がひとり望遠鏡で外を見ている。少し離れた奥まった場所では、女の人が化粧台に向かい、化粧に余念がない。そして、この絵では、お付きの女の人が白い布を手に持ち、化粧台に向かう女性の肩にも白い布が掛けられている。本来は化粧台にも白い布が掛けられるのだが、この絵の化粧台には刺繍で縁取られたビロード地の布が掛けられている。当時、白布同様にこれまた貴重な品物だったビロード布を誇示するためだったと考えられる。ところで、フランス語の「トワレット（toilette）」という語は、今では「お化粧」の意味で使われるが、当時は、化粧台も、それを覆う布も「トワレット」と呼ばれていたことを書き添えておきたい。

この女性はたいへん裕福な暮らしをしていた様子で、絵の前景には被り物のようなものが描かれ、犬もいたり、と

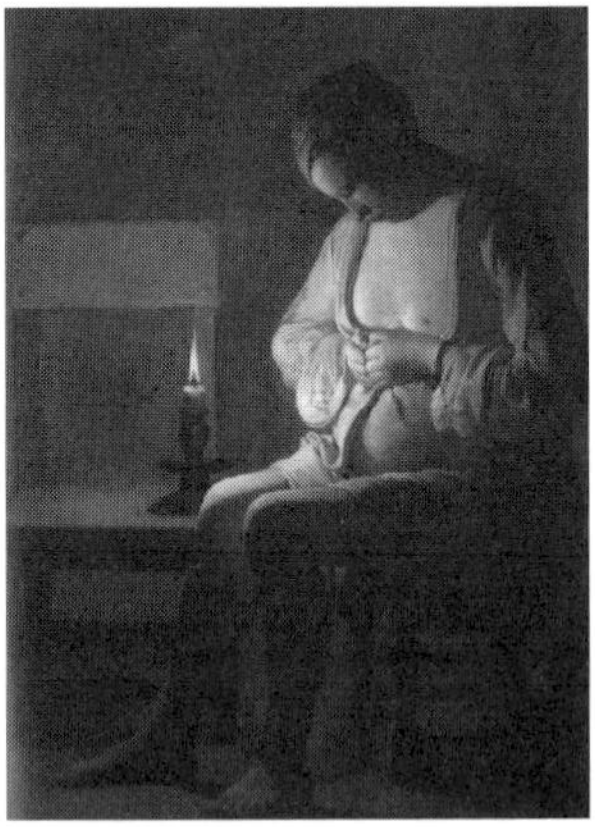

図6　「化粧する若い女性」1626年頃、Nicolas Régnier
図7　「光景（化粧する女性）」1635年以後、Abraham Bosse（推定）
図8　「蚤をとる女性」1638年、Georges de la Tour
出所：いずれも、図2に同じ

いった具合に非常に贅沢な設えが強調されている。単に贅沢なだけではなく、ベッドがわざわざブラインドのようなもので隠されているなど、室内空間全体が、現代の私たちが見てもほっと安心できるような癒しの雰囲気を醸し出しているのが見て取れる。これに似た風俗画が当時たくさん描かれていたことをから見て、こうした佇まいの空間への志向が当時強かったことが窺われる。

他方、同じ時期であっても、雰囲気のだいぶ異なる作品もある。ジョルジュ・ド・ラ・トゥールの描いた「蚤をとる女」（一六三八年）は、その代表だろう（図8）。先ほどの絵のような贅沢な設えと比べると、とても質素な室内である。当時の格差社会のあり様が如実に表現されているといった言い方も可能だが、しかし、この絵から私たちがまず感じ取るのは、やはり先ほどの絵においてと同様に、穏やかな時間空間の中でひたすら自身の身体ケアに余念のない女性の存在が醸し出す安心感であり、心を打たれる。個人の親密空間が穏やかに拡張する、時代の雰囲気を証言する貴重な作品である。

三　ロココの時代の身体ケアと身体表現、その特色

一七世紀にはあれほど嫌われていたのに、一八世紀になると、入浴の習慣が戻ってきた。

同時に、化粧、化粧道具、化粧台はさらに贅沢度を上げていく。調度や家具だけでなく親密空間の全体に配慮がなされるようになり、さらにその様子が風俗画に描かれることで、当時の社会が親密空間のデザインに対していかに強い興味を持っていたかが見て取れる（ただし、親密空間＝私的空間、というわけではないことにも注意を払う必要がある）。

一八世紀のほとんどがロココ時代と重なると言えるが、このロココ時代は、映画『マリー・アントワネット』（二〇〇六年）で描かれたように、上流階級が優雅で贅沢な宴の日々を享受した時期であった。たとえば、稀代の風俗画家フランソワ・ブーシェの作品「化粧する貴婦人」（図9）には、肩に白いガウンを掛けた女性が、すでにほぼ紅をしっかりつけ、つけぼくろも、ひとつはつけ終わり、それでも右の指先にまだ何かが載せられているのが見え、おめかしに

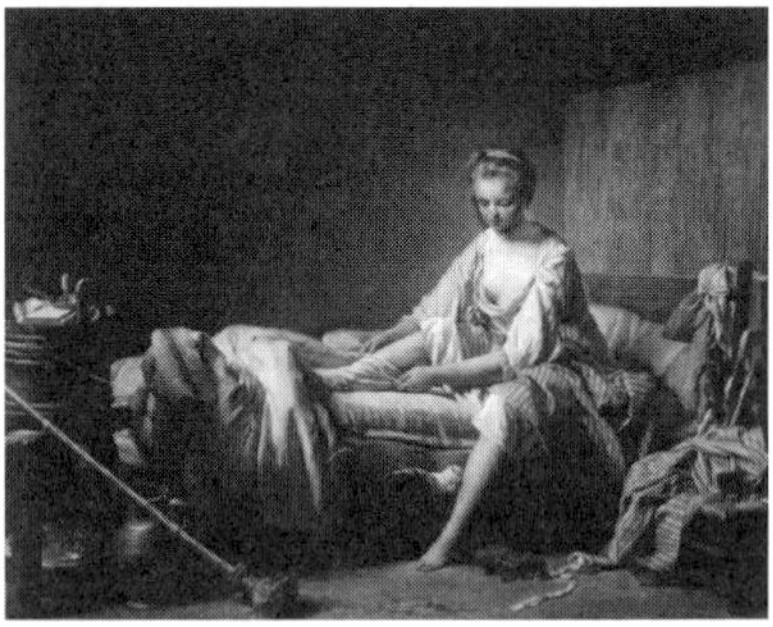

図9　「化粧する貴婦人」1738年、François Boucher
図10「化粧　ガーターベルトを着ける貴婦人と召使」1742年、François Boucher
図11「ファンションの起床」1773年、Nicolas-Bernard Lépicié
出所：いずれも、図2に同じ

余念のない様子が描かれている。これだけでも、その場の雰囲気が伝わってくる感じだが、この絵の面白さはそれに尽きるわけではない。

この女性の左の手元をよく見てもらいたい。開かれたコンパクトの中に男性の肖像画がはめ込まれているのが見えるだろう。この一七三八年の作品は、化粧という私的な行為と、彼女の内面を具体化したコンパクトの中の男性の顔、それらを同時に見せることで、当時の独特の親密空間のあり様を象徴的に描いているといえよう。

ブーシェには、女性の朝の身づくろいの場面を描いた別の作品もある（図10）。先の作品とほとんど同じ時期の一七四二年のもので、この絵では、白い部屋着を着た女性がガーターベルトを身につけるしぐさが描かれている。部屋には、中国風の花鳥画の屏風が奥に置かれ、暖炉には火が入って暖かそうな空間である。猫まで描き込まれている。少し雑然とした感じもあるが、女性がふたり楽しそうに会話している様子が心を和ませる。当時の身体ケアの様子を細かいところまで非常によく描いた、ロココ時代の代表的な作品のひとつだろう。

では、次の絵「ファンションの起床」（図11）はどうだろうか。ブーシェとは別の画家の手になる一七七三年の作品で、モデルは小間使いの女性と思われる。ベッド、椅子に掛けられた黄色のドレス、桶の上に置かれた板と燭台、床には水瓶やモップ。小間使いであっても、比較的清潔な空間で寝起きしていたことがよく分かる。ちなみに、一七七三年は、マリー・アントワネットがフランス王家に輿入れしてきた年にあたる。

さて、ここでブーシェの別の作品を二つ見ていただきたい。これらの絵がいかに貴重な史料であるか、二つを比べることによって理解してもらえるはずである。

まず、一七四〇年の作品（図12）。若い女性が丸い輪のかたちをしたお菓子を犬にあげようとしている。袖口が花輪のように処理されたとても贅沢なドレスを着て、髪飾りの様子も細かいところまで入念に描かれている。幸せな雰囲気が匂ってくるような絵柄だ。

この作品には、二年後の一七四二年（一七六〇年代初めという説もある）に描かれた別のバージョン（図13）があって、

図12「丸い菓子ジャンブレット」1740年、François Boucher
図13「スカートを上げる」1742年頃、François Boucher
出所：いずれも、図2に同じ

図 14 「化粧する若い女性」1742 年、François Eizen
出所：図 2 に同じ

見てびっくりする。しかもタイトルが、そのものずばり「スカートを上げる」なのである。寝起きで、身づくろいをする女性を描いた、まさしく稀有の作品というべきもので、見ての通り、女性が排尿のためのおまるを持ってスカートを上げている。たしかに、「なんという覗き趣味だ」という感じもするが、当時の身体ケアの習慣とその道具立ての実際を知るには、またとない史料である。私たちは、身づくろいを終えて外向けに整えられた女性や男性の絵、すなわち身体表現としての絵はよく見かけるが、その裏でどんな身体ケアがおこなわれていたのか、その実際を知ることはなかなかできない。この絵は、そうした舞台の裏側の詳細を見事に教えてくれる作品である。

次に紹介するのは、前作と同じく一七四二年制作の「化粧をする若い女性」と題された作品である（図14）。作者はフランソワ・エザン。この絵の見どころは、当時の上流家庭の女性の身体ケアのための道具立てが全部そろって描かれている点にある。鏡の置かれた化粧台、化粧台を覆う白い布、部屋着と部屋着を覆う白い肩掛け。そして、暖炉と暖炉の上の鏡。暖炉には火が入っていて、暖炉で沸かしたお湯を、お付きの女の人がやかんのようなものからビデに移し入れている。ビデの手前にはおしっこを入れる深皿も見える。体を拭くためと思われる布も置かれ、なんと布のにおいを嗅ごうとする犬まで描かれている。ビデにお湯が入ったら女性が体を洗う段取りが出来上がり、というわけだろう。なお、後景には、女性の娘と思われる少女がお付きの女性と口論している様子まで描かれており、風俗画としての興味を増している。「子どもの見るものじゃないから、早く外に出なさい」と言われて、「子ども扱いしないで、私だってもう大人よ、どうして見ちゃいけないの？」と反論する、そんな言葉が聞こえてくるようである。

解説によると、この作品は、いまふうにいえば女主人が「熱い夜」を過ごした後の情景画だとのこと。当時の親密空間の様子が細部の要素まで含めて丁寧に描きこまれており、貴重な歴史的証言となっている。

三　風俗画の世界の背景で

ここまで、おもに一七〜一八世紀の風俗画を素材に、当時の上流階級の優雅な身体ケアと身体表現の話をしてきたが、そうしたいわば歴史の表面に現れた現象の底流で、ヨーロッパ社会がどのように動きつつあったのか、とりわけ一八世紀に大きく発展する健康政策がどのような社会的・政治的・経済的文脈の中で注目されるようになってきたのか、などについて論じておきたい。なぜなら、健康や身体衛生への関心と、身体ケアや身体表現の問題との間には、切っても切れない関係があるはずだからである。

一　新しい統治技法の探究

前節までに言及してきた一七〜一八世紀の時代は、世の中全体が社会的・政治的・経済的に大きく動いた時期である。旧来の政治体制、より正確に言えば、旧来の国家統治の理念や技法への根本的な疑問が出され、いろいろなレベルで「これまでのような政治では、もう統治は成り立たない」という考え方や動きが随所で浮上していたからである。

現在のようなヨーロッパの地政図が確定されたのは、一六四八年のウェストファリア条約の締結のおかげだと言われている。三十年戦争後、戦後処理のための条約がヨーロッパ諸国（オーストリア、ドイツ諸侯《ママ》、フランス、スウェーデン、スペイン、オランダ）の間で結ばれて、現在のヨーロッパの国境線がほとんど確定され、これ以降、この時決められた国境線を動かすことはほぼ不可能となった。現実には何度も戦争がおこなわれ、取ったり取られたりしても、最終的には、このときに確定された国境線に近いところに戻ってしまうのであった。もう他の国と戦争をしてその領土を奪うことができない、国力を増加させる手段としての戦争が不可能になったのだとすれば、いかにして国力を増加させればよいのか。

このような手詰まりの政治状況は、結果的に新しい統治の理論、統治の技術の開発が不可欠の事態になったという認識を生み、実際に新しい統治の実践を生むことになったのである。具体的には、限られた領土内で（とりわけ人間を含む）資源を最大限に有効活用し、生産性を高めることが統治のための至上命令となり、一八世紀以降は、この方向に沿った統治理論の精緻化と実践の具体化が進められることになった。統治理論の歴史の中で、これは、ほとんど革命的とも言える事態なのであった。

さて、統治の理論には歴史的変遷のあったことが知られている。(2)

まず、自然法モデルというものがある。神がこの世の中をつくったのと同じやり方で、王もこの世の中を治めればよいという考え方だ。二つ目が戦争モデルで、これは、一六世紀のマキアヴェリ（『君主論』一五三二年）などが唱えた「他の国からつぶされないように、いかに守り、いかに他の国から領土を奪うかを優先する」という考え方である。神の教えよりも人智を優先させる、といって非難されたが、近代の萌芽を感じさせる理論であった。これらに対して、三つめの競争モデルがある。現在にも通じる統治の理論だ。もう自分の持っている駒でしか国力を上げることはできない、もしそうであれば、その時もっとも重要な持ち駒は何かといえば、それは人間の他にないだろう。しかも抽象的な人間に注目するのではなく、具体的な特色を備えた住民を相手とする必要がある。どういうところにどういう人が住んで、どういう家族形態をとって、出生率や死亡率はどうなのか、という具合に、国土の有する諸条件の中に置かれた、生きた人間、すなわち「住民」をもっとも効率よく管理することによって、いかに国力を上げていくか。要するに、住民こそが国家統治の中心的課題だという考え方である

ここで住民を効率よく管理すると言ったが、管理（administrate）するための知の集大成、それが「行政学（public administration）」という用語の語源的な意味である。ちなみに行政学にとって統計学（statistics）は不可欠の知識だが、

statisticsとは、国家（state）の学というふうに解釈することが可能である。住民に関する詳しい情報を収集し、統計的データとしてまとめ、それらをいかに統治に役立てるか、それが行政の担う役目だということになる。

このように行政に重点を置いた統治の仕方は、当時の用語では「ポリス」と呼ばれた。ポリスの目的は「領土から人間へ」ということで、「人間こそがポリスの真の対象」なのであった。さきほど、住民を管理するのが行政だと記したが、管理は力づくでおこなわれるわけではまったくなかった。それどころか、ポリスは、人間＝住民の心理をよく読んだ統治理論であった。なぜなら、住民の側からすれば、生存すれすれのところで生きていれば満足というのではなくて、昨日より今日、今日より明日はましな生活がしたい、エリート階級のようにはいかなくてもそれにより近い快適な生活がしたい、生存から人並みの生活へ、人並みの生活からより豊かな生活へ……。このように住民の一人ひとりが自ら率先して自分の生活をどのように改善していくかを考えるように仕向けることによって、結果的に国力が上がればよい、否、それがもっとも効率的な統治の方法なのだ、そう考えるのがポリス理論の内容であった。こうしたポリスの考え方が明確に意識されるようになったのが一八世紀なのである。

ポリスの考え方の登場は、国家統治の理論の歴史の中で画期的な出来事であった。個人の生活の発展が、同時に国家の力をも強化する（「人びとの生に小さなプラスアルファを与えることで国家の力が少しばかり強くなる」）[3]という、現在の経済主義的な政治理論とまったく同じ考え方がすでに一八世紀にきちんと出ていたわけである。一九世紀初頭の空想社会主義者サン・シモン伯の著わした『産業人のカテシズム』（一八二四年）のメインテーマが、すでに予告されていたと言うことができる。後に触れる予定だが、第二帝政期の経済発展政策の理論的支柱を与えたのが、このサン・シモンの思想なのであった。

二　健康政策と行政学

先ほど「人間こそがポリスの真の対象」だと述べたが、もしそうであるならば、人間＝住民の人口学的な側面、すなわち生と死、出生率や死亡率、病気や健康といった事柄は、ポリスの重要な関心事とならざるを得ないだろう。行政学が発達するのは一八世紀のことだが、まさに統治に不可欠の要素としての健康政策に注目が集まったのも、この一八世紀なのであった。

以上のことを別の面から見れば、医学と統治とが手を結んだということでもある。先ほど統治の理論にとっての住民の重要性について触れたが、同じ時期に、統治理論にとってもうひとつの重要な要素が発見されることになった。

家族とその役割の発見が、それである。

一八世紀になると、国家は、住民が健康で清潔で五体満足な肉体、浄化され清掃の行き届いた通気性のよい空間、個々人や家屋やベッドや家庭用品の医学的に見て最適な配置、そして育児や子供の健康維持などの重要性に気を配ることになるが、そうした事柄を国家に替わって、具体的で目に見える、しかも気持ちの通った、要するに人間的な雰囲気の中で、とりわけ他人事ではなくて自分事として、さらにいえば、世話するものと世話されるものの間のルールづくりに至るまで全部ひっくるめて担ってくれるエージェント、それが家族だったのである。家族は、統治の手段としてますますその重要度を増しつつあった福祉の実践を、家族を成り立たせる最も重要な道徳的法則として率先して引き受け、具体化することに努めたのである。統治する側にとってこれほど歓迎すべきエージェントはなかったであろう。

ここまでをまとめれば、一八世紀には、住民、家族、健康、医療という四つの事柄が、統治の手段として大きく浮上し、当時の人々の身体ケアへの欲望を支えることになった、と言うことができる。箇条書きにすれば、以下のようになろう。

①家族は、社会集合体の健康に関する一般的目標と、個人からの治療願望との蝶番の役割を担うことになった。
②健康という私的倫理（両親と子供の相互的な義務）と、公衆衛生という社会的統制、そして医学的知見・技術との三つが結合し、この結合体が統治の手段の中に組み込まれた。

③上記の結果、健康が特権化され、健康を介して政治的なものと医学的なものとの協働が生まれた（医療と公衆衛生の発達）。

④かくして身体ケアは、私的目的であると同時に公的目的ともなった。

以上を図示すれば、左図のようになろう（図15）。

このようにして、近代の家族は、医療と公衆衛生の普及の最も恒常的な仲介者、いいかえれば健康政策のエージェントとなり、そのことを通して統治の理論の実践者となったことが理解できるだろう。

ここで、誤解を避けるために念を押しておきたいのが、健康政策の主体はあくまでも国家であり、住民は健康政策の恩恵は受けるとしても、健康政策の対象（客体）なのであって、けっして主体ではなかったという事実についてである。

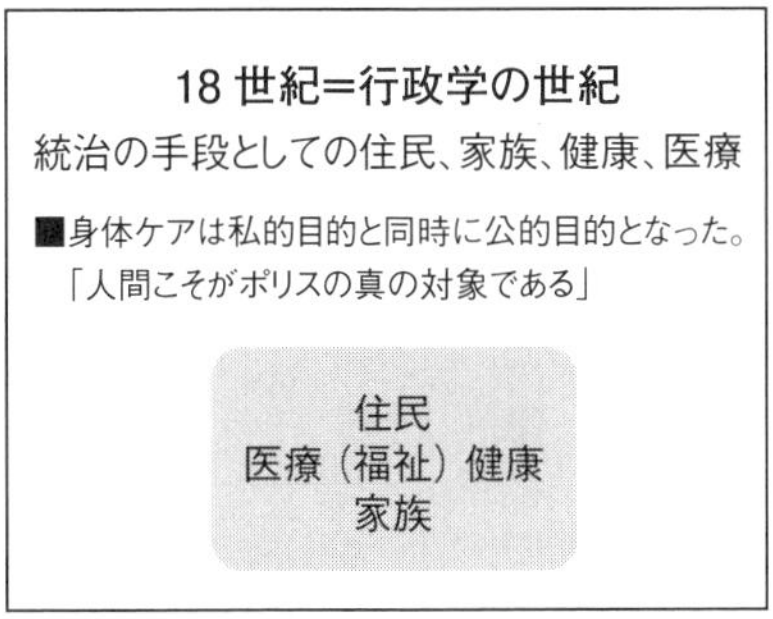
18世紀＝行政学の世紀
統治の手段としての住民、家族、健康、医療
■身体ケアは私的目的と同時に公的目的となった。
「人間こそがポリスの真の対象である」
住民
医療（福祉）健康
家族

図15　統治の手段としての住民、家族、健康、医療

出所：筆者作成

健康政策は、今風にいえば「福祉の理念」と言い換えることができよう。福祉について、私たちは通常、それは「自分たち国民一人ひとりのためにある」と思いがちであるが、それは私たちの勝手な（同時に、国にとっては都合のよい）思い込みなのであり、国を治める立場からいえば、国を統治するためのひとつの手段でしかなかったことを見落としてはならないだろう。第二次世界大戦の戦禍を前に、かつて私たちの祖父母や父母たちが噛みしめた「国は国を助けるのであって、人を助けるわけではない」、という悲しい現実を忘れてはならないだろう。

四　消費社会の出現と近代的身体の発見

ここで、本来のテーマ、身体表現と身体ケアの話に戻ろう。身体ケアと身体表現の大事なツールは、今なら体重計かもしれないが、昔はどうであったのだろうか。

一　視覚文明の優越

近代は視覚重視の文明だったと言われる。視覚は、昔から世界を理解するための重要な手段だったが、近代になって、自己の身体イメージを外側にあるもの（客体）として再現する便利な技術と道具とが生み出されることによって、内面的身体の発見という逆説に直面することになった。

身体イメージを客体として再現する技術や道具といえば、一九世紀半ば以降のことであれば、写真術の発明と改良がそれにあたると言えようが、それ以前は、どうであったのか。

もちろん絵画（とりわけ肖像画）や彫刻という手段もあったが、それらはごく少数の特権的階級に限定されたものであった。社会的、そして精神的インパクトの面から見た場合、まず考えなければならないのは、鏡の存在であろう。鏡の歴史は古いが、鏡の制作の発展と改良が飛躍的に進んだのは一七世紀以降のことである。

周知のように、鏡と言えば、長らくヴェネチアの独占的商品であった。一六八〇年ぐらいまではヴェネチアのムラーノ島でつくられた鏡がヨーロッパ市場を席巻していたことが知られている。

一六世紀になってヴェネチア人のつくりだした鏡は、美しく、純粋で、変質しないと言われ、ヨーロッパ中でたいへんな人気を集めた。ルネサンス期のヴェネチアの画家ティツィアーノには「鏡を見る女性」（一五一五年頃）と名付けられた作品があるくらいで、鏡そのものが、トレンド商品であった。とはいえヴェネチアの鏡は、当時こそ「美しく、純粋で、変質しない」などと称賛されていたものの、けっして大きくはなく、お盆程度の大きさであった。それでも当時は、ヴェネチア鏡への需要は高く、ヨーロッパ各地の王侯貴族たちはこぞってヴェネチア製を求めたうえ、ヴェネチア共和国の方でもガラス鏡の生産を国家産業と位置付け、生産技術の秘密を固く守り、人材の流出も妨げた。そのため、ヨーロッパ中の富がヴェネチアに搾り取られる状況が続いていた。

こうした状況を苦々しく思っていたフランス国王ルイ一四世と宰相コルベールはすでに一六六五年、ヴェネチア鏡に対抗するために、王立ガラス鏡製造所（Manufacture Royale des Glaces）を作らせ、また一六七二年にはヴェネチア鏡の輸入を禁止したりもしたが、良質の鏡を自前で調達することは容易ではなかった。ヴェルサイユ宮殿の「鏡の間」の工事が始まったのが一六七八年、完成は一六八四年のことだが、じつは最初の設計では「鏡の間」は予定されておらず、途中の設計変更で増築されたものである（図16）。おそらくヴェネチア製を使わなくてもやれそうだとの判断があったからであろう。じっさい「鏡の間」の片面を構成する偽窓にはめられた鏡がフランス製だったことが最近の調査で分かってきた[4]。

図16　ヴェルサイユ宮殿　鏡の間
出所：Myrabella/Wikipedia Commons

とはいえ、これらのガラス鏡はヴェネチアの鏡同様に大きさに限度があり、ひとつの偽窓に二一枚もの小さな鏡がはめ込まれている。

現在のように、全身の映せる大きく平らな鏡が可能になったのはようやく一六八八年、フランスで「流し成型法」（平らな金属台の上にガラス液を流して延ばす）が開発されてからのことにすぎない。しかも、失敗作が多くて量産ができず、その後の一〇年間は苦労の連続であった。

苦労が報われたのは、ようやく一七〇〇年になってからのことである。ヌーヴェル・マニュファクチュール・ドゥ・サンゴバン（Nouvelle Manufacture de Saint-Gobain：現在の原子力複合企業アレヴァの前身）が二七〇×一〇〇センチメートルの板ガラスの製作に成功してからのことである。これによって、以後、一八世紀のガラスおよび鏡の製作の中心地は、一気にヴェネチアからフランスへと移り、しかも安くて精巧な鏡の量産が可能になったのである。パリ近郊の作業所を訪れ、ガラスの背面に銀貼りをする作業を見学したイギリス人の「すごいものができた」という証言が残されている(5)。

ご存じのように、一八世紀は、「啓蒙の時代」（原語では、光の世紀）といわれているが、じつは鏡の世紀であったということもできるのである。

じっさい、この時期になると、量産可能になったさまざまの形態の鏡が、都市建築の内部にどんどん侵入していき、明るい親密空間を作り出すことに貢献した。飾り縁のついた円形、楕円形、角型の高さ三三センチメートルほどの鏡、あるいは傾けることの可能な鏡と引き出しを備えた化粧台（コワフーズ）、一七〇〇年以降は、全身を映すことの可能な大きな鏡を使ったプシケーと呼ばれる姿見も考案された。上流家庭のあいだでは、化粧室の三面に鏡を貼ることも広まった。現在もヨーロッパ各地で見られる暖炉の上部に鏡をすえる習慣は一七世紀の末から始まっていたが、比較的安価な板ガラス生産の普及によってその動きはますます加速し、一七五〇年頃には上層ブルジョア層にも広まっていた。また、浴室や壁面に鏡を埋め込むことも始まり、住居内部の空間に広がりと奥行きを与えることになった。

ところで、上述のプシケー、すなわち見る者の全身を映しだす大きな姿見の出現は見る者と鏡との関係を複雑なものにしたはずである。なぜなら、自己の全身像がつかめるようになったその分だけ自己イメージに配慮しなければならなくなったからである。鏡は、自分の姿を見るためばかりでなく、他者が自分をどう見ているかを確認する場所、さらには自分を他者にどう見せるか、演出を考える場所ともなっていくのであった。

鏡が上流家庭の贅沢品からブルジョア家庭の必需品に変化したのは、一九世紀の半ばになってからのことだが、すでに、ドゥヴェリアの一八三九年の版画（図17）には、それほど豊かな家庭とは思われないが、部屋には竪琴型の鏡が置かれ、朝、お嬢さん（たぶん女優か、そのたまご）が脇の下のケアをしている傍らで、お手伝いさんと思われる女性がお嬢さんの着る肌着を暖炉で温めている様子が描かれている。

先ほど、鏡の普及にともなって、ブルジョア家庭の浴室にも鏡がはめ込まれるようになったと述べたが、「入浴の用意をする若い女性」という作品（図18）は、そうした習慣の存在を証言するものである。加えて、この絵の見どころは、「慎み深い女性は、肌着をつけて入浴する」というコメントがつけられている点である。浴室への鏡の侵入と、同時に当時の女性が入浴する際の作法の様子が分かる貴重な作品である。知人のフランス人女性から聞いた話だが、一九三〇年代生まれの彼女の母親（ある地方ブルジョアの出身）は、自分の娘に対してであっても用意周到に身体を隠して体を洗っていたそうである。

二　隠す身体と顕わす身体

さて、一九世紀的な身体の配置の特色は、身体が二項対立的な矛盾の中でせめぎ合い、交錯していた点にあったといえる。

図17「朝の化粧」1839年、Achille Devéria
図18「入浴の用意をする若い女性」19世紀末、J. Scalbert
出所：いずれも、図2に同じ

社会生活の中で親密空間の隔離が進み、同時に個人の生身の身体が、ごく私的な空間に押し込められ（個人主義化）、他者の視線から隠される傾向を強めていったからである。こうして、身体は、私たちの内部で自分自身の強い管理下に置かれる（内面的身体が強化される）のであるが、そうして管理された身体（ケアの加えられた身体）は、一転、他者に向けてこれ見よがしに顕示されるという事態も生み出していった。こうして、身体ケアと身体表現は表裏一体のものとして機能し、近代的な身体の社会化が完成するというわけであった。

この時点になると、隠された身体も、顕わされた身体もほとんど同価値となってしまい、人びとの最終的関心は、いかに隠し、いかに表現するか、という表現技術のノウハウ（ファッション、ヘアメイク、化粧、香水の実践）に回収されてしまうのであった。

一九世紀の身体配置の特色として、もうひとつ大事な現象を挙げることができる。それは、ジェンダー規範の強化、性差の社会化が進んだということである。すなわち見る者と見られる者が、性別によって分離され、固定化されるという状況の出現である。この状況は、一九世紀後半になると極度に強化されていったことが知られている。

そして三つ目の特色が、上述の二つの特色（身体表現への関心の集中と、身体表現のジェンダー化）が、圧倒的な消費社会化の進展の中で、その原動力として奨励されたという点である。結論を先取りするかたちでいってしまえば、身体表現のトレンド化を通して消費を組織し、社会の統合が図られたのが、一九世紀の政治と社会、経済の特色だったとまとめることができる。

三　アイデンティティ危機の深刻化と身体表現

フランス革命後、一九世紀初めになると、様々な共同体がどんどん壊れていき、かつてのような生活スタイルの維持ができなくなっていく。先ほど、外見はその人のアイデンティティにもなると述べたが、近代は大きくいえば「脱共同体の世紀」である。個の尊厳を重要視し、したがって個の存在も重要視されたが、同時に、自分は何者かという存在意識の根底が不安定化した時代でもあった。個は大事にされるけれども、個は共同体から解き放たれ、ひとりぼっちになってしまった。他の人からじゃまされず、自由ではあるけれども、孤立している。私たちはそういう状況に直面することになったのである。

こういう状況が続くと人びとの心理と行動にどういう事態が起こるか。結論的にいえば、社会(他者)に対していかにして自己の存在を認めさせるか、この点に人びとの関心が注がれるようになったのである。アイデンティティの証として外見はきわめて重要な意味を持つ。自分の外見には自分で責任を持つ、ということでもある。だから、人びとは、他者の目に自分がどのように映っているのか、いつも気にせざるを得ない状況に立たされることになった。鏡を見て、常に自我像を確認する、それが日常の努めとなってしまったのである。単に見た目ということに留まらず、自分を(しかも、真の自分を)社会に十分に認知してもらうための努力が日常的に要請されることになったのである。こんなふうに図式化すると滑稽なことのように思われるかもしれないが、私たちは、その滑稽なことをいつの間にか実践している現実を認めざるを得ないであろう。当然ながら、そのための商品、すなわち身体表現と身体ケアを実現するための商品が求められ、需要が増大する。需要だけでなく、商品の生産と流通、そして消費の回路がスパイラル状に回転していく、そういう消費社会のメカニズムが作動しはじめ、そうして回り始めたメカニズムから私たちは永遠に逃れるすべを奪われてしまっている。

つまり、一九世紀は、消費社会の発展とその全般化のもとで、身体表現と身体ケアを実現する商品や、その生産・流通・消費を通して、社会の統合と経済発展をめざす時代だったのであり、その結果、アイデンティティを確認するためのものとしての身体表現と身体ケアが高度に重視される、そういう時代だったといえるのである。

四　理論化の試みについて

こうしたメカニズムを理論化したのがアメリカの哲学者ソーンスタイン・ヴェブレンであった。ヴェブレンは『有閑階級の理論』（一八九九年）のなかで、「エリート階級が自らの文化的、社会的、経済的優位性を見せびらかす」、「上の階級は、下の階級に対して自らの優位性を誇示する」といった説をとき、モード・ファッションはそのためのツールだ、といったことを述べている。

一方、ドイツ社会学の先駆者のひとりゲオルグ・ジンメルは、「女性と流行」（一九〇八年）という短いが示唆に富むエッセイのなかで、なぜ女性が流行に走るのか、女性と流行の密接な関係を分析している。たとえば次のように述べている。「個性化衝動と集団埋没衝動の間には一定の配分関係がある」、「特定の生活領域で一方の衝動の発揮が阻止されると、その衝動を必要基準程度に満たしている別の生活領域が必要となる」等々。これらを解釈すれば、「社会的な活動を妨げられている者は、別の、プライベートな領域で自分の見せ場を作らざるを得ない」ということになろうか。もっとはっきりいえば、「女性が社会的活動を制限された社会では、女性は流行を追うことになる。なぜなら、社会的な活躍の場面の制限からくる心理的不足分をプライベートの領域で補おうとするからだ」ということになろう。

五　一九世紀後半の基調とは——身体性、ジェンダー、消費

すでに、このジンメルのエッセイの中でも指摘されていることだが、近代の社会空間は、パブリックな空間とプライベートな空間の二つに切り分けられ、しかもそれぞれがジェンダー的規範によって配分されてしまった。つまり、プライベートな、親密な空間は女性の領分だとされてしまったのである。本章のテーマに引き寄せていえば、身体ケアも身体表現も、「身体に関わることは女の領分だ」ということにされ、一九世紀も、とくに後半になると、産業的にも、「ファッション産業」のようなものは女性の領分だ、と決めつけられてしまったのである。

ここで、一九世紀後半の社会を描く場合のキータームは何であったのか考えてみよう。私見によれば、それは、「身体」「ジェンダー化」「消費」である。女性はファッション商品との親近性が強く、女性の身体がファッション商品を通して表現されるようになり、これが消費を生んだ。マリー・アントワネットの生きたロココ時代のあの華やかな雰

囲気は、その百年後の第二帝政時代には完全に復活し、消費社会の原イメージ（言い換えれば、ラグジュアリー消費の光源）として、いまなお私たちの欲望を支え続けているとさえいえるのではないか。

六　一九世紀前半〜中頃の身体表現と身体ケア

前項では、一九世紀後半の基調として、「身体性、ジェンダー、消費」について触れたが、ここでは、少し前に戻って、一九世紀前半から中頃にかけての社会的インフラがどのようであったかを見ておきたい。具体的には、都市衛生の話である。

南ヨーロッパはどこでも似たり寄ったりではなかったかと思われるが、南ヨーロッパの最北にあたるパリの都市環境は劣悪だったことが知られている。一八世紀末から一九世紀初めにかけて労働人口の移動が盛んになり、パリの人口は爆発的に増えた。その結果、都市衛生が非常に悪化して、一八三〇年代初めには大規模な伝染病が発生し、現職の首相が病死するなどという事態さえ起きた。これはなんとかしないといけない、という危機意識が出てきた。それが一九世紀前半のパリという都市の状況であった。

図19「おや、雨かな」1830年代のパリの光景
出所：Documentation Française（1979）

図19は、一八三〇年代のパリの街がいかに汚かったかを皮肉った風刺画である。窓の下を歩く二人の男性。ひとりが「おや、雨かな」と言っているとき、すでに他のひとりは傘を広げている。当時、二階以上にトイレのある家はめずらしく、このように夜のうちにおまるに溜まった糞尿は、朝、窓から道に向けて捨て流した。「道は公のものだから、みんなのもの。みんなのものは、私のもの」ということで、糞尿もゴミも公

図20 ルーヴル・デパート、ルーヴル・ホテル建築工事現場（1854年9月)、夜間照明のもと突貫工事をおこなった。
出所：Bernard Marrey（1979）
図21 ノートルダム大聖堂前の広場整備工事（1850年代末)。風通しをよくする。
出所：Photothèque des Musées de la ville de Paris
図22 1856年にパリで初めて歩道にテーブルを出したカフェ・エルデール。
出所：Robert Courtine（1984）

道に投げ捨てるのが、ごく普通の行為だったのである。

このような状況に国や市当局が無関心であったわけではもちろんない。一八三〇年代から都市衛生整備のための様々な試みがおこなわれたが、そうした動きが本格化するのは、ようやく一八五〇年代からのことであった。現在のように安心して散歩のできる都市空間が生まれたのは、一八六〇年頃からのことにすぎない。

こうした都市改造を実現したのが、元サン・シモン主義者だったナポレオン三世とそのブレーンだったオスマン知事であった。現在はルーヴル美術館の北側で美術商のモールとなっているが、かつてはそこにはルーヴルホテルとルーヴルデパートがあった。ホテルだけが現在も一部が残っているが、この区画の建物は、パリ万博の前年の一八五四年に突貫工事（驚くべきことに、電気照明を使って、夜間も工事）をして建てられたものである（図20）。一八五〇年代のパリは空前の建築ラッシュの中にあり、五〇年代末には、ノートルダム大聖堂の前のスラム街を壊して広場にする工事もおこなわれた（図21）。この時、同時にパリ市立病院も移転改築され近代的な病院に生まれ変わったのである。

こうして街がとても清潔で安全になると、いまもパリに行くとよく見かけるように、カフェが舗道にテーブルを出してサービスをするという習慣が生まれることになった。一八五六年、カフェ・エルデールが始めた習慣である（図22）。

七　衣服産業の発達と性差の強調

上記では、都市衛生の改善を目指す試みのうち、都市改造の工事について触れたが、都市改造だけがパリの衛生環境の改善に貢献したわけではなかった。都市改造は公権力の主導のもとにおこなわれたが、それと同時に、より市民サイドに寄った回路でさまざまの変化や活動が現れ、結果として公衆衛生や健康生活の改善を促進することになった。いずれもが市民の身体性に直接かかわる変化や活動であった。具体的には、たとえば、それは公衆浴場の整備であり、またクリーニング業の発展であり、とりわけ衣服の生産と流通における革新であった。

紙幅の関係上、ここでは衣服の生産と流通における革新についてだけ簡単に触れておきたい。衣服の生産流通における革新とは、一言で言えば、男性服の場合は、既製服産業の発展であり、女性服の場合は、生地・素材生産の機械化と染色・プリント技術の発展であった。

男性既製服の製造販売は一八二〇年代から始まっていたが、急速に発展したのは一八四〇年代からである。既製服の製造販売は、服飾史上の革命といってよいくらいの発明、タブー破りの大事件であった。詳細は拙著『おしゃれの社会史』（一九九一年）を参照願いたいが、いずれにせよ、男性の場合、既製服の普及によって、それまではひとりで二着ほどしか服を持たなかった庶民階級が、安くて適当におしゃれな衣服を簡単に買えるようになったのである。また、既製服はその均質、一様なスタイルによって、男性服をモード・ファッションの流れから引き離し、モード・ファッションといえば女性服、身体表現は女のもの、という身体と身体表現のジェンダー化を加速させることにもなったのである（これについては後述）。

このポスター（図23）は、一八六七年に移築・新装開店したベル・ジャルディニエールという大型既製服店の創業

図23 La Belle Jardinière、開店通知（1824年）
出所：La Belle Jardinière（1930）

時（一八二四年）の開店通知である。ちなみに、一八六七年といえばパリ万博の年で、日本からも将軍徳川慶喜の名代として弟の昭武が訪仏している（一行の金庫番として渋沢栄一も同行）。

ここで注目してもらいたいのは、男性服とは対照的に、女性服の場合、既製服がなかなか普及しなかったという事実である。その理由は、女性服に固有の構造的な困難（フィット感を重視する）からだったと考えれば納得がいくだろう。では、女性服の量的増加は、どのように実現されていったのか。それは、男性服とは別の回路を経て、すなわち、生地・素材の生産革命によって実現されたのである。加えて、一八四〇年代には、とりわけ捺染の技術が発達して、以前はシルクにしかできなかったプリントがコットンやウールにもできるようになり、そのため、安価でかつ華やかな衣服が街にたくさん溢れるようになったのである。他にも、パリカシミヤという模造カシミヤが考案され、肩掛けとしてたくさん出回るようになったことも知られている。

一九世紀前半の女性の服装は黒一色であったが、それが世紀の半ばになると非常に華やかな色合いの服装に変わっていった。

この間の事情を、当時の歴史家ジュール・ミシュレは次のように描いていた。

「貧しい労働者でもいまでは一日の給料で妻に花柄のドレスを着せることができる。散歩道を千の色で虹のように輝かせているこれら民衆層の女性たちの服装は、かつて黒一色だったのである」（ジュール・ミシュレ『民衆』一八四六年）(6)

ミシュレは、一八四五年前後のフランスは「清潔革命」の時代だったと形容しているが、この頃、民衆層においても、おしゃれ用品だけではなく、シーツや食卓リネンなどの白物コットンの消費が増え、それこそ身体衛生、身体ケアの分野で大きな進歩のあったことが確認できるのである。

五　新しい身体観を求めて

さて、さきほど、既製服はその均質、一様なスタイルによって、男性服をモード・ファッションの流れから引き離し、モード・ファッションといえば女性服、身体表現といえば女のもの、という身体と身体表現のジェンダー化を加速させることになったと述べたが、次、一九世紀後半から二〇世紀初頭にかけて、身体ケアと身体表現の領域で、女性がどのような状況に置かれていたか、ということについて論じていきたい。

図24「宮廷の女性たちに囲まれた皇后ウージェニー」1855年、Winterhalter
出所：Musée national du Palais de Compiègne

一　管理される女性身体と身体表現

市場規模でみる限り、長い間、「おしゃれ」といえば男性のものであった。しかしながら、一九世紀後半になっても、その状況はなかなか変わらなかった。しかしながら、市場規模ではなく、その贅沢さ、華やかさという身体表現のレベルに視点を移して見るならば、事情はまったく違って見えてくる。一九世紀後半の第二帝政期になると、ファッションの主導権は、女性のほうに移ってしまうからである。同時に、ナポレオン三世の妻ウージェニー皇后を中心とする、かつてのロココ時代ふうの華やかな宮廷生活が復活し（図24）、パリは再びヨーロッパのモードの中心となっていくのである。

図25　ブルジョア家庭の生活のわかるファッション・プレート 1873 年、Héloïse Suzanne Leloir
出所：La Mode illustrée, mai 1873

このような条件の中で登場したデザイナーが、オートクチュールの先駆者フレデリック・ワース（一八二五～一八九五）であった。

一八五七～五八年にデビューしたイギリス出身のワースは、贅沢な服をエリート階級の女性のためだけにつくったといわれる。ナポレオン三世の妃のウージェニー皇后のドレスは、そのほとんどがワースのデザインしたものだともいわれる。

ワースの才能は、ドレスデザインのセンスだけではなく、シーズンのトレンドを主導するいくつかの基本モデルをつくって、そこに顧客の個性と財力、地位などに合わせた特色ある工夫を付け加えることによって顧客の個性化を図るという、注文服制作の基本コンセプトを作り上げたところでも発揮されていた。また、ワースは、自分のアトリエで、しかも生身の女性にドレスをまとわせてショーを開いたりもした。これらの工夫はいずれも、後のオートクチュールや高級プレタの世界でいまなお実際におこなわれているビジネスモデルである。

ナポレオン三世が君臨した第二帝政の時代の繁栄は、都市改造、万博、デパート、オートクチュール、食文化の奨励など、さまざまの装置を駆使することによって実現されたものだが、それは、かつてサン・シモン主義者であった皇帝が、ペレール兄弟など政治経済的信条を共有する側近とともに推し進めた政治目標「市民の消費意欲を奨励することによって、言い換えれば、市民一人ひとりが自らの暮らしの改善に努力するように誘導することによって、最終的には社会や国を豊かにすることができる」に基づくものであった。じっさい、当時のモード雑誌のファッション・プレートなどを見ても、ブルジョア層の社会的な厚みの増していたことが容易に納得できる（図25）。

ところで、ブルジョア層の生活を描いたこれらの作品には、何かが決定的に欠けていることに気づいただろうか。男性がいないのである。

当時の社会を視覚のレベルで分類すると、男の世界と女の世界とが截然と二分されていたことに気づかされる。ジェームズ・ティソの描いた絵（一八七八年）（図26）でも、またルノワールの絵（一八八三年）（図27）においても、私たちの視線に入ってくるのは着飾った女性の姿だけであり、男性はほとんど黒子のままである。すでに繰り返し述べてきたように、これらの作品から伝わってくるのは、「身体表象は女性のもの」という直接的メッセージである。

二　上流女性たちの身体的日常

ここで、当時の上流女性たちの生活がどんなものであったか、見てみよう。華やかであっても、彼女たちの生活がけっして快適であったわけではないことが納得できよう。

上流階級のエレガントな女性は、通常、一日に七〜八回の着替えをしたといわれている。たとえば朝、起きたとき

図26 「舞踏会」1878年頃、James Tissot
出所：Musée d'Orsay
図27 「街中でダンス」1883年、Pierre-Auguste Renoir
出所：Musée d'Orsay

部屋着に着替えて、午前中は乗馬のために乗馬服に着替え、昼食のためにドレスに着替え、街着に着替えて、訪問着に着替えて、散歩をして、夕食のときも別のドレスに着替えて、夜会や観劇に行くときにはまた別のドレスに着替える……といった具合であった。たいへんな忙しさである。

忙しいだけなら、まだいい、と言うべきかもしれない。当時の女性服の着脱がどれほど厄介にできていたか、いまでは想像もできないだろう。

一八世紀以来、女性服には構造上コルセットが不可欠のパーツだった（図28）。一九世紀後半の女性服のトレンドはウエストを極度に絞ることに特徴があり、現代の私たちから見ると、まさに拷問具のようなものであった（図29）。にもかかわらず、多くの女性たちがそうしたコルセットを当然のものとして受け入れていたことに、トレンドの力と怖さを実感させられる（図30）。

むろん、上流階級の女性の場合、身体ケアに関わる部分はメイドさんにやってもらっていた。しかし、女性服そのものがとても拘束的だったことを考えれば、一日に何度も着替えるその手間暇のたいへんさに、私たちの想像力はと

図28 コルセット、パニェ、シュミーズ 1760～70年代
出所：京都服飾文化研究財団所蔵

図29 Thylda の愛称のコルセット（1908年）
出所：Béatrice Fontanel（1992）

図30 クリノリーヌ（レプリカ）を着ける。2013年、パリ装飾美術館にて
出所：筆者撮影

ても追いつかない。加えて、身体のシルエットや髪の毛の管理、流行やしきたりへの気配りなど、幾重ものストレスが重なっていたはずである。

だが、ストレスは、衣服からだけやってきたわけではない。一九世紀後半はすでに高度にメディア化された消費社会であったから、さまざまの方面から女性に向けて誘惑と強制の呼びかけがなされていた。

たとえば、バストの張りの維持や豊胸に有効だとする薬の広告がある（図31）。二〇世紀初めには、ウエストを細くし、「バストをはちきれんばかりのものにする」というコルセットやブラジャーを勧めるランジェリー店の広告（図32）があった。髪の毛を豊かにする「ジャポネシア」という商品の広告（図33）も見られた。

このように、一九世紀後半から二〇世紀のはじめにかけて、身体ケアと身体表現への関心は、エリート階級からブルジョア階級へ、そして庶民の女性へと急速に広まっていったことが見て取れよう。しかしながら、こうした身体ケアと身体表現への関心は、公衆衛生や身体衛生の知識が普及したからというよりも、消費社会の発展の強力なエンジ

図31 「美しいベストをあなたに」20世紀初め頃の雑誌広告
図32 20世紀初め頃のコルセットとブラジャーの広告
図33 20世紀初め頃の養毛剤の広告
出所：いずれも、F. Ghozland（1987）

図34「入浴」1902年、Théphile Alexandre Steinlen
出所：図２に同じ

ンとしての「身体ケア・身体表現」市場が開拓されたからだ、と考えたほうが事実に近いといえる。

それはそうなのだが、当事者の女性たちから見れば、身体ケアと身体表現に心を砕き時間と労力をかけることによって、自分の女性としての身だしなみに誇りをもって生活できることをいちばん大切に思っていたことも事実なのである。図34の「入浴」（一九〇二年）では、おそらく庶民の女性が、決して広くはない自分の部屋で体を洗っている情景が描かれている。作品は「入浴」と題されてはいるが、バスタブがないので、たらいのようなものに足を入れて和んでいる様子が見える。これで体全体を洗うのであった。

三　女性身体は回復されたか

最後に、これまでのまとめと、女性身体のあり様における二〇世紀初頭の新しい動きについて少しだけでも、ぜひ触れておきたい。

一九世紀後半のフランスの社会を見ると、三つの特色があったことが分かる。まず、統治の技法が政治から経済へ（つまり消費社会の運営へ）と大きくシフトしたこと、次に社会のしくみがジェンダー化されたこと、そして三つ目が、「身体性＝女性身体」ということになって身体ケアも身体表現もともに女性の領分だとする考え方が定着したことである。

これら三つの特色は、いずれも、すでに上記で述べてきたように、身体ケアと身体表象を含む近代の身体性の問題を考えるためには、消費社会の枠組みへの理解が不可欠の条件であることを教えてくれるものであった。

その上で、ここで、一緒に考えてもらいたいことは、本書のタイトルともなっており、本章冒頭で提起した「身体はだれのものか」という問いについてである。

この問いは、二〇世紀のモード・ファッションの中心的課題でもあったし、また、モード・ファッションのテーマを超えて、二〇世紀全体を通貫する重要課題でもあったし、いまなお私たちのアクチュアルな問題関心を構成する問いでもある。

二〇世紀の初め、ようやく、新しい身体性、とりわけ新しい女性身体の模索がおこなわれるようになった。まず、モード・ファッションの世界での話である。

発端は、コルセットのあるドレスからコルセットのないドレスへとモード・ファッションのトレンドが変わったことに始まる。一九〇六年、ポール・ポワレがコルセットなしのドレスを発表したことによって、女性身体のラインが一変し、同時にそれまでの身体観も転換させたのである。イラストレーターのポール・イリブが描いた作品（図35）を見てもらいたい。これは、コルセットを撤廃したポール・ポワレの新しいドレス（右側の2人の女性）の革新性を、額縁内のコルセットでウエストを強調した女性のドレスとの対比において表現したものである。衣服のラインがいかに生身の女性身体に近づいたか一目瞭然であろう。

しかし、女性身体の回復という点から見て、ポワレよりもはるかに革新的で、しかもいまなお現代的なドレスの制作を企てたのが、ヴェネチアのデザイナー、フォルチュニィであった。フォルチュニィのつくったギリシャ風ドレス「デルフォス」（図36）は、現在でもなお十分にファッショナブルであり、革新的でもある。

さて、以上は、モード・ファッションの世界で起きた事件と新しい身体観の出現についての話であった。

しかしながら、本章を終えるにあたって強調しておきたいことは、真に身体性の問題を考えるためには、消費社会の枠組みを突き抜けたところから逆照射して考える必要もあるということである。

イサドラ・ダンカン（一八七七〜一九二七）は、二〇世紀のはじめ、そうした発想の転換の必要性を主張することのできた数少ない女性のひとりであった。

サンフランシスコで生まれ育ち、ほとんど独学でダンスを学んだダンカンは、純粋に踊る歓びの中で、新しいダンスの可能性を単身、身をもって示して見せた。しかし、一九世紀末のアメリカでは、白い布をたった一枚つけただけで踊るダンカンのパフォーマンスは、二重の意味でたいへんにスキャンダラスな出来事であった。ひとつには、彼女の「白い布一枚」の衣装。これは当時のコルセットで鎧のように身を固めた女性たちから見れば裸体の陳列でしかなかったからである。もうひとつのスキャンダルは、ダンカンの踊りそのものに由来した。ダンカンのダンスには物語性もなく、また衣装の華やかさへの依存もなく、そこには身体の動き以外の何ものもなかったからである。それは、彼女が、まさに身体のダイナミックな動き、その魅力だけを見せようと願ったからであるが、当時のアメリカではこうした彼女の願いはまったく理解されなかった。

アメリカでの不評にもめげず、ダンカンは、一八九九年にロンドンに、そして一九〇〇年には万博の開催でにぎわうパリに渡り、その後もヨーロッパ各地でパフォーマンスを披露し、ついに各界のエリートを含む多くの人々を魅了

図 35「イリブのイラストによるポワレのドレス」1908 年、Paul Iribe
出所：Paul Poiret（1908）
図 36 フォルチュニィのドレス「デルフォス」
出所：https://www.pinterest.jp/pin/469922542350243452/

することに成功したのである。

写真（図37）はヴェネチアの沖合にあるリド島の海岸で踊るダンカン、そして次の写真（図38）はアテネのパルテノン神殿の前で弟子たちと踊るダンカン。ダンカンの踊る姿は、どれを見ても感動的である。[7]

身体だけを使って、生きる歓びをこれだけ自由に表現できるということを、二〇世紀のはじめに、彼女はたったひとりで、示そうと試みたのである。この一見、無謀で孤独なチャレンジを通して、ダンカンは、二〇世紀初めまでの身体観と身体表現、そして女性の生き方を根底からひっくり返し、まったく新しい女性の登場を告げる夜明けの明星となったのである。

イサドラ・ダンカンは非常に多くのヨーロッパの芸術家に影響を与えた。ロダンもそのひとりであった。また、マドレーヌ・ヴィオネという二〇世紀モードのもっとも革新的なデザイナーにも、大きな影響を与えた。先ほど言及したフォルチュニィもダンカンの影響を受けた一人であった（図39）。

図37 リドの浜辺で踊るイサドラ・ダンカン、1903年
図38 弟子たちと踊るイサドラ・ダンカン、1920年
図39 フォルチュニィのドレスとダンカンの弟子たち
出所：いずれも Musée Bourdelle (2012)

ヴィオネやシャネルなど女性自身による新しい身体性の探究が真に始まるのは、第一次世界大戦後の一九二〇年代からのことであるが、世紀の変わり目に、ダンカンのような女性が登場し、二〇世紀の身体観を変えたという事実、このことは私たちに勇気を与えてくれる。

注

（1）北山晴一『世界の食文化16　フランス』第3章、注16参照。
（2）ミシェル・フーコーの以下の論文参照。「全体的なものと個的なもの」、「18世紀の健康政策」。いずれも『フーコーコレクション6』（ちくま学芸文庫、二〇〇六年）所収。
（3）前掲「全体的なものと個的なもの」参照。
（4）最近の調査（二〇〇五年の修復工事時の調査、下記ＵＲＬ参照）によれば、鏡の間の鏡の七〇パーセントが一六八四年に王立ガラス製造所で製造されたものだと判明した。
https://www.vinci.com/mecenat/francais.nsf/web/presse/$file/mecenat-vinci-dossier-de-presse-2006-01-fr.pdf
（5）Sabine Melchior-Bonnet, 1994, p.66
（6）Jules Michelet, 1973, p.97
（7）ダンカンの踊る姿は現在、YouTube 等で容易に見られる。ぜひ見てもらいたい。

参考文献

La Belle Jardinière, *Cent Ans après*（*1824-1924*）, *La Vie d'une Grande Industrie moderne*, Paris, la Belle Jardinière, 1930.
Cars, Jean des. & Pinon, Pierre. *Paris Haussmann*, Paris, Picard, 1991.
Courtine, Robert. *La Vie parisienne, Cafés et Restaurants des Boulevards 1814-1914*, Paris, Librairie Académie Perrin, 1984.
Daviet, J.P. *Une Manufacture à la française, Saint-Gobain, 1665-1989*, Paris, Fayard, 1989.
Delpierre, Madeleine. *Le Costume de la Restauration à la Belle Époque*, Paris, Flammarion, 1990, coll. La grammaire des styles.

Deschodt, A.M. *Mariano Fortuny*, Paris, Ed. du Regard, 2000.
Documentation française, *Aventure démographique en France au XIXe siècle*, Paris, 1976.
Documentation française, *Ville et Société Paris au XIXe siècle*, Paris, 1978.
Elias, Norbert. *Über den Prozess der Zivilisation soziogenetische und psychogenetische Untersuchungen*, Frankfurt am Main, Suhrkamp, 1992（1st Ed.1936）（エリアス、ノルベルト『文明化の過程』法政大学出版、一九七六年）
Erasmus（Desiderius Erasmus Roterodamus）, *De Civilitate Morum Puerilium*, Rotterdam, 1530（エラスムス『こどものための礼儀作法』。邦訳はなし）Full Text in French: *La Civilité Puérile*.　https://archive.org/stream/lacivilitpur00eras/lacivilitpur00eras_djvu.txt
Fontanel, Béatrice. *Corsets et Soutiens-gorge, L'Epopée du Sein de l'Antiquité à nos jours*, Paris, Ed. La Martinière, 1992.
Ghozland, F. *Cosmétiques, Être et Paraître*, Paris, Milan, 1987.
Machiavelli, Niccolò. *Il Pincipe*, 1513.（マキアヴェリ『君主論』講談社学術文庫、二〇〇四年）
Marrey, Bernard. *Les Grands Magasins*, Paris, Picard, 1979.
Melchior-Bonnet, Sabine. *Histoire du Miroir*, Paris, Ed. IMAGO, 1994.
Metropolitan Museum of Art, *Extreme Beauty, The Body Transformed*, New Haven, Yale University Press, 2001.
Michelet, Jules. *Le Peuple*, Paris, Hachette, 1845.（Nouvelle édition, Paris, Flammarion, coll. Nouvelle Bibliothèque Romantique, 1974）
Musée Bourdelle, *Isadora Duncan*（catalogue de l'Exposition）, Paris, Paris Musée, 2009.
Musée Marmottan Monet, *La toilette. Naissance de l'Intime*, Paris, Hazan, 2015.
Poiret, Paul. *Les Robes de Paul Poiret racontées par Paul Iribe, avec envoi autographe signé de Paul Poiret*, Paris, Paul Poiret, 1908.
Pris, C. *Manufacture royale de Saint-Gobain, 1665-1839, Une Grande Entreprise sous l'Ancien Régime*, Lille, Service de Reproduction des thèses, 1975.
Saint-Simon, Henri de. *Catéchisme politique des Industriels*, Paris, Naquet, 1824.（『産業人のカテシズム』）
Silvester, Hans. *Photo's Hans Silvester*.
https://www.pinterest.jp/jacqms/photos-hans-silvester/
Simmel, Georg. *Die Frau und die Mode*, 1908.（「女性と流行」、所収：ジンメル『ジンメル・コレクション』ちくま学芸文庫、一九九九年）
Thézy, Marie de. *Marville Paris*, Paris, Hazan, 1994.
Veblen, Thorstein B. *The Theory of the Leisure Class*, 1898.（ヴェブレン、ソースティン『有閑階級の理論』ちくま学芸文庫、一九九八年）

北山晴一『おしゃれの社会史』朝日新聞社、一九九一年。
北山晴一『世界の食文化16 フランス』農文協、二〇〇八年。
フーコー、ミシェル『フーコー・コレクション6』ちくま学芸文庫、二〇〇六年。
「鏡の間」修復に関するメセナ報告書（mecenat-vinci-dossier-de-presse-2006-01-fr）
https://www.vinci.com/mecenat/francais.nsf/web/presse/$file/mecenat-vinci-dossier-de-presse-2006-01-fr.pdf
他に、Photothèque des Musées de la ville de Paris.

第二章

〈太った身体〉の是認
――一九世紀前半のフランス、ガストロノミーの時代

橋本 周子

本章のキーワード
身体／肥満／健康／百科全書／フランス革命／脂肪／太鼓腹／ブルジョワジー／美食／消化不良

一 肥満体のモラル

〈太っていること〉は善か悪か――。日々、摂取カロリーを気にしながら三食の内容を吟味し、「体脂肪を減らす」の文言を見れば多少の割高であることも度外視で商品をつい手に取ってしまい、「白よりも黒のほうが」痩せて見えると喜んで黒の衣服を選ぼうとする私たちにとっては、ほとんど愚問である。極端な場合は別として、基本的に私たちは、痩せていることに価値を見出すのに慣れている。もちろんこの問題は、見る角度によってまったく様相を違え

てしまう点に気をつけなければならない。まずは男女の別。よく言われるように、女性は自身および他者（他の女性）の身体の見た目について男性よりも敏感であり、ときに過度なダイエットによって自らの肉体はおろか精神をも追い込んでしまうことすらある。そしてまた、〈太っていること〉の善悪が判断される、その文脈の別。「美しい」、「かっこいい」などの美感か、それとも「健康である」（「日々を軽快に過ごせる」か、「長生きできる」かなど）といった医学的な価値か、あるいは「自己をよくコントロールできる」といった道徳的なものか、はたまたそれらが複合的に絡み合ったものか――。

こうした様々な側面を持つ問題であるだけに、時代や地域による価値観の相違は大きい。仮にある特定の時代に限ってみても、個人の嗜好などを加味すれば事はさらに複雑になり、とても一概に言い切ることは難しい。とはいえ一般には、次のような発想が共有されているように思われる。食糧入手が困難であるような社会状況では、〈太っていること〉あるいはそれを導く〈大食〉行為が価値を持ち、その反対に食糧供給がより安定し、食物がある程度社会全体に行き渡る時代になれば、そうでなくなる。つまり人々は食糧事情の改善に伴い、食行為において〈量〉から〈質〉へと価値の主軸を移動させる、というものである。量的な消費によって自らの社会的身分の優越をもはや示せなくなったとき人々が頼るのが、質的な可能性の追求なのである(1)。

フランスの場合にも、歴史は確かにそのように進もうとしていた。一七世紀、近代に差し掛かるこの頃には、かつてよりも随分と食糧事情は改善されたはずではあるが、いまだ権力者はその旺盛な食欲を強調していた。ルイ一四世の大食は有名であり、それがそのまま、彼の強大な権力を表現していると捉えられた(2)。しかしもう少し時代が進み、その次の世代になれば、もはや同じ価値観は共有されづらくなってくる。後にみるように一八世紀、貴族文化が成熟の度合いを色濃くするこの頃には、太陽王が誇ったような力強い食欲よりも、より洗練された繊細な嗜好というものが、食についても求められるようになる。このような「食欲の文明化(3)」と並行するように、調理技術も洗練の度合いを増していく。その後現代に至るフランス料理の調理の基礎的技術が次々と考案されたのは実に、この時代のことである。こうした状況を一瞥するだけでも一八世紀、フランス社会は完全に〈量〉から〈質〉の時代へと段階を進んだようにみえる。時代の流れはやはり先ほどの図式通りであるように思われ、この流れのずっと先には、現代フランス社会において評価される〈軽い〉食事への志向が、当然のように見とおされるのである。

しかしこの流れのなかにあって、いっとき、動きが逆流するようにみえる時代がある。それは一九世紀初頭、フランス革命後が一段落着いてから約半世紀のあいだであり、〈太っていること〉が広く市民のあいだでも是認された、フランスの近代史上でも例外的といってよい時期である。以下では、この時期に起こった〈太った身体〉肯定の内実を検討し、それに影響を与えた背景についても考えようと思う。(4)

二　〈柔らかさ〉と〈硬さ〉——一八世紀における身体観

いわゆる〈社会的成功者〉と言ってよいような輝かしい経歴を重ねたある一八世紀の男性は、その太った身体が唯一にして最大のコンプレックスで、いかにして肥満から脱却できるかを、十年以上の長きにわたって医師に書簡で相談し続けたことで知られる。近年、その数十通にわたる書簡が一冊の書として編まれ、彼の秘めたる悩みが(憐れにも)後世に知られるに至った。(5)この男、エリール・ド・ボーモン Elile-de-Beaumont（一七三二〜一七八六）は自らの体を観察し冷静に記録する。「彼の腹は弧を描いた出っ張りのようになっていてきわめて不快なもので、その下腹部を完全に隠してしまっている」(6)。ウエスト周りの膨張に気を揉む彼を苦悩させたのは、肥満によって引き起こされる体力の衰え、とりわけ生殖能力の低下であった。(7)この公言を憚られる悩みを、大真面目にティソ Samuel Auguste Tissot（一七二八〜一七九七）をはじめとする著名な医師らに赤裸々に打ち明け、具体的助言を繰り返し請い、医師たちは食事療法と運動に関する指南を彼に与え続けた。

彼の場合、その性的不能の原因を肥満体型に求め、もう一人子供が欲しいと切に願う夫妻の苦悩からこのような追い詰められた心情を吐露するに至っており、その点では特殊であるかもしれない。しかし、太った身体を嫌悪し、より引き締まった〈強い〉身体を志向する傾向は、すでに一八世紀の医学的言説のなかでも主流となっていたことが明らかである。長く古代より影響力を持ち続けてきたいわゆる四体液説に代わり、当時の医学は人体を組成する最小の単位を「繊維（fibre）」に求めるようになっていた。(8) もはや身体の不調は、それぞれが持ち合わせた気質に対応するように個別に対処すべきものではなくなる。不調は個々人の身体の「繊維」が弱い箇所に生じるとされ、したがって様々な、とりわけ物理的な刺激によって繊維を鍛錬することによって克服が可能である、と考えられるようになった。敵視すべきは、「繊維」という身体組成の脆弱さ、彼らの論理によればその〈柔らかさ＝軟弱さ〉なのだ。

「太った人々において身体全体の総量（volume）が増す時、それは硬い部分が増すのではまったくない」(9)（傍点は引用者、以下同）。『百科全書』中、ジョクールによって書かれた「肥満（obésité）」の項目は、この身体的状態をそもそも柔らかいものとみなす前提に立ったうえで、以下のように断言する。

> 痩せこけたような場合は別として、体が痩せている、あるいは太っているわけでなく肉付きのよい人々は、太ってしまう人々よりもずっと頑強である。滋養過多になるとすぐに、その滋養は脂肪となって、力を失わせてしまう。(10)

ここで「肥満」は柔らかさ、さらには弱さ、力のなさと直接的に関連させられ、当然のように非難の対象となっている。中世から近世にかけては、医師たちは肥満を過食の帰結というよりは、運動不足や怠惰によって引き起こされるものと考えていたとされる。(11) これを踏まえれば、一八世紀に至っては肥満の最たる原因として大食が直接的に関連付けられている点に、まずもって注目しておくべきである。『百科全書』にも寄稿し、またヴォルテールをして「偉大な人物」と言わしめた、誉れ高き医師であったテオドール・トロンシャン Théodore Tronchin（一七〇九〜

一七八〇）は実践的指南を、健康に関して切実な悩みを抱く人々へ宛てた書簡に残している。「もし食い道楽（グルマン）であるなら、まずはそれを改めることから始めなければなりません。食い道楽たちに残された余命というのは短いものですから」[12]、とはディドロへさし向けた言葉である。またある別の人物へは次のように述べている。

安心しなさい、我々の体をつくり給うた方は、この体を保存するために必要なすべてを体そのものに備えてくださったのです。このお方以上になろうとする理屈っぽい人々を信用してはいけません。質素な食べ方をしなさい、最も素朴な食べ物を好みなさい、活動的な生活をして、精神を静謐に保ちなさい。そうすれば眩暈も耳鳴りもやんで、消化にそんなに時間がかかることもなくなるでしょう。[13]

そして彼は野菜食、牛乳食を理想化する。トロンシャンはさらに進んで、身体に望ましい刺激を与え鍛え上げるべく、運動や、さらには水風呂を奨励さえする。

トロンシャンがこのように荒々しいまでの自然への回帰を主張し、スパルタ的な身体鍛錬を求めた同じ一八世紀には、一方で、貴族社会が成熟の度を増した結果、自らのより繊細な身体をもって顕示的効果を狙おうとする者たちがいたことも見落としてはならない。この時期に誕生したとされる「レストラン」は当初、現代の我々が想像するような飽食の場とはかけはなれた施設であった。すなわちそれは、あまりに敏感な感情を持ち、そのため食欲すらも失ってしまうような繊細な人々の疲れた胃をいやす、ブイヨンスープを提供する店であったというのだ（なお「レストラン」の語源は「回復する」を意味する動詞 restaurer であり、その現在分詞が名詞化したものが restaurant なる語である）[14]。彼らはまさに〈少食〉であることに、自らの文明的先進者としての最たる特徴を見出していた。

それほどまでに、一八世紀末になる頃、文化の洗練はひとつの極みに達していたのだが、それはまた、文明の退廃のしるしとして厳しく非難される対象ともなった。「人類の完全可能性」に期待し、より幸福な未来を夢見た百科全書派の知識人たちにとって、例えばフラゴナール Jean-Honoré Fragonard（一七三二～一八〇六）によって描かれるような、柔らかく、触れるといまにも崩れ落ちそうな繊細な貴族の女性らの身体と、その傍らにあって、女性たちほどではないにせよ同様の洗練された男性らの身体はもはや、滅亡する文明の兆し以外の何物にも映りようがなかった。いまだ革命は到来していない。だが一八世紀後半に至って、血統に重きを置く貴族的な古い価値観は明らかに廃れはじめ、それに代わってブルジョワらの新たな「健康的な」――身体を〈硬く〉強化するという――価値観が現れてきていた。「ブルジョワジーは一八世紀を通じてその価値観を次第に支配的にしていく。彼らはこのように身体的な力を追い求めることにより、いっそうその存在感を増していくのだ」[15]。退廃的な軟弱さから、進歩的な強さへの移行。身体はいまや、個人が日々たゆまず積み重ねる努力と忍耐によって叩き上げて獲得すべき、徳性の表れとして捉えられるようになる[16]。このもうすぐ先に、革命家らの勇ましく、殉死をも厭わぬ禁欲的な身体があることは明白である。

爛熟期にある文明を謳歌する貴族らの柔らかく、病弱なまでに繊細な身体と、いっそう勢いを増すブルジョワの硬く強い身体――両者は対極的ではあるが、いずれにおいても〈太った身体〉が賞賛される余地は残されていそうもない。太った身体が強調して描かれるとすれば、〈豚のような〉ルイ一六世の愚かしい姿のように、最も過酷な非難の表現としてであろう。一八世紀末においてなお、フランスは幾度もの飢饉に見舞われたはずではあったが、この国の文明は、少なくとも生活に一定の余裕のある者たちのあいだでは、もはや〈太った身体〉を単純に賞賛するような段階は終えてしまったかのように思われる。このまま、現代へ向けて一貫して、身体は鍛え上げられ、締め付けられていくばかりだろう――そのように考えるのが自然であろうが、革命のすぐ向こうに訪れる時代が見せる様相は、この見通しを裏切るのである。

三　威厳ある肥満――一九世紀前半における身体観

エリール・ド・ボーモンが自らの太った身体に嫌悪を抱き苦悩したそのおよそ半世紀後、社会的成功者という意味では勝るとも劣らぬ別の男は、自信ありげに次のように述べている。

> ただ腹部だけに限られる一種の肥満症もある。私はこれを女性において見たことがない。女性は一般に男よりも柔らかい繊維を持っているので、肥満症に襲われるとどこもかしこも太ってくるからだ。この種の肥満を私は〈ガストロフォリー〉と呼び、それにかかった人を〈ガストロフォール〉と呼ぶ（中略）私もまたその〔ガストロフォリーの〕数に入る。（中略）それでもやはり私はこの自らの腹を恐るべき敵だと常々思ってきた。そしてこの腹に打ち勝ち、威厳を感じさせる程度にとどめた。（〔　〕内は、引用者による注。以下同）[17]

肥満すること、ただし腹部だけが異様に肥大したタイプのそれに「ガストロフォリー」なる造語を与え、それが「恐るべき敵」であるとしながらも適度に押しとどめることにより、逆に「威厳」が生じるという。程度の問題ではあるものの、「肥満」の一種に対し肯定的な価値を与える点で注目すべきである。すでに見たように、一八世紀にはすでに〈太った身体〉は貴族的な価値観からも、また新たに興りつつあったブルジョワ的な価値観からも見捨てられたはずであったのだ。いくらある程度の腹に限るとはいえ、「肥満」に類される自らの身体を、憚ることなく誇るこの心性はいかにして説明されるのか。

ただしこれは男性に限って彼が下した判断である。女性について、彼はどう考えるか。

痩せすぎは男にとっては大きな損ではない。（中略）だが女にとって痩せていることは大きな不幸である。まったく、女にとっては美こそ生命以上であり、それは特にからだの丸み、その優しい曲線にあるのだから。どんなに化粧に骨折っても、どんなに豪奢な服装をしても、ある種の欠陥は隠しようがなく、どこか骨ばったところが暴露してしまう。だから一般に痩せた女は、どんな美人でも〔服の〕留め針を一つ外すごとにその魅力のうちの何かを失っていくと言われている。[18]

女性については美感という観点から、彼は〈痩せていること〉を致命的であると非難する。そして同じ著作の他の箇所では、「見る者の目をほれぼれさせ、諸芸術が模倣したくなるような誉ある、典型的なぽっちゃり体型（embonpoint）」[19]の女性への憧れを吐露している。男性にせよ、女性にせよ、彼にとって〈太っていること〉は、それぞれ別の文脈においてであるが、またある程度の節度の範囲内という条件付きではあるが、いずれも肯定的な価値を持つようだ。

これらの発言の主は、一九世紀前半の美食家として知られるブリヤ＝サヴァラン Jean Anthelme Brillat-Savarin（一八五五〜一八二六）である。日本では『美味礼讃』の邦題で知られるその主著の表題は、文字通り訳せば『味覚の生理学 *Physiologie du goût*』（一八二六）である。したがってその内容は、ただ美味なるご馳走の賛歌というよりは、素人ながらも当時の生理学知識を援用しつつ、美食することの正当性を論じようとするものである。[20]学問の体裁をとった書物とはいえ、ただ衒学的な方向に走るばかりでなく、随所に著者自身の体験にもとづく回想や、美食をめぐる考察が織り込まれている点がこの作品の魅力となっている。ちなみにこの作品の成功により、彼はフランスはおろか世界中に著名な美食家としてのみ知られることになるのだが、その本業が政治家であったことはそう知られてはいない。フランス政治史に名を残すほどの業績は残さなかったものの、少なくとも地元の街では知られた名家の出身で周囲の人々からの信頼も厚く、フランス革命に際しては議員を務めた人物であって、彼には自他共に認める尊厳が多少なりとも備わっていると考えてよい。そのような彼が、はっきりと〈太っていること〉の価値を認めている以上、その価値観が一人の変わり者のそれであると切り捨てることはできない。

もっとも、ブリヤ＝サヴァランは何も太ることを全面的に奨励しているわけではない。彼は美食を、健康な身体を持ち、ひいては健全な社会の一員であるために重要な、したがって糾弾されるどころか賛美されるべき行為であると考えていた。そのためそれが先の引用にあるような「威厳を感じさせる程度」を超える域にあるときは、当然戒めるべき状態として糾弾される。そしてブリヤ＝サヴァランはこの「病気ではないが、やはり少なくともいやな気分の肉体的傾向[21]」を防止・治療する策として、食事の制限や適度な睡眠、運動など、至極常識的にもみえる生活習慣上のすすめを列挙してみせるのである。

だがそれでもやはり、彼のテクストにみえる〈太っていること〉の是認は看過できない。腹だけが肥大した、いわゆる〈太鼓腹〉が、新たな造語を与えたくなるほどに特別な意味を持ったというのはどういうことなのか。この時代の社会的状況について簡単に見ておこう。

著作が書かれたのは一八二六年、王政復古時代と呼ばれる時期の最中である。一七八九年に端を発したフランス革命の一連の動乱が収束してからそれなりの時間が経過し、いまやこの革命の〈勝者〉が誰であったのか、人々が明確に意識するようになってきていた。「一八三〇年に、中産階級の勝利は決定的になった[22]」と断言するのは一九世紀の政治家で思想家のアレクシス・ド・トクヴィル Alexis de Tocqueville（一八〇五～一八五九）である。すでに一八世紀、革命以前に感じられていたブルジョワらの存在感は、この時代に至り決定的なものとなったのだ。トクヴィルいわく、彼ら中産階級の人々の性向とは、「活動的で勤勉なものであり、しばしば不誠実で、全体としては堅実で、自尊心や利己心でときに向こう見ずとなり、気質において内気、すべてのことに中庸であるが、物質的な満足の追究に関してだけは別であり、そして凡庸[23]」なものであるという。新時代の覇者となったブルジョワは、前時代の貴族階級とは異なりそれぞれに職業を持っている。彼らはさらなる富の獲得のため、働かねばならない。

そのためには活力に満ちた肉体が必要であり、それを支えるのには相応の食べ方が求められる。すでにその兆候は一九世紀初頭から現れていた。「十二時半から一時になるとすぐ、食欲が感じられ始める。するとマホガニーのテーブルは十種類の冷えた肉と様々なワインが入ったフラスコで覆われる。そして現代の幸せ者たちは、貪欲な食欲が節度なく溢れ出るのに身を任せる」(24)。しかし、彼らはかつての貴族たちのように、食後悠々と社交に時間を費やすような余裕は持ち合わせていない。「こうして力をつけた名高い今日のミダスたちは、人をひき殺しかねない危険な馬車に再び乗り込むことができ、新たな仕事へとひた走るのだ。彼らは手っ取り早く金を儲けようと、金への激しい渇望に身を委ねている。その激しさといったら、普段から贅沢することに慣れてしまい、長い間その贅沢を続けるためには金が必要だと彼ら自身よく感じているだけにいっそう大きなものになっている」(25)。

このような生活が、あの誇らしい〈太鼓腹〉を作り上げる。しかしこの身体が新時代の勝者の誉の印として自他共に認識されるためには、腹はただ肥大しており、そしてただ過度でない程度に収まっておればよいというわけではない。先の発言のなかでブリヤ＝サヴァランは、女性と男性の身体組成の根本的な相違として、「繊維」の硬度の違いについて触れていた。ブリヤ＝サヴァランもまた、基本的には人体の組成の基礎は繊維であるという一八世紀的発想の延長で彼なりの肥満論を展開しているのだが、一九世紀前半のこの時代に至って、太鼓腹は独特の意味を担うようになっていく。太鼓腹は、ブルジョワジーという特定の階級の持つ身体的特徴として直接に関連付けられるようになるのだ(26)。このとき腹を持つ身体とは暗黙に、男性の、しかも〈硬い〉――「筋肉と脂肪が混同された恰幅のいい肢体(27)」――ものとして想定されている。

だがこのとき、人々が太鼓腹の〈硬さ〉に読んだ意味はもはや一八世紀のそれと同一ではない。確かにそこにはこれからもなお進歩し続けるであろう人類の〈強さ〉が表現されている。が、それと同時に、太鼓腹の中身たる肉は、いや脂肪は、彼らが社会的覇者たりえる根拠ともなっている富の蓄積の象徴でもある。より〈幸福な〉社会の実現を目指し、理想を掲げ邁進することに夢中であればよかった一八世紀末から革命期にかけてとは状況は異なっている。

一九世紀を迎え、現実はそう綺麗事だけで片付いたわけではなかったと人には理解している。軟弱な貴族らが数世紀にわたって築き上げた悪弊を、革命家たちが硬く強い身体をもって打ち崩した後には、その勇敢な〈硬さ〉と、正直な物質的欲望のあらわれである新興富裕層の〈脂肪〉は妥協し、融合し、そして太鼓腹を持つ〈太った身体〉が威厳あるものと認められる時代が到来したのだ。出はブルジョワジーのエリール・ド・ボーモンも、この時代であれば、もしかするとあれほどの苦悩には苛まれずに済んだかもしれない（もっとも、彼の腹がどの程度締まったものであったかどうか、遺された資料からは知る由はないのだが）。

実際のところ、こうした〈太鼓腹〉のイメージが威厳の印として、常に肯定的に周囲の目に映ったとは言えない。むしろ、その腹はときに、それを持たない人々からすれば、わかりやすい憎しみの対象ともなった。革命期以降に大量に描かれることになる風刺画のなかにも、その痕跡は容易に見いだせる。例えばオノレ・ドーミエの描くルイ・フィリップ像（図1）。王族の血を引くものの、ブルジョワの守護者として中産階級支配を確たるものにしたこの王の卑劣さ・貪欲さに向けられた画家の嫌悪はすべて、その巨大な腹に込められている。他にもドーミエにはブルジョワ層の男を描いた作品があまたあるが、いずれにも同様の嫌悪の――したがって裏を返せばその恵まれた境遇に対する嫉妬の――感情が表現されているとみることができよう。

図1　「貪欲なデブ野郎！」、オノレ・ドーミエによるルイ＝フィリップの風刺画
出所：「カリカチュール」195号、1834年7月31日

とはいえ一九世紀を通じて、このように〈太った身体〉が是認されたのは、当時を生きる人にとってやはり実感として確実なものであったようである。子どもの頃は、「天才は燻製ニシンのように痩せていなけれ

図2　ジョアキーノ・ロッシーニ　フランス国立図書館所蔵
図3　アレクサンドル・デュマ・ペール　フランス国立図書館所蔵

ばならない」[28]と固く信じていたテオフィール・ゴーティエ Théophile Gautier（一八一一～一八七二）は、現実を観察するうち、自分の考えの誤りに気づいた。そして遂に、以下の「公理」を確信するに至るのだ。

天才は太っていなければならない。そう、一九世紀の天才は肥満でなければならない。その偉大さと同じだけ、彼は太るのだ。[29]

太っているから才能がある――あるいはその逆であれ、そこに論理的な整合性が求められるわけではない。一九世紀初頭生まれのゴーティエは、この世紀の進展とともに次第に明確になっていくこの事実を、素直に受け止めたにすぎない。だがそのことが重要だ。

そしてゴーティエは、この確信を彼にもたらした同時代の天才たちの姿を次々に描き連ねる。ヴィクトル・ユゴー Victor Hugo（一八〇二～一八八五）は太りすぎていて「毎日、（フロックコートの）ボタンがひとつ飛び、ボタン穴がひとつ引きちぎれ」てしまう。バルザック Honoré de Balzac（一七九九～一八五〇）は「人というよりも樽」のようであり、「三人がかりでも彼を抱きかかえることができない」。ロッシーニ Gioachino Antonio Rossini（一七九二～一八六八）（図2）は「最も怪物的な体の厚みをしている一人であって、もう六年前から彼は自分の足を目にしていない」。ジュール・ジャナン Jules Janin（一八〇四～一八七四）はその身体の重みで、「一八世紀に作られたソファーをことごとく崩壊させてしまう。彼はそこに腰掛けることができるとの幻想を抱いているのだが」。もし、新たに建設する橋が十分な丈夫さを備えているか確かめたかったら、試しに「おとなの象ほどの体重」を持つアレクサンドル・デュマ Alexandre Dumas（一八〇二～一八七〇）（図3）を渡らせてみるのがよい[30]……。

よく観察してみれば、天才たちはみな肥満している――ゴーティエが述べるのはただそれだけでのことであるが、この単純さがかえって明快に、やはり一九世紀が確かに、〈太った身体〉是認という一面を持っていたことを証している。

四　美食と健康

ゴーティエの人物描写にかなりの誇張があるにしても、これほど膨張した身体は、当然その内部で無視しがたい障害を引き起こすにちがいない。一八世紀から一九世紀にかけて〈肥満〉が経験したイメージの変容は、いかにして〈健康〉という現実との折り合いをつけ得たのか。肥満が引き起こす健康上の諸問題という犠牲を払ってなお、人々が太ることを厭わなかったことの背景に、いかなる現象がみえてくるであろうか。

太っていること、あるいは過食行為がもたらす身体の不調はこの時代、多くの場合「消化不良」によって説明される。それは、具体的にどのような状態を言うのか。一九世紀に書かれた一般向けの医学書によれば以下のようにある。

たっぷりの食事の後、まさに「パリの生活」に歌われているように、たらふく食べて（喉のあたりまでパンパンに詰め込まれた状態で）あなたは食卓を立つ。食いしん坊な食欲は、思い切り満足させた。次から次へと供される、美味な、吟味された料理に舌鼓を打った。だがその快楽の後に来るのは、苦しみ、バラの棘だ。すでに胃のあらゆる箇所に違和感と重みを感じるようになってきた。息苦しくなってきて、服がきついように感じられる。動悸が速くなり、強い頭痛に浅いまどろみも断ち切られる。やがて全身に震えがきて冷や汗が出てくる。それから数分すれば吐き気が襲ってきて、消化されなかったものすべてを吐いてしまう[31]。

そしてこの同じ医学書は、消化不良を生じてしまったときの対処法として、軽度のときには消化を「刺激する」こと、重度のときには「排泄」を促すことを勧める。前者の場合に効果があるとされるのは、熱い紅茶やミント茶、カモミール茶、メリッサ茶。あるいはそれら植物の香りをつけたアルコール、そして「ガラスの薬酒（l'élixir de Garus）」、「シャルトルーズの薬酒（l'élixir des Chartreux）」、少量のエーテル、「ヴィシーのトローチ」、「セルツァー水」など。後者の場合には指を喉奥へ突っ込んで、強制的に胃の内容物を吐くことなどが助言として記述されている。

消化不良が日々の健康をめぐる関心事の焦点となったのは、この時代が初めてではない。古代よりこの主題は医師たちの関心を引き、様々な薬効を持つ食物が発見され、加工・利用されてきた。例えば今日ではむしろ菓子とみなされるようなものが、胃を強くし、消化を助けるという効果を期待されて使用されてきたことはよく知られている。食生活が格段に改善され、食卓が洗練の度を増す一八世紀に至ると、消化不良は以前にも増して大きな注意を引くようになる。この時代、身体の繊細さが一部の上流階級で顕示的価値を持ったことについてはすでに触れたが、彼らがその場合に口を揃えて嘆くのはとりわけ「胸（肺）の弱さ」であった。この症状を導く原因について医師たちは各々異なる論を展開したものの、すべて「消化」が問題の根本にあると見る点では一致していたという[32]。

だがこの時代の「消化不良」をめぐる状況には、それまでと少し異なる点が見受けられる。そもそも、先の引用に見られるような「たっぷりの食事」をある程度日常的に、この医学書の読者たる一般市民が享受できる機会を得るようになったのは、実に一九世紀以降のことなのだ（もちろん、なお大部分の市民は貧困にあえいではいたが）。「消化不良を防ぐ方法とはなにか。そう、それは皆がよくわかっているにもかかわらず、残念ながら多くの人が実践しようとしないことである。優れた、そして失敗のない防御策、それは節制である[33]」と、半ば諦め気味に著者は記す。苦痛がその後に控えていようとも、人々はその刹那の快楽を手放そうとしない。ここに描写される一九世紀の極端な「消化不良」の背後には、食欲を持って人生の幸福を謳歌しようとする新たな生き方の提案、いや当事者たちによれば新たな「学問」の成立がみえてくる。「美食（学）」のことである。

それまでの流れに逆行するように〈太った身体〉が独特の存在感を増していくのとまったく同時進行的に、一九世紀初頭から人々は〈美食〉という快楽を突き詰め、それについて論じることに熱を上げた。旧体制下には特権階級に限られていた豪華絢爛な食事にあずかる機会はフランス革命とともに民主化され、誰もが――ただしそれ相応の金額は支払う必要はある――好きなときに、好きな料理を、好きな人と（したがってもちろん一人であっても）堪能できる機会が、「レストラン」の急激な増加によって実現される。ここへ至って、先に触れた〈少食〉を旨とする黎明期の「レストラン」の延長にあってまったく異なる意味合いを担う、飽食の場としての「レストラン」が出現するのだ。この時代に生きる人々の飽きたらぬ食欲は、同時代の人々の目を驚かせ、一九世紀を通じてレストランに溢れるパリの市街、美味の国フランスのイメージを確実なものにしていくことになる。

「美食」あるいは「美食学」と訳される「ガストロノミー（gastronomie）」の語が近代フランス語に登場したのはまさにこうした時代の端緒、一八〇一年のことである。語の成り立ちに忠実に訳すなら「胃の学問」とでもなるこの語を表題に掲げ、美味を歌うジョゼフ・ベルシュー Joseph Berchoux（一七六〇～一八三八）の詩集が登場するや、その後食の喜びを主題にした読み物は多産され、いわゆる〈美食文学〉（それはまさに美食について書かれたテクストであって、文学のなかの美食とは決定的に異なる）はこの時代を特徴づける最たる印のひとつとなる。先に「ガストロフォリー」の造語とともに〈太った身体〉の新たな意味合いを示してくれたブリヤ＝サヴァランのテクストはもちろん、尋常ならざる〈太った身体〉をゴーティエに観察され描写されたアレクサンドル・デュマ・ペールがその多作な作品の一つに数える『料理大辞典 *Grand dictionnaire de cuisine*』も、この一九世紀の美食文学の系譜のなかに収めてよいだろう。「美食学」の成立とそれを支え促進した美食文学、そして〈太った身体〉の是認は、同じ現象の異なる側面にすぎないというのが実際のところだ。

そのような美食文学のなかで、「健康」は美食を実践するための必須の条件として捉えられる。ブリヤ＝サヴァランと同時代に活動し、彼と並びフランス一九世紀の美食文化の礎を築いたとされるグリモ・ド・ラ・レニエール Alexandre-Balthazar-Laurent Grimod de la Reynière（一七五八〜一八三七）はその主著『美食家年鑑 *Almanach des Gourmands*』（一八〇三〜一八一二）[34]において、一見すれば美食とは無縁に見えかねない職業や商品について時に大きな賛辞を贈っている。合計八回にわたって出版されることになるこの美食の批評誌において「薬剤師」が頻繁に登場するのは、ただこの職種がチョコレートやコンフィチュールなど現代であれば菓子店で扱うような商品を扱うからばかりではない。彼らは美食家の健康を保ち、また回復し、再び美食行為に臨めるように差し向けるのになくてはならない存在なのである。また「歯医者」は、「歯はごちそうのための第一の道具であり、すべてのよい消化のための原則である。歯がなければ完全に粉砕することも完全に咀嚼することもできないため、よい消化は不可能となろう[35]」から、やはり重要な役割を担っている。

他にも、様々な健康商品が推奨される。大半はやはり消化の促進を目的としている。例えば「健康の粒」と名付けられた商品は、フランク博士なる人物が開発したという、一種の下剤の商品名である。また、ある「毛織物商」が取り扱っている肌着でへその周辺を温めることで、消化が促進される。「アルヌーの小袋」を、みぞおちの上あたりにくるように首からぶら下げておくと血液の循環が促され、卒中が予防できるという。「風呂屋」は、社交人としての身だしなみを整えるのにも役立つが、消化促進の効果を期待されて複数回『年鑑』に登場する。「機械的浣腸」は、使いやすいよう簡易化された浣腸で、もちろん消化不良、正確にいえば便秘を解消するために用いられる。美食家たちの世界において、もはや食は健康を実現するための手段ではなく、その逆なのである。

この意味の転倒はしかし、例えば今日においてはもはや通用しなくなっている。太っていることに一定の評価を見るこの例外的な傾向は、早くも一九世紀後半には次第に影を潜めるようになる。

五 肥満の敵視へ

〈太った〉身体が承認され、権威づけられる例外的な時代はそう長くは続かなかった。すでに一九世紀後半、次第に肥満を気にするような発言が目立ってくる。「彼は背が高いほうではなく、いくらか肥満気味だった。そしてその肥満と戦うために、好んで長い散歩をした」[36]。その太った身体をゴーティエにユーモアたっぷりに描かれていたユゴーが、一八六二年に発表した『レ・ミゼラブル *Les Misérables*』のなかで述べるこの文章は、すでに肥満への後ろめたさのようなものを表現している。医学言説において、非難の口調はより決定的である。「長い間、肥満についてはある先入観が支配的であった。肥満は奇形のひとつ、せいぜい不具くらいにしか捉えられておらず、それが病気であるとは誰も思わなかった。（中略）しかし肥満は実際にひとつの病気である」[37]。ブリヤ＝サヴァランが肥満は病気ではない、としていたときからは大きな変化である。敵視されるのが糖分であるか脂肪であるか、あるいはより詳細に、コレステロールであるか他か、議論はますます細分化していくが、これ以降いまに至るまで、肥満は基本的に絶対悪としてのレッテルを貼られたままになる。二〇世紀に至れば〈美食〉もまた、軽さやヘルシーさを求める方向へと展開していくことになるだろう。

付記
本章の執筆にあたっては、二〇一七～二〇二〇年度公益財団法人ロッテ財団による研究奨励助成を受けた。ここに記して感謝いたします。

注

（1）スティーブン・メネル『食卓の歴史』北代美和子訳、中央公論社、一九八九年、五五～六一頁。
（2）スティーブン・メネル、前掲書、五六頁。
（3）スティーブン・メネル、前掲書、五八頁。
（4）本章の議論は、拙著『美食家の誕生——グリモと〈食〉のフランス革命』（名古屋大学出版会、二〇一四年）第二章を発展させたものであり、内容に一部重複があることを断っておく。
（5）*Obèse et impuissant. Le dossier médical d'Elie-de-Beaumont, 1765-1776*. Texte établi et présenté par Daniel Teysseire, Paris, Jérôme Million, 1995.
（6）*Ibid.*, p. 58.
（7）「もしも肥満を大幅に軽減することができたなら、腹が吸収している滋養分をまるごと下腹部に向けられ、いまは失ってしまった精力と気力を回復することができるだろう」と彼は強く信じている。（Ibid., p. 62.）
（8）Georges Vigarello, *Histoire des pratiques de santé. Le sain et le malsain depuis le Moyen Âge*, Paris, Édition de Seuil, 1999, pp. 148-152.
（9）Art. « obésité », Denis Diderot and Jean le Rond d'Alembert, *Encyclopédie, ou Dictionnaire raisonné des sciences, des arts et des métiers, etc.*, eds. University of Chicago, ARTFL *Encyclopédie* Project（Spring 2016 Edition）, Robert Morrissey and Glenn Roe（eds）.
（10）*Ibid.*
（11）スティーブン・メネル、前掲書、五五頁。
（12）Henry Tronchin, *Un médecin du XVIIIe siècle. Théodore Tronchin（1709-1781）*, Paris, Librairie Plon-Nourrit et Cie, 1906, p. 55. トロンシャンはまとまった書物としては多くを遺していないが、彼の診察を請うた人々に宛てた書簡などからその具体的かつ実践的な処方を見ることができる。
（13）*Ibid.*, p. 56.
（14）レベッカ・L・スパング『レストランの誕生——パリと現代グルメ文化』小林正巳訳、青土社、二〇〇一年。

（15）Georges Vigarello, *op. cit.*, p. 162.

（16）ドリンダ・ウートラム『フランス革命と身体――性差・階級・政治文化』高木勇夫訳、平凡社、一九九三年。

（17）Jean Anthelme Brillat-Savarin, *Physiologie du goût, ou Méditations de gastronomie transcendante. Dédié aux gastronomes parisiens par un professeur*, Paris, Flammarion, 1982 [1826], pp. 215-216.〔『美味礼賛（上）・（下）』関根秀雄、戸部松実訳、岩波書店、二〇〇五年、引用箇所は（下）三六頁。なお引用にあたって、部分的に訳を改めたところがある。〕

（18）*Ibid.*, p. 236.〔前掲書（下）、六四〜六五頁。〕

（19）*Ibid.*, p. 231.〔前掲書（下）、五八頁。〕

（20）橋本周子、前掲書、第四部を参照。

（21）*Ibid*, p. 225.〔前掲書（下）、四九頁。〕

（22）Alexis de Tocqueville, *Œuvres*, t. 3, p. 728.〔『フランス二月革命の日々――トクヴィル回想録』喜安朗訳、岩波書店、二〇一一年、一七〜一八頁。〕

（23）*Ibid.*, p. 729.〔同上、一八頁。〕

（24）Alexandre-Balthazar-Laurent Grimod de la Reynière, *Almanach des Gourmands, ou Calendrier nutritif, servant de guide dans les moyens de faire excellente chère ; suivi de l'Itinéraire d'un Gourmand dans différents quartiers de Paris et de quelques variétés morales, apéritives et alimentaires, anecdotes gourmandes, etc., par un vieil amateur*, 2ème année, pp. 42-43.

（25）*Ibid.*, p. 43.

（26）*Ibid.*, p. 187.

（27）Julia Csergo, « Quand l'obésité des gourmands devient une maladie de civilisation, le discours médical, 1850-1930 », in *Trop gros? L'obésité et ses représentations*, Julia Csergo et al. éd., Paris, Autrement, 2009, p. 16.

（28）Théophile Gautier, « L'obésité en littérature », in *Les jeunes-France : suivis de Contes humoristiques: romans goguenard*, Paris, Charpentier, 188, p. 364.

（29）*Ibid.*, p. 364.

（30）*Ibid.*, pp. 365-367.

（31）Paul Labarthe, *Dictionnaire de médecine usuelle d'hygiène publique et privée*, volume 2, Paris, C. Marpon et E. Flammarion, 1887, p. 405.

（32）レベッカ・L・スパング、前掲書、六五〜六六頁。

（33）Paul Labarthe, *op. cit.*, p. 406.

(34) Grimod de la Reynière, *Almanach des Gourmands*. 8 vol. in-8. 1ère année (1803, Paris, chez Maradan), 2ème année (1804, Paris, chez Maradan), 3ème année (1805, Paris, chez Maradan), 4ème année (1806, Paris, chez Maradan), 5ème année (1809, Paris, chez Maradan), 6ème année (1808, Paris, chez Maradan), 7ème année (1810, Paris, chez Joseph Chaumerot), 8ème année (1811-1812, Paris, chez Joseph Chaumerot).

(35) Grimod de la Reynière, *Almanach des Gourmands*, 8ème année, p. 325.

(36) ユゴー（西永良成訳）『レ・ミゼラブル』、筑摩書房、二〇一二年、一〇三頁。

(37) Charles Bouchard, *Leçons sur les maladies par ralentissement de la nutrition*, Paris, F. Savy, 1890, p. 127.

第三章

新しい食と身体表現を求めて
——第二帝政期ドイツにおける生改革の動き

南 直人

本章のキーワード
近代的身体／生改革運動／自然療法／食改革／ヴェジタリアニズム／食事療法（ダイエット）／肥満／ビルヒャー・ミュスリ

一 近代的身体と生改革運動

近代的身体とは何を意味するのだろうか。そこにおいて身体ケアと身体表現はどのように関係し展開していくのであろうか。この問いかけが本章の出発点となる。

最初にざっと概観しておこう。ヨーロッパでは近代社会が成立するとともに身体へのまなざしが変化し、身体は管理・監視の対象となっていく。近代医学は人間の体の内部を細胞レベルまで可視化し、近代スポーツは人間の肉体能力を開発してその最大値を記録しようとする。近代国民国家は兵士として男性の肉体を、兵士の母として女性の肉体を総動員することを究極の目的としている。日常的な食生活においても、身体は栄養学によって個々の栄養素の摂取という視点で分析され、「正しい」食生活を送るよう要請される。要するに、公権力や科学といった近代社会をかたちづくるもろもろの力によって、身体は対象化されていくわけである。

こうした動きは一九世紀末ごろになると顕著にあらわれる。しかし、この傾向に反発・抵抗するベクトルもまた、同じころに力を強めてくる。外的な何か大きな力に支配されつつある身体を取り戻そうという志向が、自然、魂、自由などをスローガンに、さまざまな形をとって現れては消えていく。それ自身もまた別の大きな力に支配されていることも多いのだが、こうした動きは現代までずっと続いている。そのような志向を体現する典型的な社会運動として、一九世紀末から二〇世紀初頭にかけてドイツで展開されたのが生改革（Lebensreform）運動である。本章では、この生改革運動を例として、「食」に関わるテーマを軸に「近代的身体」とは何なのかという問題を探ってみたい。

生改革運動とは、ドイツにおいて一九世紀後半に急速にすすんだ工業化や科学技術の発展、都市化とそれに伴う大衆消費現象などの都市的生活様式の拡大、他方で、社会層の間での対立激化や種々の社会的矛盾の拡大などといった時代背景の下で出現してきた、知識人教養市民を中心とした社会改革をめざす思想・運動である。人工的なもの、物質文明、産業・科学技術、要するに近代的なるものに反発し、一般的に「自然であること」に大きな価値を置くのがその特徴である。この運動は幅広い社会改革をめざすものであるが、とくに身体に関わる分野でさまざまな活動を展開している。たとえば、健康医療に関係する分野では、水治療、温泉療法、日光・外気浴などの自然療法、衣食住に関わる分野では、食事療法（ダイエット）やヴェジタリアニズム、禁酒運動、自然農業、集団農業コロニー、住宅改革、衣服改革、裸体主義運動などがあげられる。さらには、動物保護、景観・自然保護、女性運動、青年運動の分野でも活動を展開している。政治的には右から左まで幅広く、反ユダヤ主義や極右民族主義から反権威主義、反体制＝オールタナティブな志向までが共存している。いずれにせよこうした反近代の思潮の支持者は少数にとどまり、現実政治に影響を及ぼすことはなかったが、イデオロギーとして考えるとその重要性は大きく、今日まで影響力を持続しているともいえる。

この生改革運動に対しては、第二帝政期からヴァイマル期のドイツ社会を考察する上で不可欠の社会的事象として近年大きな関心が寄せられ、歴史学や社会学の分野でいくつかの注目すべき研究が出現しているほか、広範な分野にわたる生改革運動の活動全体を通観したハンドブックも刊行されている。(1) 日本においても竹中亨氏のすぐれた研究が存在する。(2) これらの中で、とくに肥満や痩身といった身体表現や身体ケアとかかわる問題に焦点を当てた研究が、ザビーネ・メルタの『近代的痩身崇拝への迷路』という著作である。(3) 本章では、とくにこのメルタの研究を中心に生改革運動における身体に関わる諸問題について検討していきたい。

二　近代における「自然」の再発見

一八世紀に登場したルソーの「自然に帰れ」という主張は、ドイツにも大きな影響を及ぼした。身体や医療に関わる動きとしては、自然療法という独特な理論や実践がドイツで広がりをみせるようになる。これは生改革運動の前史、あるいは第一段階ともいえる。

そもそも自然療法的な思想は古くから存在した。その基本原理は、身体を個々の部分ではなく全体としてとらえようという「全体論」、身体には自然に内在する生命力があるという「生気論」などによって特徴づけられる。前者の観点からは、病気は身体の不調のあらわれであるが、ある部位における不調が全身の不調につながり、また心の不調と身体の不調とも連関していると考えられるし、また後者に従えば、身体に内在する生命力を活性化させることで、こうした病気を克服・予防できるということになる。

こうした考え方は、身体を個々の部位に分けて病気の原因を探り、それを医学的手段で修復することによって病気を治療しようとする近代医学とは相容れないものであり、とくに細菌医学が確立した二〇世紀になると、完全に非科学的との烙印を押されることとなる。しかし、近代医学がまだ試行錯誤状態で、古代以来の体液理論がいまだ力を持ち、瀉血などの医療行為に頼っていた一八・一九世紀の段階では、こうした自然療法的な理論や実践が一定の支持を集めていた。

ドイツにおける自然療法のパイオニア的存在のひとりといえるのが、ゲーテの同時代人で侍医でもあったフーフェラント Wilhelm Hufeland（一七六一〜一八三六）である。彼は、まさに自然療法の基本的原理である生命力という概念を導入し、それを「自然の治癒力」と名づけた。その力を強めるために、十分な睡眠と新鮮な大気の中での散歩、冷水による身体洗浄をすすめるとともに、とくに食生活の改善を主張し、肉食を否定して植物食を中心とした食生活を提唱した。(4) 冷水浴やヴェジタリアニズムへの志向など、彼の考えは生改革運動の要素が多分に含まれている。

もうひとりのパイオニアがプリースニッツ Vinzenz Prießnitz（一七九九〜一八五一）である。彼は、一八三一年グレーフェンブルク（現在のチェコ北東部）で冷水治療を施す療養施設を開設し、外国からも多くの患者を集めた。この療法は、冷水によって病気を引き起こす毒素を体内から排出するというもので、冷水での身体洗浄、部分浴、身体運動などを組み合わせておこなわれた。(5) さらにもうひとり、活躍したのは少し後になるが、忘れてはならないのがクナイプ Sebastian Kneipp（一八二一〜一八九七）である。彼はカトリックの聖職者だが、一八七〇年代末からバイエルン南部にあるヴェリスホーフェンという保養地でやはり冷水治療を中心とした著名な療養所を開設した。彼の名を関した美容・健康商品は現在でも世界中で販売されている。(6)

冷水治療とともに、自然療法では日光外気浴治療もよく用いられる方法であった。自然の中で新鮮な空気と太陽の光を享受して健康を回復するというものであるが、屋外で肉体をさらしておこなわれるため、身体の美への意識と結びつき、ヌーディズム（裸体賛美運動）にもつながってくる。身体ケアと身体表現が結びつくひとつの例といえる。

三　近代的ヴェジタリアニズムの誕生とその拡大

次に、食の領域における生改革運動の展開について検討する。メルタによると、一九世紀後半になると生改革運動の中心は自然療法分野から食改革分野へと移行するとされる。自然療法と食改革の主張は実は共通したものも多く必ずしも明確な区分があるわけではないが、たしかに一九世紀後半以降、食生活の改革を唱道する議論が活性化するのは事実である。こうした食改革の議論においてはヴェジタリアニズムが基盤となった。ヴェジタリアニズム自体は、ピタゴラスやストア派など古代のギリシア・ローマから存在しており、その主張は、魂が転生するという考えゆえに動物殺しを忌避したり、禁欲・節制のため肉食を制限したりというように、宗教的・倫理的性格の強いものであった。近代以降のヴェジタリアニズムは、そうした基本的特徴を受け継ぎつつも、生改革運動と同様に近代文明を批判し社会の改変をめざすというような性格を帯びるようになる。すでに一七・一八世紀においてイギリスやフランスでパイオニア的なヴェジタリアンが出現しており、そうした影響を受けて一九世紀にはドイツにおいてもヴェジタリアニズムの運動が浸透するようになる。これについては、ドイツにおける食の歴史研究のパイオニアであるトイテベルクが早くから注目し分析をおこなっている(7)。この研究に依拠しつつヴェジタリアニズム運動の代表者たちを紹介していこう。

初期のパイオニアとしてはまずシュトゥルーフェ Gustav Struve（一八〇五～一八七〇）の名前が挙げられる（図1）。彼は一八四八・四九年の革命運動に参加し、敗北後アメリカに亡命、南北戦争にも北軍兵士として従軍したという激動の人生を送った人物である。若い時代にルソーの影響でヴェジタリアニズムに共鳴し、一八三三年に『マンダラの遍歴』という小説（ヨーロッパを旅行するインド人青年の目を通して肉食を批判するという内容）を執筆しているが、これはドイツ最初のヴェジタリアン文学といわれる。彼は一八六三年に許されて帰国した後、六六年には「シュトゥッ

図1　シュトゥルーフェの肖像、1848年
出所：https://de.wikipedia.org/wiki/Gustav_Struve（2018年2月2日閲覧）

トガルト・ヴェジタリアン協会」を設立、六九年には『植物食――新しい世界観の基礎』というヴェジタリアンの世界観の理論的基礎となる著作を刊行した[8]。

ドイツのパイオニア的ヴェジタリアンとしては、シュトゥルーフェのほかにも、ツインマーマン Wilhelm Zimmermann（一八一九〜?）やラウセ J. H. Rausse（一八〇五〜一八四八）らの名前が挙げられるが、とりわけ自然療法運動とヴェジタリアニズムをつなぐ人物として、ハーン Theodor Hahn（一八二四〜一八八三）が重要な役割を果たした。彼は、一八四九年から開業していた自然療法の施設においてフーフェラントの影響でヴェジタリアン食を取り入れ、五七年以降ヴェジタリアニズムの諸著作を刊行した。代表作は『自然に即した生活様式の実践的教本』（一八六五年）で、その中で健康のための状況に応じた食事を詳細に指示している。彼は単なる病気治療ではなく生活全体の改革を重視し、生改革運動としてのヴェジタリアニズムの思想を確立した人物といえる[9]。

こうして徐々に拡大していくヴェジタリアニズムの運動を組織的に発展させたのがバルツァー Eduard Baltzer（一八一四〜一八八七）である（図2）。トイテベルクは彼を最大の組織者と評している。テューリンゲン地方のノルトハウゼン出身の彼は、もともと自由主義的なプロテスタント聖職者であり、「光の友」グループを結成して、一八四八年革命においては自由主義派の議員として、フランクフルト国民議会およびプロイセン国民議会で活躍した。その後一八六六年に、ハーンの著作などに刺激されてヴェジタリアンに転向、肉食を完全に絶つようになった。主著は一八六七年から七二年にかけて書かれた四巻からなる『自然の生活様式』であるが、とくに彼はヴェジタリアンの運動の組織化に力を注ぐことになる[10]。

最初は一八六七年にノルトハウゼンで「自然生活様式協会」を設立、二年後に「自然に即した生活様式（ヴェジタリアン）のためのドイツ協会」（会員数約四〇〇人）と改称し、ヴェジタリアニズムの理念の宣伝や文献の配布、各地での集会や講演会の開催などの活動をおこなった。その後組織は急速に拡大し、各地に地域組織が設立されるようになる（一八六八年シュトゥットガルト、六九年ベルリン、七〇年ケルン、七五年ライプツィヒ、等々）。さらに一八七七年には南ドイツの地域的上部組織として「南ドイツヴェジタリアン協会」が設立された。こうして一八八四年までに全国で一〇を越える地域協会が存在することとなった（ベルリン、ブラウンシュヴァイク、ブランデンブルク、ブレスラウ、カッセル、ケルン、ドレスデン、ライプツィヒ、フランクフルト・アム・マイン、ハノーファ、ミュンヘン、ノルトハウゼン）。しかし内部分裂など混乱もみられ、運動は一時的に衰退する。その後再編を経て、一八九二年にライプツィヒを本部として「ドイツヴェジタリアン同盟」が結成された。一八九五年から機関誌『ヴェジタリアン展望』を刊行するなど順調に活動を展開し、会員は一九〇五年までに約五千人を数えるまでになる。一九一二年段階では全国二〇の大都市に二五組織を展開していた。[11] ちなみに同組織は、第一次世界大戦やナチス期の激動を経て、戦後「ドイツヴェジタリアン連合」として復活し、「国際ヴェジタリアン連合」の一員として現在も活動している。

図２　バルツァーの肖像
出所：Baumgartner, Vegetarismus, S. 132.

　このように一見すると順調に組織が拡大していったようにみえるが、第二帝政期ドイツ社会でヴェジタリアニズムが幅広い社会運動になったとは言い難い。社会史的に見ると、むしろ教養市民層のエリートを中心としたマージナルな運動であり、現実の政治や社会に直接大きな影響を与えたわけではない。ヴェジタリアンたちは、書物や集会、各種の催しなどを通じて食改革理念の宣伝に大きなエネルギーを注いだが、[12] 一般公衆にはその理念が受け入れられたとはとてもいえなかった。

むしろヴェジタリアンは社会から冷たい視線を浴びせられ、さまざまな蔑称を付与された。[13]

しかし思想史的にみると、ヴェジタリアンの主張は少しずつ社会に影響を与えていったともいえる。ヴェジタリアニズムは本来的に、動物を殺すという理由で肉食を忌避し、植物性の食物のみに依拠する質素な食生活を送ろうという、ある種の宗教的・倫理的性格を濃厚に有するものであるが、近代的ヴェジタリアニズムはそれに加えて、「自然」への回帰、反近代文明といった思想が付加され、食事を改革し自然に合致した食生活を送ることで、近代文明によって損なわれた人間および社会の全体的調和を回復するという基本的主張を展開した。そうした方向性は、一九世紀末から二〇世紀初頭のドイツ社会で広がった食にかかわるさまざまな社会運動と結びつき、全体として食改革の潮流を形成することとなる。次にそうした事例をいくつか検討しよう。

四 「食改革」をめざすさまざまな動き

まず、ヴェジタリアンの理想を実践しようという動きの事例として、「エデン果樹栽培コロニー」を紹介する。[14] これは、ヴェジタリアニズムの理念に基づいた居住共同体（ジードルング）で、一八九三年ベルリン北方の町オラーニエンブルクの郊外に建設された。設立当初のメンバーはわずか一八人で、その規約によると、目的は「果樹と野菜生産と結びついた農村への居住および居住者のための住宅の建設」とある。[15] まさに果樹・野菜栽培を通じて自然に適合した生活を集団的に送ろうとする理想主義的な共同体として出発したわけである（図3）。

こうしたヴェジタリアンの居住共同体はこの時期各地で設立されたが、[16] このエデンのユニークな点は商業的にも成功したことである。じっさいこのコロニーはその成員をヴェジタリアンのみに制限したりせず、設立八年後には名称から「ヴェジタリアン」という言葉を削除している。もちろん、一九〇四年の運営規則に「全成員はエデン村が単なる物質的利益を追求する生産協同組合ではなく、第一に倫理的な生活に努める人々の結集地となるために設立されたのだということを自覚しなければならない」とあるように、広く生改革運動に共有された「自然」や「反物質文明」の志向を持つ人々の集団であることは疑いない。しかし、このエデンでは浮世ばなれした理想のみを追求するのではなく、創立の翌年には開拓者たちの食料と収入の確保のため、エンバク・ソバ・ジャガイモ・ニンジン・豆その他の野菜類を栽培するなど、現実社会のなかで存続するための努力を継続しておこなっていた。こうしてヴァイマル共和国期には、エデンは果樹栽培を基礎に保存料無添加のジュースやママレード、純植物性マーガリンなどの「自然食品」を製造販売し、生改革運動のメッカとして名をあげ、今日のエコロジカルな農業のひとつの源流となった[17]。広い意味での食改革の理念の現実化のひとつの例といえる。

図３　エデン果樹栽培コロニー
出所：Marx, a.a.O., S. 136.

次に、これも生改革運動やヴェジタリアニズムの広がりとともに出現するさまざまな食改革関連物品の開発について検討する。そうした動きを代表する存在として、ここではスイス人医師で、食改革運動の指導的人物であるベルヒャー＝ベナー Maximilian Oskar Bircher-Benner（一八六七～一九三九）を取り上げてみよう[18]（図４）。彼は、生食・菜食による食事療法を確立するとともに、それを近代的栄養学と結合しようとした。

もともと彼は、チューリヒ大学とバーゼル大学の医学部で近代医学を学んだが、学生時代の体験から自然療法を支持するようになり、さらに一八九一年に医師として開業した後、ある患者を生の果物や野菜によって治癒させたことから、生食・菜食による食事療法（いわゆるローコスト・ダイエット）の治療効果を深く確信するようになった。そして、その成果に基づいて一八九七年チューリヒで小規模な診療所を設置した後、一九〇四年には郊外で「生命力（Lebendige Kraft）」という名のサナトリウムを開設し、トマス・マンら著名な人物もそこへ訪れるようになった[19]。

彼は独自の「光量子理論」をもとに、生食・菜食の特別な治癒作用を「科学的に」説明しようとした[20]。さらにエネルギーの貯蔵によって食物は三種類に区分されるとし、葉野菜、果実、種子など生で食べられる「生きた栄養物」が葉緑素の助けで太陽光エネルギーを受容でき、最も価値が高いとされた[21]。こうした彼の理論をもとに開発されたのが「ビルヒャー・ミュスリ（Bircher-Müsli）」である。これはオート麦フレークに種々の乾燥果物等を混ぜミルクをかけて食べる健康食で、ヨーロッパで長年受け継がれてきた穀物粥の伝統と結びついており、療養食・自然食として全世界へ拡大した。ミュスリという言葉は広く流布し、低カロリーのダイエット食・痩養食として今日では朝食において不可欠な食物となっている[22]（図５）。

　こうした健康食品としては、たとえば「ジーモン型パン」などの全粒粉パンもある。これは、食改革運動家のジーモン Gustav Simons（一八六一～一九一四）が製粉技術者のシュタインメッツ Stefan Steinmetz（一八五八～一九三〇）と協力して開発したもので、パン生地を特別に処理することで消化がよくなり胃腸病患者に適していたとされる。これは今日でも広く普及している[23]。

　こうした健康食品を販売するいわゆる「レフォルムハウス（Reformhaus）」もまたこの時期に誕生した。冷水治療用の桶や湿布、全粒粉パンなど自然療法や食改革関連商品を幅広く販売する店舗である。最初の専門的レフォルムハウスは、ブラウン Carl Braun（一八五八～一九四三）という人物がベルリンで設立し、やがて大規模店へと成長した。

図４　ビルヒャー＝ベナーの肖像
出所：https://commons.wikimedia.org/wiki/File:4bircher.JPG（2018 年 2 月 2 日閲覧）
図５　現代ドイツの朝食用ミュスリ
出所：筆者撮影

レフォルムハウスという名称自体は、一九〇〇年ライン地方のヴッパータールでハイネンKarl August Heynen（?～一九四三）という人物が最初に使用したといわれている。彼の店舗は、その後カッセルやマクデブルク、ニュルンベルクなど全国に支店網を広げていく。こうした生改革運動の広がりの産物といえる商業施設が、大戦勃発の一九一四年までに大都市中心に次々と誕生していったことは注目に値する。大戦中は一時下火になるが、戦後ヴァイマル期になると、生改革運動の拡大とともにレフォルムハウスも増大し、一九二五年には「ドイツレフォルムハウス連合」という業界団体さえできるようになっていった(24)。このように、今日ドイツでどこでもみられるレフォルムハウスの源流は百年以上前にさかのぼるのである。

以上検討してきたように、世紀転換期ドイツにおいては、食をめぐるさまざまな改革の動きが展開していた。ヴェジタリアンの運動はごく狭い範囲の人々に限られていたが、その外側の食改革の運動は広範囲にひろがり、商業レベルにおいても一定の成功を収めていた。食べるという身体を維持するための活動をめぐって、それをいかに「自然に即した」ものとして改革していくかという議論や実践がこうして広く深く展開されていたのである。

さてここまで、自然療法にしても食改革にしても、身体のケアに関する側面から考察してきた。しかし、生改革運動は身体表現の領域とも深く関わる運動である。次に、生改革運動における身体表現と身体ケアの結びつきについて検討していきたい。

五　身体表現からみた生改革運動――「肥満」をめぐる諸問題

二〇世紀初頭のドイツにおける熟練労働者層の食生活をみると、質はともあれ量的にはおおむね十分な栄養状態に達していることがわかる(25)。巨大な社会的格差があるので単純化はできないが、少なくとも平均して満足に食べることのできる時代の入り口にさしかかったといえる。ただその後のドイツは戦争やナチズムを経験したため、その入り口

図6　スリムなヴェジタリアン（左）と太った肉食女性（右）との対比
出所：Mertha, *a.a.O.*, S. 58.

から引き返すことにはなったが、こうした食の歴史の大きな転換点は身体をめぐる問題にもあらわれてくる。すなわち、栄養不足を背景として肥満がステイタスシンボルであった時代が過ぎ去り、いまやスリムであることがむしろ求められるようになったということである。

　こうした大きな時代の流れを背景として、身体イメージもまた変化した。それは生改革運動において端的に表現されている。メルタの研究では、生改革運動は第一段階の自然療法から第二段階の食改革を経て、二〇世紀には第三段階に入り、身体、とくにその美的側面に関心が寄せられるようになったとされる[26]。しかしむしろ生改革運動そのものが当初から身体への関心を組み込みつつ発展してきたとみるべきであろう。彼らの基本的な発想である「自然VS反自然」という二項対立は、そのまま身体イメージに置き換えられ、自然＝瘦身、反自然＝肥満と読み替えられる[27]。そして前者の理想をめざして自然療法やヴェジタリアニズムといった身体ケアの方策が模索され、さらに二〇世紀に入るとそれを身体表現のレベルで実現しようと、さまざまな身体文化運動（ヌーディズムや肉体鍛錬、ダンス、スポーツなど）が展開されるようになる。表面的には雑多な主義主張のようにみえるが、その根底には「自然＝瘦身＝肉体美」という観念が流れているのである。そして、逆に肥満は「反自然」であり、醜悪なものとみなされ、生改革運動にとって克服すべき重大な課題であると表象されることとなる（図6）。

　このように望ましくない肥満、すなわち身体への脂肪の蓄積をいかにして防止するかについては、一九世紀ドイツにおいて、「身体ケア」の領域でいろいろと提案されてきた。それらは、冷水療法など水を利用し主に身体の外側から脂肪を除去する方法と、食生活改善による身体の内側から減脂肪をめざす内的な方法とに大別できるが、両者が併用されることもあり、この区分はきわめてあいまいなものである。前者の例としては、前述したプリースニッツに代表される冷水療法の後継者であるヴィンターニッツ Wilhelm Winternitz（一八三四〜一九一七）が自然療法的観点から冷水の刺激による肥満治療をおこなっている[28]（図7）。また、カールスバートやマリエンバートなど肥満治療で名高い温泉の場合は、鉱泉飲用と入浴の療法がおこなわれ、身体の内外から脂肪を除去しようと試みられている[29]。

図7　冷水による肥満治療のイメージ
出所：Mertha, *a.a.O.*, S. 39.

しかし全体としてみれば、食生活の改善による「脱脂肪」の方がより一般的であった。前述したヴェジタリアニズムは肉食を避けるだけでなく肥満を抑止することもその重要な目的としていたし、それから派生するさまざまな食改革の動きはやはり脱脂肪＝痩身を目的として掲げていた。たとえば、先に紹介したビルヒャー＝ベナーはスリムな体型維持のために、ビルヒャー・ミュスリを組み込んだ献立を提案し、それらは料理本の形で出版されている[30]。

ここで興味深いのは、生改革運動や自然療法とは本来対立する近代医学の側からも、さまざまな肥満防止の治療法が提案されていることである。一九世紀後半はちょうど細菌医学や栄養生理学が成立しつつあった時期ではあるが、まだ病気や身体のさまざまな不調の原因を今日の基準からみて十分説明できるレベルではなく、肥満防止の対策についても互いに矛盾する主張が乱立しているというような状態にあった。たしかに医学者たちはタンパク質、脂質、炭水化物といった用語を用いており、一見科学的にみえるのだが、その主張の中身を検討するとかなり恣意的な議論を展開している。こうした医学者たちによる肥満対策の主なものを少し紹介しておこう。

まず、一八六〇年代にイギリスから伝わったバンティング法が一時的に大流行した。これは極端な高タンパク食による肥満防止治療で、イギリスのバンティングという名の肥満患者の成功例を手本としたものであったが、ドイツではリービヒの理論と結びつけられて「栄養科学」的装いをまとった。しかし、この食事療法は炭水化物をほとんど取らない代わりに大量の肉を摂取するという内容であり、今日の観点からすると全く健康的な食事とはいえない代物であった[31]。それにもかかわらず、こうした高タンパクの肉食による脱脂肪法がこの時期の脱脂肪療法の基調となっていく。たとえば、アメリカないしロシアから伝わったとされるミルクをもっぱら中心とする食事療法も一時的に流行した。これは体操などの身体運動も治療法に組み入れられているが、基本的には高タンパクの食事療法である。このミルク療法はきわめて重症の肥満患者に適用されるもので、あまりにも極端な方法であるため脱落者が多かったとされる[32]。

　こうした「似非科学的」なものではなく、当時の一流の医師や科学者が提案した脱脂肪法もさまざまなものが存在した。有力なものとしては、たとえばゲッティンゲン大学教授のエプシュタイン Wilhelm Ebstein（一八三六〜一九一二）は、高タンパク肉食療法に脂肪摂取を追加した方法を提案した。脱脂肪に逆行するようにみえるが、彼によるとその方が飢餓感を抑えられるというメリットがあるという。彼の食事療法の献立は、朝食にはミルクや砂糖なしの紅茶とたっぷりバターを塗った小さなパンだけだが、昼食には骨髄のスープと一二〇〜一八〇グラムの肉プラス野菜、果物、夕食は卵かロースト肉かハムか魚などといった内容であり、確かに炭水化物は少量だが肉を中心にかなりのボリュームがあり、果たして脱肥満食といえるのか疑問である[33]。

　エプシュタインに対抗したのがミュンヘン大学教授のエルテル Max Josef Oertel（一八三五〜一八九七）である。高タンパク食に脂肪を付加するエプシュタインの方法を批判し、炭水化物を付加する食事を提案した。彼は、エプシュタインが依拠した炭水化物が脂肪を生み出すというリービヒ説を時代遅れと批判し、自分の師匠であるペッテンコーファーやフォイトに依拠して、むしろ炭水化物を付加すべきであるとする。またタンパク質も脂肪の形成源になるので、あまりに過大な肉の摂取は誤りであるとも主張する。彼の推奨する献立はしかし、全体としてやや炭水化物が多めである以外エプシュタインのものとあまり変わらず、むしろ昼食の肉料理の量は多くなっている[34]。

　そのほか、ビスマルクを治療したことで有名なシュヴェニンガー療法（Schweninger-Kur）や患者個人の状況に合わせようとしたデムート（Demuth）療法、肉体鍛錬や筋肉増強と組み合わせたツィーゲルロート（Ziegelroth）の治療法、カロリー計算を取り入れたカメラー（Camerer）の治療法など、一九世紀末ごろにかけてさまざまな脱肥満の食事療法が提案されている[35]。それらは基本的に、タンパク質の摂取を重視するという当時の栄養学に基づいて考え出された食事療法であって、野菜や果物を添えるとはいえ、おしなべて肉を中心とした献立となっており、この点でヴェジタリアンたちの食事療法とは根本的に異なっている。

しかしいずれにせよ、一九世紀末から二〇世紀初頭のドイツにおいて、さまざまな脱肥満のための治療法が百花繚乱のごとく出現していたことは注目に値する。もちろんジェンダー差はあるにせよ、スリムであることの価値がますます拡大し、それがこの時代の身体イメージを決定づけるようになったといえる。こうした身体に関する感性の変化は目に見えないレベルでゆっくりと生じたものであろうが、そこにおいて生改革運動が一定の役割を演じたことはまちがいない。その意味でこの運動は限られたマージナルなものではあったが、後世に及ぼした影響は大きいというべきであろう。

時代の先端を行く人々は健康的でスリムな身体にあこがれ、何とか肥満を避けようとダイエットなどに励む一方、そうして獲得した美しい身体を誇示し、あるいはその身体で何らかの自己表現をしようという欲求を持つようになる。二〇世紀に入ると「見られる身体」への意識がより高まるのである。ここでいう身体表現とは「身体で表現する」と同時に「身体が表現する」という二重の意味を持つ。こうして、ヴァイマル期のドイツでは、ヌーディズムやダンス、スポーツ、肉体鍛錬のような若くスリムな身体を公衆にさらし駆使する新たな身体文化が発展していく。これは生改革運動の新しい段階を画する動きであり、二〇世紀の新しい身体表現の潮流がここから生まれてくることとなる。

六　「身体ケア」と「身体表現」の接点

以上のような身体に関する感性やまなざしの変化を歴史的に鳥瞰すると、あらためて一九世紀末から二〇世紀初頭にかけての時期の重要性が浮かび上がってくる。今日につながるような身体に関わる種々の新しい社会的・文化的要素、あるいは価値観がこの時期に登場してきたのである。それらはとりわけ食や健康といった身体ケアに関わるものが多く、この時期に広がった生改革運動がそうした要素を真っ先に取り入れて、反近代文明の思想へと昇華させ、また社会運動へと具体化させた。ヴェジタリアニズムや食改革の思想・運動がそれである。これらは基本的に身体ケアにかかわる分野での動きであるが、生改革運動の幅広い展開とともに、裸体文化やダンス、スポーツなど身体表現の分野にも拡大していく。こうして、従来次元を異にするテーマであった身体ケアと身体表現が表裏一体のものととらえられるようになるのである。

ここで近代的身体とは何かという最初の問いに戻ってみよう。食や医療によって身体をケアするという営みは、近代がすすむにつれ、医学や栄養学という科学的手段によって進化してきた。それによって人類は、たとえば栄養状態の改善や平均寿命の大幅な伸びといった大きな成果を得た。しかし他方、そうしてケアされた身体はいったい誰のものか、というような主体に関わる問題も再三提起されるようになる。近代科学の考えと対極的なヴェジタリアニズムなどオールタナティブな手法の身体ケアも、二一世紀になっても衰退するどころか、根強く支持されその影響力はむしろ拡大しているとさえいえる。そうしてケアされた身体は、今度は衣服を脱いだ自然な肉体として、あるいは鍛錬された美しい肉体として表現され、さらにはそうした肉体を引き立てる衣服によってさらにいっそう美しく飾られる(36)。こうして近代的身体に関する問題は、「身体ケア」と「身体表現」の両者が重なり合うところに顕在化していくことになる。多面的な観点から見ていくことが必要となるのである。

注

（1） Wolfgang Krabbe, *Gesellschaftsveränderung durch Lebensreform: Strukturmerkmale einer sozialreformerischen Bewegung im Deutschland der Industrialisierungsperiode*, Göttingen, 1974; Judith Baumgartner, *Ernährungsreform - Antwort auf Industrialisierung und Ernährungswandel.* Frankfurt/M, et.al., 1992; Eva Barlösius, *Naturgemäße Lebensführung: Zur Geschichte der Lebensreform um die Jahrhundertwende*, Frankfurt/New York, 1996; Diethart Kerbs & Jürgen Reulecke（Hg.）, *Handbuch der deutschen Lebensreformbewegungen 1880-1933*, Wuppertal, 1998.

（2） 竹中亨『帰依する世紀末――ドイツ近代の原理主義運動群像』ミネルヴァ書房、二〇〇四年。

（3） Sabine Mertha, *Wege und Irrwege zum modernen Schlankheitskult: Diätkost und Körperkultur als Suche nach neuen Lebensstilformen 1880-1930*, Wiesbaden, 2003.

（4） 彼は次のような主張をしている。「食物の選択にあたっては植物性のものに頼るべきである。肉は腐敗への傾向を持つが、野菜は逆に酸と腐敗の改善への傾向を持つ。さらに、動物性の食事は刺激を与え熱をもたらすが、野菜は冷たく穏和な血を与え、体内の運動と肉体・魂の刺激を抑えて、生命力の消費を遅らせる。最後に、動物性の食事は血と栄養を与えることで、より多くの労働と身体運動を要求する。それ故、知識人や座って仕事をする人はその食用は控えるべきである。（中略）また我々は、最高齢に達する人は肉を常食する人ではなく菜食（野菜、果物、穀物、ミルク）をする人であることも知っている」。*Ebenda*, S. 32-34.

（5） *Ebenda*, S. 34-35.

（6） *Ebenda*, S. 37-38.

（7） Hans Jürgen Teuteberg, Zur Sozialgeschichte des Vegetarismus, in: *Vierteljahrsschrift für Sozial- und Wirtschaftsgeschichte*, Bd. 81-1, 1994, S. 33-65. 他に、Baumgartner, Vegetarismus, in: Kerbs/Reulecke（Hg.）, *a.a.O.*, S. 127-139 も参照。

（8） シュトルーフェはヴェジタリアニズムの原則を次のように定式化している。（1）肉の食事を避けよ、君たちは動物仲間の死の上に自分の生を築いてはならぬ。（2）質素であれ、すなわち余りに多様な食物を食べてはならぬ。（3）控えめであれ、すなわち同じ食物でもあまり多く食べてはならぬ。（4）大地から得られる植物、とりわけ穀物と果実で自らを養いなさい。（5）あらゆる毒物、とりわけタバコと酒は避けよ。（6）しかし塩は良き効果がある、（7）砂糖もしかり、（8）ミルクもしかり。（9）多くの水を飲み、多くの水を浴びよ。（10）純粋で新鮮な空気のみを呼吸せよ。Teuteberg, a.a.O., S. 45-46; Baumgartner, Vegetarismus, S. 131-132.

（9） Teuteberg, a.a.O., S. 47.

（10） Teuteberg, a.a.O., S. 47-49; Baumgartner, Vegetarismus, S. 132.

(11) Teuteberg, a.a.O., S. 50-51; Baumgartner, Vegetarismus, S. 133-135.
(12) たとえば一九〇七年四月フランクフルト・アム・マインで催された生改革運動関連商品展示会では、自然食品、身体ケア関連物品、改革服などが展示され、六〇〇〇〜八〇〇〇人が来場した。Mertha, *a.a.O.*, S. 61.
(13) たとえば「健康教信者」、「生食仮面」、「ラズベリーの弟子」、「コールラビの使徒」などといった軽蔑を含む表現。*Ebenda*, S. 63.
(14) Grit Marx, Der ökologische Gartenbau in der Obstsiedlung Eden, in: *Bothzowia Oranienburg: Stadt und Kultur - Gartenkunst, Schlösser, Architektur und Wissenschaft*, hrsg. von der Stadt Oranienburg, Bd. 2, 2009, S. 135-144.
(15) Ebenda, S. 135-136.
(16) 有名なものとしては二〇世紀初頭にスイス南部のアスコーナで建設されたヴェジタリアンの共同体「モンテ・ヴェリタ」がある。ここは裸体文化運動の拠点のひとつともなる。
(17) Ebenda, S. 136-141.
(18) Mertha, *a.a.O.*, S. 119-127; Baumgartner, Ernährungsreform, in: Kerbs/Realecke (Hg.), *a.a.O.*, S. 120.
(19) Mertha, *a.a.O.*, S. 119-120.
(20) 光合成に関する知識に依拠して、太陽光の放射エネルギーが植物の中で化学的に静止したエネルギーに転換し、この植物内の化学的静止エネルギーが本源的な治癒作用をもたらすとする。これを「生命力」と名づける。食物のあらゆる人為的な改変はこの「生命力」に否定的な悪影響をもたらす、即ち種々の調理における加熱による食物の変化はエネルギー的喪失となる。それ故あらゆる日光価、すなわち食物内の化学的静止エネルギーの低下は栄養・治癒価値の減少に、そして健康面での弱体化につながる。*Ebenda*, S. 121.
(21) 第二位は何らかの仕方で加熱調理された植物性食品で、最下位とされたのが肉、茸類、コーヒーなどの刺激物、缶詰類、強く加熱したり香辛料を加えた料理とされた。*Ebenda*, S. 122-123.
(22) *Ebenda*, S. 124-125.
(23) Dr. Oetker Lebensmittel-Lexikon, https://www.oetker.de/lebensmittel-lexikon/ld/simonsbrot.html, browsed on 22. August 2017.
(24) Mertha, *a.a.O.*, S. 176-182.
(25) 南直人『〈食〉から読み解くドイツ近代史』ミネルヴァ書房、二〇一五年、第四章参照。
(26) Mertha, *a.a.O.*, S. 84-86.
(27) 肥満体は反自然の象徴であるという考えは、すでに前述した自然療法のパイオニアのフーフェラントが、身体への脂肪の蓄積を反自然的生活様式と堕落した文明の証拠であるとして明示しており、またこれも前述したヴェジタリアニズムの思想家ハーンは、

(28) 肉を多く食べる人々の体型は醜いと主張し、肥満に対する嫌悪感を表明している。*Ebenda*, S. 32-33; 59.
(29) *Ebenda*, S. 228-231.
(30) *Ebenda*, S. 279-292.
(31) *Ebenda*, S. 125-126.
(32) たとえば朝食では肉を四〇〇~五〇〇グラム、昼食では五〇〇~六〇〇グラム、夕食では三〇〇~四〇〇グラムの肉を摂取することとされた。*Ebenda*, S. 231-233.
(33) *Ebenda*, S. 240-241.
(34) *Ebenda*, S. 238-240.
(35) *Ebenda*, S. 243-244.
(36) *Ebenda*, S. 248-262.
(37) 衣服改革については本章では全くふれられなかったが、これも生改革運動の重要な要素である。

第四章

化粧の心理——装いによる表現とケア

本章のキーワード
顔／化粧／心理的機能／健康／コミュニケーション／リハビリテーション／社会適応／ペルソナ

日比野 英子

一 顔という特別な身体部位

本章では、ヒトの身体の中でも、もっとも個人を代表する働きが顕著な顔を取り上げる。顔について様々な視点からアプローチする顔学という学問領域について、未だ十分に周知されていないかもしれないが、日本顔学会はすでに二〇一五年に設立二〇周年を迎え、『顔の百科事典』（丸善出版）が刊行された。工学、医学・歯学、心理学、美容・化粧文化、芸術学、人類学等の研究分野・職業の会員で構成された、学際的・統合的な学術交流の場となっている。

顔には目・鼻・耳・口といった感覚器が集中しており、他にも栄養や酸素を取り入れる消化器や呼吸器も備わる、生物として重要な部位である。顔は表情（動的側面）と容貌（静的側面）を有し、心の動きの発現の場として、コミュニケーションに欠かせない。また、人間関係において、顔は個人を代表し、他者からその個人が同定される際に依拠となる部位でありながら、本人には見えないというパラドキシカルな性質を持つ。顔の生物心理社会的機能は三者分かち難く、他にない重要性をもつ特別な部位である。

私たちは生まれて間もないころより、他者の顔に注目する傾性を有していることが実証されている（Fantz 1961; Fields 1982）。哺乳類の進化の矛盾として二次的就巣性といわれるヒトの新生児の未熟さゆえに、ヒトの子は成人の保護なしには生存できず、成人を近接させて世話をしてもらうためには、成人の養育への意欲を掻き立てる必要があり、そのために乳児が成人の顔を注視することは効果的である。〇歳代前半の乳児は、子どもの顔より成人の顔の方をよく注視して微笑むという報告もある（高橋　一九七三）。しかも、新生児は特に新奇なものを選好的に注視するという特徴をもつが、顔はその例外として、見慣れた顔を好んで見る。成人とくに親にとって、赤ん坊の注目を受けること、微笑、容貌は保護行動の引き金となる。

生まれた直後から顔を他のものと見分けているとしたら、不思議な現象である。まだ自分の顔を見た経験もなく、また自己の鏡像を自分と同定できるのは二歳前後になるまで待たねばならないにも関わらず、好んで顔を見るのである。この不思議を解明するために、脳科学における「社会脳」（Brothers 1990; 千住　二〇一二）という言葉で代表される社会的認知に関する幅広い研究が注目される。その中でもここでとりあげたいのは、脳には「顔領域」（紡錘状回、上側頭溝、扁桃体）が存在し、他者の顔を同定したり、表情を読んだりする特別な神経システムが存在するということである。誕生時にこの顔領域が機能していれば、目・鼻・口の配置が決め手となり、生まれた直後でも、（成人と同質・同程度ではなくとも）顔を認識できると頷ける。

このような心理学・脳科学などの成果から、私たちは生まれつき顔が気になる存在であり、心身の一定の発達の後には、社会的存在として他者の顔から瞬時にその内面まで推測する対人認知という心理的プロセスが作動するものと考えられる。対人認知は、特に人間関係の初期に重要である。第一印象がその後の関係の形成に影響を与えることが確認されており（Ash 1946; Coursey 1973）、現代社会では数多くの初対面の機会が増え、第一印象の重要性が増している。自分にとって都合の良い印象を相手に与えることを自己呈示あるいは印象管理と呼んでいるが、顔の印象操作の手段として化粧が考えられる。今日多くの女性が日常生活で習慣的におこなっている行為であるが、化粧にはどのような生理的・心理的・社会的機能があるのか、これまでの化粧をめぐる心理学的アプローチを振り返りつつ、筆者なりの化粧観について述べてみたい。

二　化粧による印象管理と健康維持

化粧は、古くは七万年前からおこなわれていた習慣に遡ると言われており、古代から現在まで世界中の文化圏に存在し、現代の化粧品産業は厖大な生産量・流通を有する巨大な経済活動であると考えられるが、心理学分野における化粧研究は二〇世紀半ばには散見（McKeachie 1952）される程度で、本格的に始まったのは一九八〇年代である。

人類学などでは、化粧とは、①身体変工（髪を切る、歯を抜くなど）、②色調生成（入れ墨、文身、瘢痕など）、③塗彩（メイクアップ、ネイルメイクなど）と分類されているが（村澤　二〇〇一）、本章ではメイクアップとスキンケアに限定して扱うこととする。

メイクアップは、塗彩といわれるように、顔に色を重ねてデザインをおこなうが、その際に活用されているのが「錯視」の原理である。実際よりも、目を大きく、唇をふっくらと、あるいは若く、健康的に、などのような意図に従って、錯視されるように色を置いていく。一方スキンケアは、洗顔や保湿などの日常的な衛生的行為や、マッサージ等のケアも含んでおり、子どもや男性もおこなっている習慣的行為でもある。

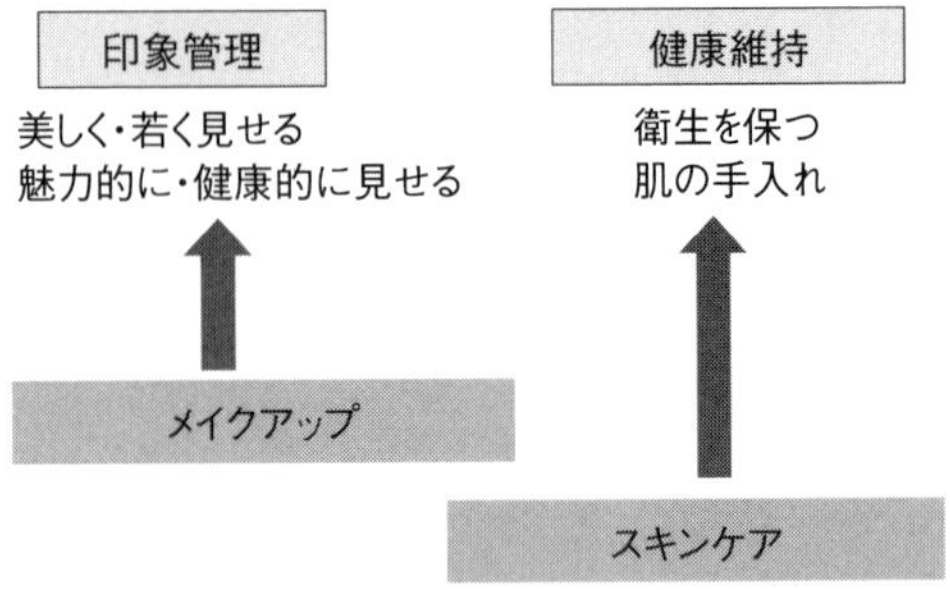

図１　化粧の動機・目的・理由
出所：筆者作成

松井ら（一九八三）は、化粧行動の理由・目的についての調査をおこなっているが、その結果から、化粧の目的は、「印象管理」と「健康維持」に大別されると考えられる（図1）。

　自己の顔が他者に与える印象を操作する目的（「美しく、若く見えるようにしたい」）でおこなう「印象管理」は主にメイクアップによるものであり、顔の肌や目鼻の周囲を衛生的に保持する目的の「健康維持」は洗顔を含むスキンケアによるところが大きいが、必ずしもそのように機能がはっきり分化しているわけでもない。スキンケアによって肌理が整って美しく見えることもあるし、メイクアップによって紫外線から保護されるという健康維持につながることもある。

　化粧は、意識的にはこのような目的で施されるのであるが、化粧者本人の意図とは別にそれ以外の心理面の効果も認められている。あまりにも日常的な習慣であるので、特に意識されることなく、しかし経験的にその効用を存分に活用している女性が多いのではないだろうか。

三　化粧の心理的効果——対人効果と対自己効果

　化粧の心理的効用について述べるにあたり、伊勢物語の二十三段「筒井筒」に登場する女の化粧を取り上げてみる。この物語に登場する夫婦は、もともとは幼馴染で、互いに想いを寄せて結婚したものの、女の両親が亡くなって暮らしぶりに影が差すようになると、男は別の女の許へ通うようになる。女はそれを咎める様子もなく送り出す。それを不審に思った男が、ある時出かけるふりをして、庭の植え込みの陰に隠れて女の様子をうかがう。すると女は、男が出かけた後に、念入りに化粧をして、夜半に山越えをする男の身を案ずる歌を詠むのである。男は女をこの上もなくいとおしく思い、別の女の許へ通うことをやめてしまった。

さて、この女の化粧をする心情は、如何なことと考えられるか。これを考えるについて、二つの条件設定が可能である。第一条件は、女は男が隠れて見ていることを知っている場合である。その場合の化粧は、自分の外見の魅力を最大に引き出し自己呈示するための対人効果を狙ったもので、女は男に自分の魅力をアピールしていると考えられる。第二条件は、女は男が隠れていることを知らずに化粧した場合で、自分を労い慈しむ対自己効果を目的とした化粧行為と考えられる。自己を癒したがゆえに男の身をも案じる歌を詠むことができたと考える方が歌に詠まれた情に通じる解釈ができる。

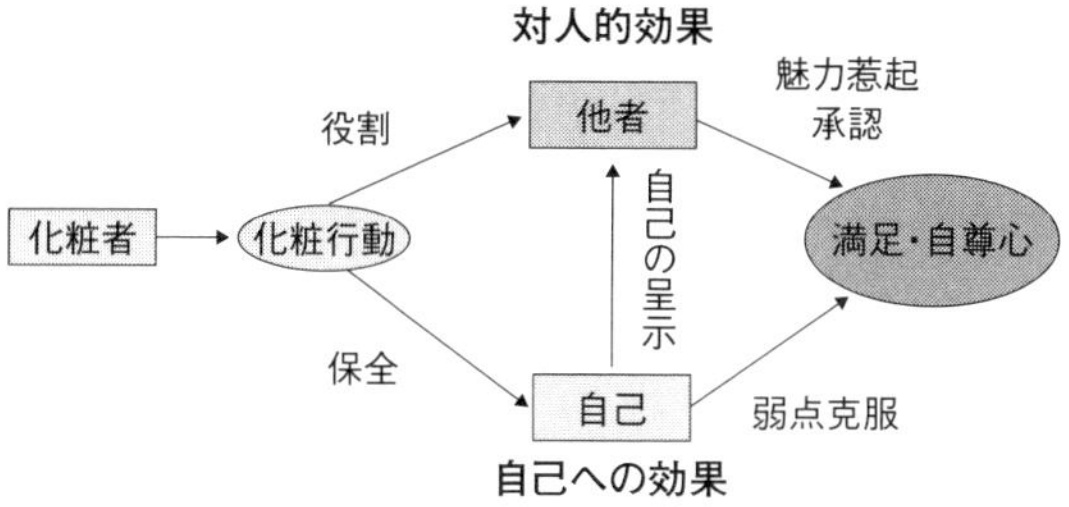

図２　化粧の対自己効果と対人効果
出所：大坊郁夫（1996）高木修監修 大坊郁夫・神山進編『被服と化粧の社会心理学』北大路書房を改変

社会心理学の研究者である大坊（一九九六）は、化粧の心理的効果における対人効果と対自己効果をめぐって、図2のようにどちらも最終的には化粧者自身の自尊心と満足感を向上させ、さらに化粧行為を繰り返しおこなうことに繋がると説いている。

スキンケアによって爽快感を持ち（保全）、さらにメイクアップを施して弱点を克服し、鏡を見て自尊心と満足感が向上する。その顔を他者に呈示して、良い印象を与えた（魅力惹起・承認）というフィードバックを得られれば、さらに自尊心・満足感が高まる。このような化粧によって成功したという経験（信念）は再び化粧行動をおこなうことへ導くという循環を生み出す。

ここで述べられた化粧の対人効果とは、自己の顔のデザインの所産であり、表現によって他者の心にもたらされた印象である。化粧者は、他者の心に、自分にとって好ましい印象を与えるために演出をおこなうのである。一方、対自己効果は、自

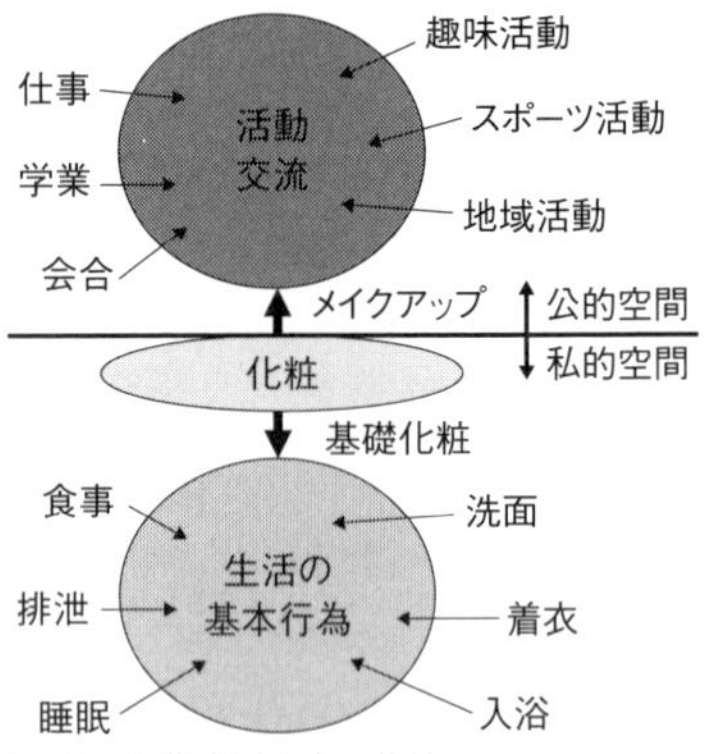

図３　現代生活の中の化粧
出所：日比野英子「装う心はバリアフリー――化粧によるポジティブケア」『個とむきあう介護』誠信書房、2006 年、84 頁

分の心を慰め励ますケアである。化粧は、この表現とケアという両側面を併せ持つ文化的行為であり、生活習慣である。伊勢物語からはるか時を隔てた現代の女性も、化粧を用いて、気分や感情を制御していると考えられる。

四　現代生活における化粧の機能

松井（一九九三）は、「スキンケアをよくおこなっている女性ほど、家庭内の活動に充実感を感じている。（中略）メイクアップをよくしている女性ほど、家庭外の活動に積極的である」ことを見出しており、化粧が家庭内外の生活を充実させていることを示唆している。家庭外では、メイクアップをよくおこなっている人ほど、他者との交流をおこない、積極的に自己呈示（表現）をおこなっている。家庭内ではスキンケアをよくおこなっている人ほど家族の世話や家事にいきいきと携わって、自己へのケアと家族へのケアに満足感を持っているものと考えられる。

図3は、現代生活における化粧の役割についての図示を試みたものである（日比野　二〇〇六）。現代女性は、有職者であろうと専業主婦であろうと、家庭の内外を往き来して生活している。図中の真ん中に公的空間（家庭外）と私的空間（家庭内）を仕切る線を示した。公的空間では、仕事や学業、趣味活動などをおこなっており、そこにはほとんどの場合他者との交流が展開される。活動と交流の場としての公的空間では、様々な危険の回避や他者の視線に曝されるという点から、ある程度の覚醒・緊張の状態である必要がある。自律神経系の活動という点からは、交感神経系優位の状態である。街を歩くことを考えても、ぼんやりしていては交通事故の危険もあり、予

測できない他者からの視線も注がれる。うって変わって、私的空間では、一人または家族の中で寛いでリラックスでき、食事や入浴などで栄養補給や癒しを得ることができる。換言すると、弛緩状態、副交感神経系優位の状態である。化粧行為に関しては、私的空間から公的空間へ出かける前にメイクアップを施して、自尊心・満足感・快い緊張感を高め、活動や交流を充実させ、公的空間から私的空間に戻ってくるとメイクアップを落としてスキンケアをおこない、肌をいたわり心身のリラクセーション効果を得て、寛いで明日へのエネルギーを蓄えるというメカニズムが考えられ、化粧行為は私的空間の最前線に位置付けられる。

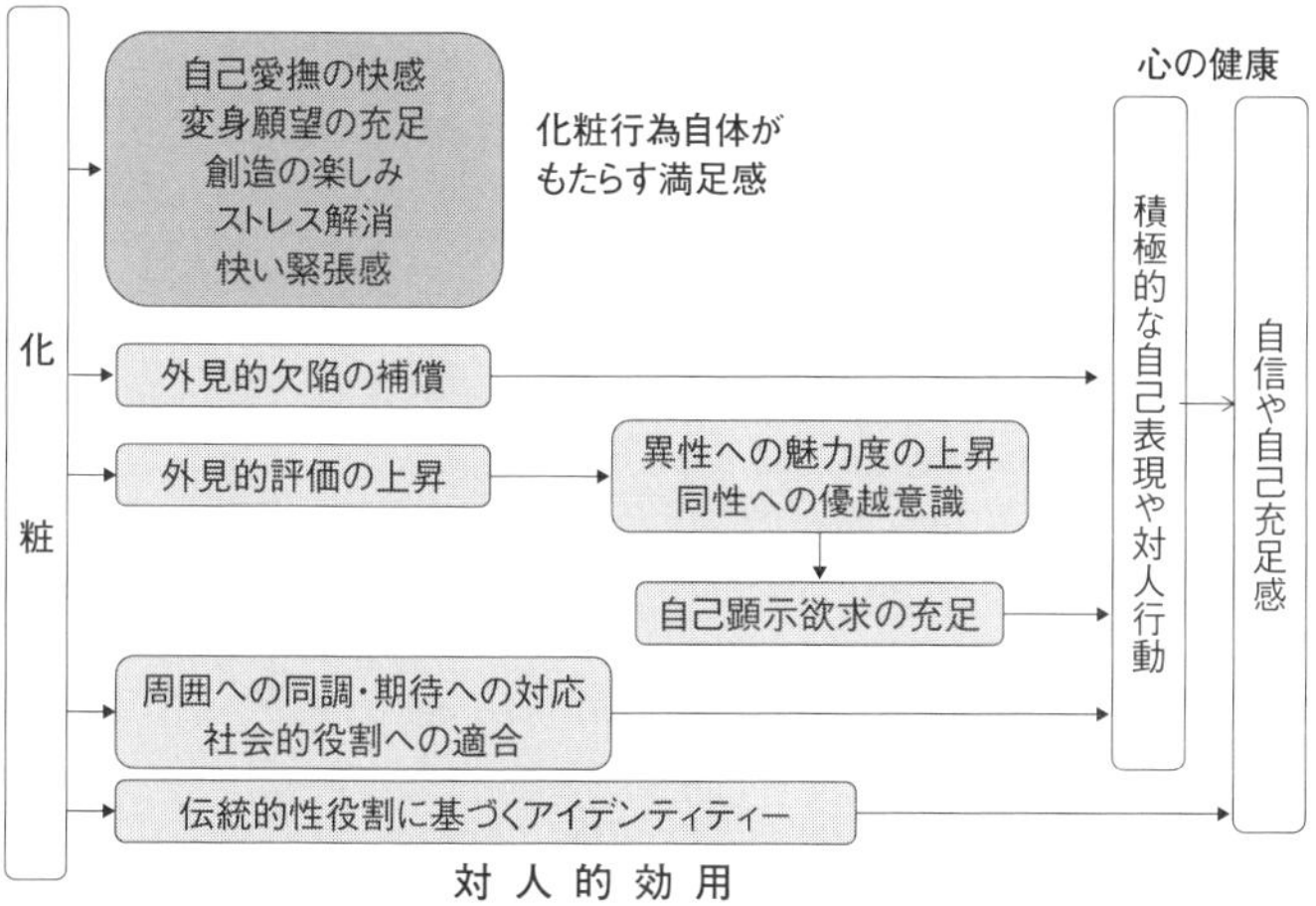

図4　化粧の心理的効用に関するモデル図
出所：松井豊・山本真理子・岩男寿美子「化粧の心理的効用」『マーケッティング・リサーチ』21、1983年、30～34頁

このように、化粧行為は公的空間と私的空間を往来する際の、心身の緊張と弛緩のスイッチとして作用していると考えられ、これはストレスマネジメントという点からも健康維持に貢献していると考えられよう。交感神経系優位の緊張状態が過剰に持続すれば、ストレス状態に陥り、それが持続すると疲弊しきって病気や障害をもたらす。しかし適度のストレッサーに晒されると、それを克服する作用が発動して、結果的に以前より抵抗力が増大して成長が齎される。健康で成長可能な生活の実現のためには、交感神経優位状態と副交感神経優位状態を適度に往来することが望ましい。化粧行為はそのようなリズミカルなスイッチングに貢献していると考えられる。

松井（一九八三）は化粧の心理的効用について、図4に総合的に表し、最終的に化粧は積極的な自己表現や対人効用、自信や自己充足感をもたらし、心の健康に貢献することを示している。

五　さまざまな臨床現場での化粧施術実践

化粧は、以上のように心身の健康に貢献すると考えられるが、何らかの事情で化粧や服装などのよそおいを自らおこなうことが難しい女性もおられる。筆者はそのような方たちを支援する実践活動もおこなってきた。臨床的研究は、一見きわめて特殊な個人的なことを扱いながら、研究対象全般に通底する特質を顕かに示してくれるところがあり、化粧の臨床心理学的実践研究も対象者を注意深く観察し、語りに聴き入り、考察をめぐらすことから教わるところが大きかった。

筆者の臨床的実践の場は、主に病院や介護施設であった。方法としては、臨床心理士と化粧の専門家（美容家・メーキャッパー）がチームを組み、医師の依頼・協力の下で、患者や施設利用者の女性の化粧（メイクアップまたはスキンケア）を個別的におこなう。化粧の心理的効果については、対象者自身の様々な行動指標や医師・介護士等の評価を得た。本章では、それらの結果の量的分析は控えて、質的な分析結果を中心に述べる。

わが実践的研究チームの化粧の方法の特徴は、個別性の尊重である。よく似た支援を化粧講座のような形式で集団的に実施しておられる実践活動もあり、それにはその利点も充分にあると考えられる。一方、我々は化粧の性質を図3のように捉え、メイクアップ化粧を公的な空間に出る前におこなう極めて私的な行為と考えているので、対象者の尊厳を最重視する方針で、個別的におこなっている。

一　精神症状をもつ成人への化粧施術——社会復帰へのリハビリテーションとしての化粧

今日、うつ状態に陥ることは決して珍しいことはなく、厚生労働省の統計によれば、二〇〇八年の日本の患者数は一〇四・一万人であり、特に女性や中高年に多いといわれている。一二か月有病率は一～二％であり、生涯有病率は三～七％である。これらの数値は診断基準によっても左右されやすく、一概に断定できないものでもある。治療法としては抗うつ薬などの薬物療法が中心であるが、認知行動療法や対人関係療法などの精神療法も用いられる。

Hibino et al.（1989）は医科大学や化粧品企業との共同研究として、化粧の臨床的応用研究を大学病院の精神科の入院患者の協力を得て実施した。対象者の中のひとり四十歳代後半の独身女性Aは、発病前は有能なキャリアウーマンであった。Aは仕事上のミスが契機となりうつ状態に陥り、重篤な症状であったので、入院治療がおこなわれていた。治療が進んで病状は落ち着いてきたものの、気力の低下、無力感、自信の喪失、将来に対する悲観的態度、無口という症状が残っている状態であった。この段階でAの社会復帰を目的として、化粧施術をおこなうという試みが実施された。Aに対して週一回、外来の一室を化粧室に設えた部屋で、化粧品会社の美容部員によるメイクアップ施術が合計一三回（一三週間）おこなわれた。病前は活発な女性で、身だしなみを整えることに強い関心を持っていたこともあり、医師の勧めによって化粧施術に同意された。化粧の施術を重ねるごとに、Aは化粧のデザインに合わせたスカーフを用意して来室する、外出時に購入した化粧品を持参する、施術者に注文を付ける、自分で化粧する、というように次第に積極的に参加するようになり、一二回目に退院、退院後にも一回のフォローアップを実施し、経過良好ということで終了した。その後Aは職場復帰を果たされた。

Aはもともとおしゃれに関心の強い、化粧習慣の確立した女性であったので、一三回の化粧施術はまさしく社会復帰・職場復帰の準備として適した方法であったと考えられる。今ひとつ気力に不足しており、未だ社会へ向ける顔、職場の人々に向ける顔を作ることに不安やためらいがある状態から、少しずつよそおうことへの関心を復活させていき、外見についての自信を回復させていく効果があったものと考えられる。化粧習慣が一度身についた成人女性は、化粧を落とすと不安が高まる（日比野ら　二〇〇〇）。長い化粧習慣を持つ女性にとって、何らかの事情で一時的にその習慣を失い、その状態が続くと不安が持続して、なかなか社会に出ていく気力を持ちにくいものと考えられる。この一三回の化粧施術は、社会へ出ていく準備の練習期間であって、Ａのような化粧習慣を持っていた女性にとって、化粧は社会復帰のリハビリテーションとして機能していたと考えられる。リハビリテーションという概念には、もともと運動面のみならず心の回復も含まれており、社会復帰こそ治療の目的であろう。

二　高齢女性への化粧施術――こころとからだのケア、コミュニケーションを誘う化粧

日比野（二〇〇六）は、高齢者のデイケア施設で介護福祉士志望の学生たちによる化粧施術を実施し、その効果測定の結果から、化粧施術は①高齢者を快い穏やかな気分に導く、②高齢者に積極的、自発的に行動することを促す、③周囲の人々からの働きかけの契機となり、言語・微笑・アイコンタクトなどの交流を増加させることを報告している。

この実践活動での化粧の方法は、高齢者にハンドマッサージ、フェイシャル・マッサージ、メイクアップの三種の施術のうちから選んでもらうことにした。主に七〇歳代から九〇歳代の高齢者であるので、気後れされることも多く、はじめのうちはハンドマッサージを希望されることが多かった。実はハンドマッサージこそ癒しの効果が大きく、緊張をほぐし不安を鎮めリラクセーション効果が生じ、施術者への警戒心を低減するものと考えられる。ハンドマッサージ施術を続ける間に、学生と打ち解けられて、さらにフェイシャル・マッサージやメイクアップもしてほしいとの新たな注文を出されたり、そのうち周囲の高齢者のメイクアップ顔が増え始めると、自分にも施術してほしいという人がでてくる。マッサージ後にメイクアップという過程は、通常は理論上おこなわない順序であろうが、高齢者の心を癒して励まそうという目的からおこなうこころとからだのケアとしての化粧であるからこそのプロセス設定である。

ここで、この方法によって上述のような結果が見られたとしても、それが化粧の効果なのか施術者とのコミュニケー

ションによってもたらされたものなのか、判別ができないとの研究上の問題を指摘されるところである。しかしながら、そもそも人の手を介して施術されるケアというものは、そのスキルや施術内容の要素と施術者の人としての要素を区別することは困難であり、両方が織りなす技法がケアとして作用するものと考えられる。ここで言えることは、この方法によって、この実践に参加した学生数十人の全員の担当した高齢者全員に多少の差はあるものの効果が見られたという点である。この実践の後に他の専門分野の学生たちにも同じ実践をしてもらった。学生の中には高齢者との会話を楽しむ者も苦手そうな者もいたが、後者の学生が施術した高齢者にもほぼ同様の効果が見られたことも付言しておく。ハンドマッサージやメイクアップの施術という技法を介して、二〇歳前後の若者が、初めて出会った高齢者と親しく交流し、双方が心温まる機会を持つことができたという事実を幾度も目の当たりにしている。

このような化粧施術のケアによって、高齢者たちの内面で、あるいは高齢者と施術者や周囲の施設職員との間にどのようなことが生じていたのか、微視的な視点から考察を試みる。

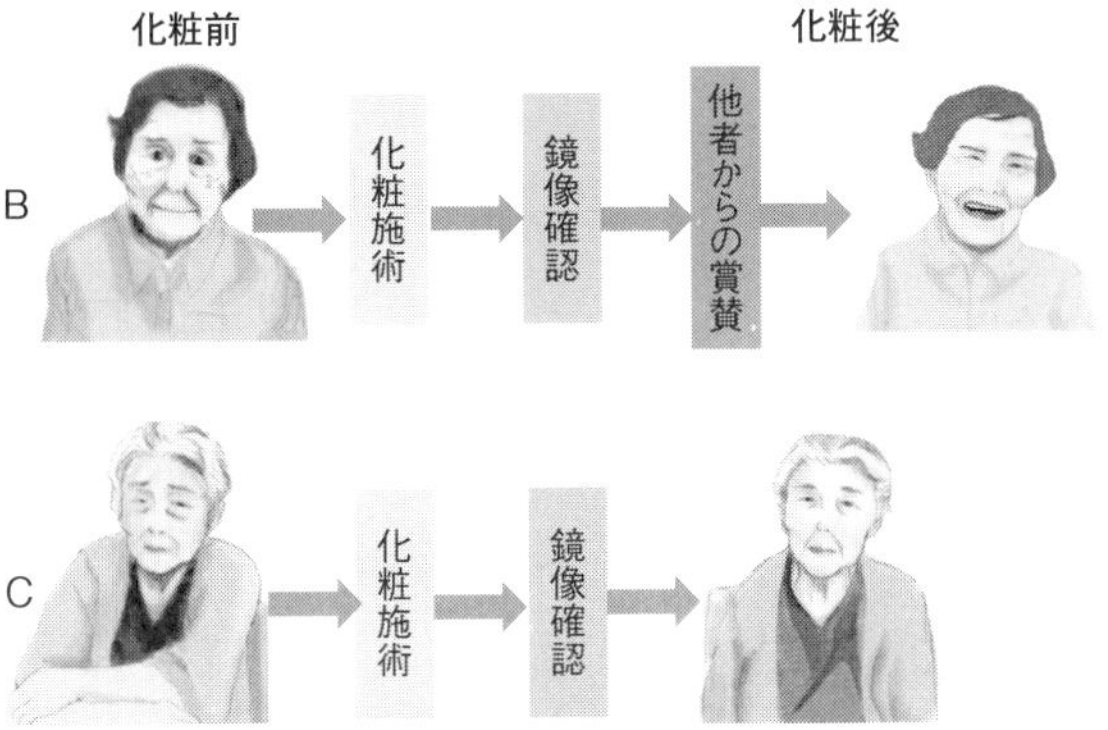

図5　化粧前後の高齢者の表情・姿勢
出所：筆者作成

図5は、デイケア施設における、化粧の専門家による化粧施術前後の高齢女性の上半身の写真をもとに、プライバシー保護の観点から表情と化粧の特徴を残して図示したものである。高齢者Bも高齢者Cも化粧施術前は不安な表情で、カメラへ視線を向けつつも虚ろな表情である。化粧後のBは大きく笑っており、前後の差がはっきりしているが、これは化粧後に周囲の職員などから「きれいになった」「若く見える」等の賞賛を得たための照れ笑いでもある。その点Cは前後の変化が小さいように見えるが、他者からの賞賛を受ける前の、自己の鏡像を見た後の対自己効果のみの段階のCの姿が表さ

れている。Cの姿勢について、化粧前は腕で上半身を保護するように防衛的な構えであるが、化粧後は腕の守りが取れて、撮影者に向かって開かれた姿勢である。穏やかな表情になり、カメラを構えて撮影している人にしっかり焦点を合わせていることがわかる。化粧施術によって、安心して他者の存在を受け容れ、コミュニケーションの準備ができている状態であることがわかる。

このような高齢者の周囲の人々にとって、化粧施術はどのような意味があるのだろうか。化粧前のB・Cと、化粧後のB・Cとではどちらの方に声かけしやすいかと尋ねると、大抵の人は化粧後と答えるであろう。化粧は高齢者の心身のケアのみならず周囲の人々にも、高齢者に接しやすすくする効果を発揮し、双方向的なコミュニケーションの引き金となる。他者に介護される高齢者の場合、高齢者のよそおいに対する周囲の人々のあたたかな理解と反応があってこそ、メイクアップ化粧がケアに繋がり、その効果を発揮できるので、これも重要な要素である。化粧は人と人との間にある。

筆者が車いすを利用している身体障害者の女性へインタビューした際に、「街では、車いすは目立つ。だからおしゃれする必要があるのです」「化粧している時の方が、話しかけやすいといわれたことがあります。そういえば、化粧していないと私も伏し目がちになり、人を避けているように思えます」と語られたことがある。

図6は、人と人との交流において、化粧が施された顔は、他者とやりとりする構えがあることを示すサインとなっていることを示している。化粧者自身に印象管理の意図があり、他者の存在を意識していることがうかがえると、他者もことばをかけやすくなる。また、外見が護りになって、自己の大きな情緒の動きを外に漏らさず、穏やかさを維持することもできる。

図7は特に高齢者や障害者の他者とのやりとりを示している。高齢者や障害者の場合、新しい場面に対して不安で、初対面の人に会うことに億劫になってしまうこともある。周囲の人々も声かけに戸惑うことも多く、不安が現れている表情と手入れされていない容貌から、不穏で他者を受け付けないような印象を持つ人もいるだろう。そのような印

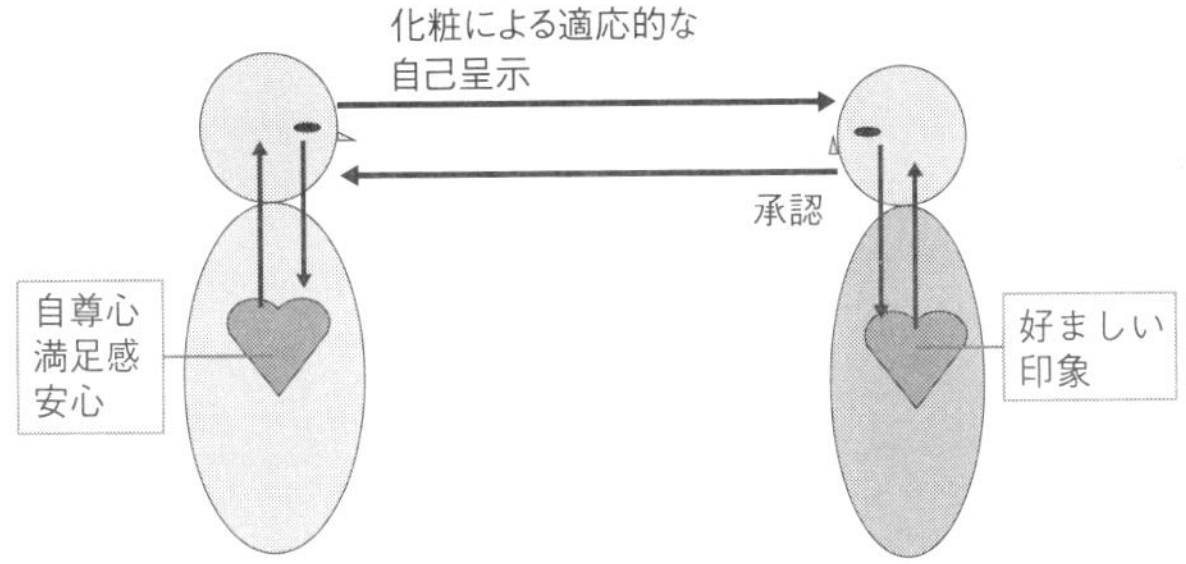

図６　他者との交流――化粧で心を護る
外見を整えることによって、内面の自由な活動・穏やかさ・安寧が保障される。
出所：筆者作成

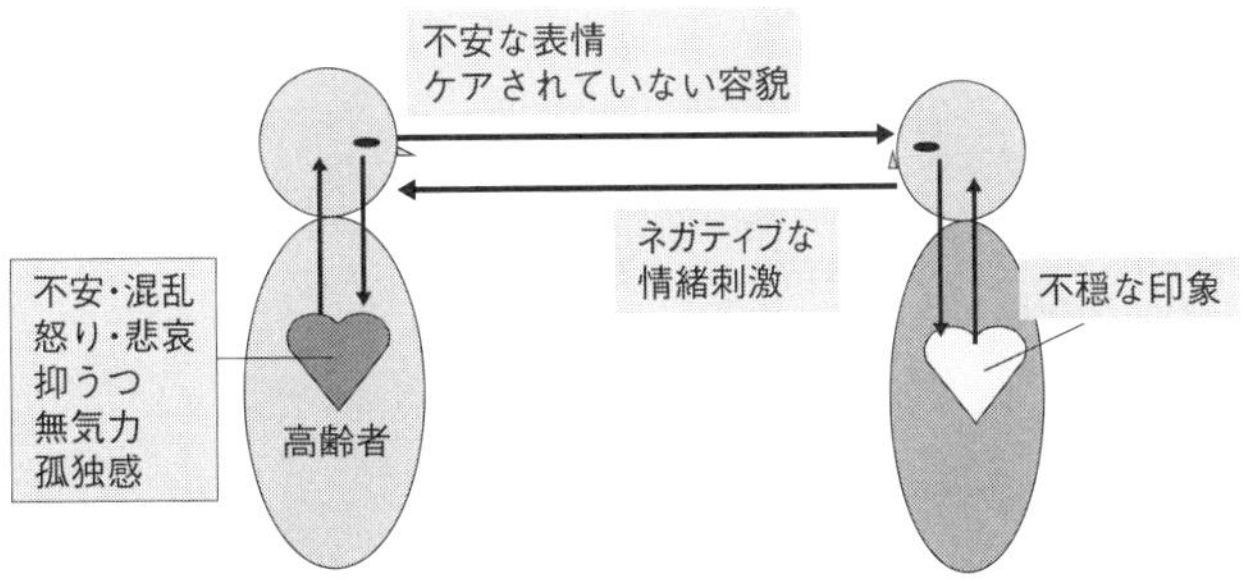

図７　高齢者・障害者と他者との交流における心と顔
高齢者・障害者も、その依存性や不安の高さから、他者からの情緒的刺激には敏感と考えられる。
顔への敏感さも保持。
出所：筆者作成

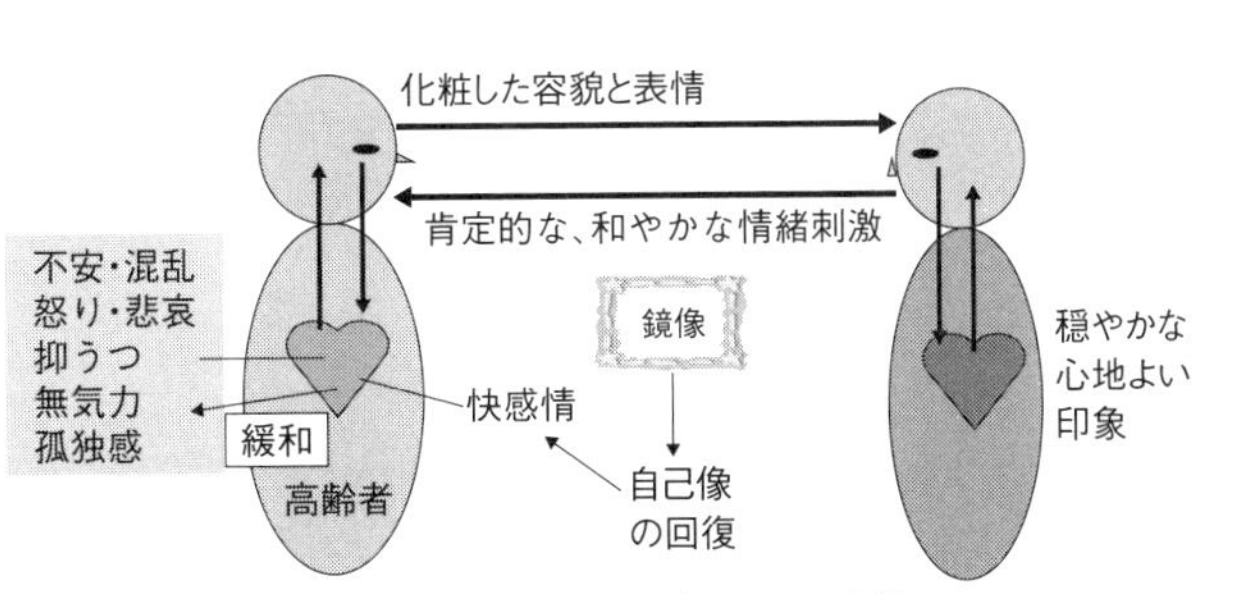

図８　化粧が高齢者・障害者にもたらす生き生きとした交流
化粧によって、高齢者・障害者に快感情がもたらされ、周囲の人にも生き生きとした印象を与えて、和やかな交流が生じる。高齢者・障害者はこのような人間関係において、統合性の課題へと向かう過程が期待される。
出所：筆者作成

象を持っている他者の顔には、困惑や不安が表情に現れて、高齢者や障害者にとっては否定的なサインを送られているように受け取られることが生じるかもしれない。そうすると高齢者をさらに不安にさせるという否定的な印象の悪循環によって、コミュニケーションを成立あるいは持続し難くさせる。図8のように、高齢者・障害者の方でも、化粧や服装などのよそおいが施されている場合、自尊心や満足が高まり（対自己効果）、自信をもって他者に出会うことができ、他者の方からも声をかけやすくなる（対人効果）。よそおいが、他者とやりとりする準備ができているというサインとなって機能する。

年を取って、動きが不自由になったために、化粧や服装も思うように整えられなくなると、慣れない人に会うことが不安になり、人との交流が億劫になりがちで、周囲の人にも話しかけにくい印象を与えてしまう。化粧や装いの介助によって、高齢者の不安を低減し、他者に対して穏やかな表情と容貌を表出するようになると、周囲の人々とのコミュニケーションを誘うことができると考える。

三　顔面瘢痕のある人への化粧施術──医療の補助手段から自己受容の支援へ

唇裂口蓋裂という疾患は、胎児期に口唇や口蓋が融合することなく生まれる先天性の奇形であり、六百人の一人の割合でこの疾患の子どもが生まれる。顔面の外表奇形であり、言語に機能的な障害を持つ場合があることから、人目につきやすく、そのことが本人と親にとってのストレス因となると考えられる。しかし、医学的には治療法が確立されている疾患でもあり、乳児期の形成外科手術、その後の言語訓練、学童期思春期以降の二次形成手術や歯科矯正によって、機能面と外表が改善される。とはいうものの、患者本人が抱えている悩みは、その後も尽きないものがあり、成長とともに悩みの有り様も変化していくように窺える。

この疾患の子どもは、家庭内で養育される乳児期は、親と共に治療や訓練に通うので、他の兄弟よりも親が手をかける割合が多く、患児の親の会の活動にも参加している家庭では親子の絆が強い家庭が多い。子どもはその家庭で特に疾患を意識せずに成長することも稀ではない。ところが、幼児期後期になり、子どもが幼稚園や保育所へ通うようになると、突然他児から「鼻ぺちゃ」などと指摘されることがおこる。それを親に告げると親が悲しそうな表情をするので、以後は親には言わなくなる。他児からの直接的なことばによって、子どもの心は傷つき、親には心配かけまいと抑圧的な機制を備えてしまう人も少なくないと考えられる。小・中学校になると、もっと陰湿ないじめがおこなわれることもある。

ある時筆者の許へ、この疾患の二〇～三〇歳代の女性たちから「自分はおしゃれしてはいけないように思っていた」「おしゃれを意識すると却って抑うつ的な気分になってしまう」「人前で化粧直しができない」という声が届いた。日比野ら（二〇〇五）は調査研究を実施し、唇裂口蓋裂の女性は、外見を飾ることに抵抗があり、外見を気にする人や情緒不安定な人ほど、注目されることを回避する傾向が強いことを見出した。

患者の育った家庭では、外見の価値を切り捨てて「有能であることが大事で、見かけを気にすることはくだらない」という価値観のもと、専門的な職業人を目指す人が多い。しかしながら、患者の中には、顔の手術痕を気にしているが主治医にはそれを言い出し難いと思っている人が少なくないことも見出された。外見を気にかけていないという態度をとっているが、実際は気になっている。他人にはそれを覚られたくないという患者の心情は相当強いものがある。外見の美に価値を認めていない以上、それを気にすることは自己否定につながるので、気にしていないそぶりを取り続けねばならない。形成手術によって鼻筋をまっすぐにしたいが、職場の人々に自分が疾患を気にしていることを知られたくないので、手術の前には退職して、術後に他の会社に再就職するという人もいる。また、手術をめぐる悩みには、自分の顔が変わるという恐怖との闘いもある。気に入らなくとも自分の顔である。新しい顔を受け容れるにも時間がかかる。

日比野ら（二〇一〇）は、形成外科医師からの、「患者が社会で生き生きと活動できてこその治療であり、医療の補助として、患者自身に化粧技術を身につけるよう勧めたい」との希望もあり、医師・臨床心理士・メーキャッパーからなるチームを編成して、二〇〇三年から大学病院の形成外科外来において、メイクアップの施術と指導をおこなった。

この化粧施術と指導のプログラムに参加した女性たちからは、化粧や装いに対する意識が変化したという感想が寄せられた。「化粧は、（手術のように）専門家の手を借りることなく、自分の人生を積極的に生きるための手軽な手段だと思う」「高校生の頃に、こういうことにできると知っていれば、将来に対しての恐れがそれほどなかったのではないかと思う」といった感想からは、それまでの彼女たちの悩みの深刻さが伝わってくる。

この化粧プログラムに参加した女性には、参加前後に調査票への回答を求めている。これによると女性たちは、プログラム参加によって化粧や装いへの関心が高まり、実際に化粧行動・被服行動が活発になったことが見いだされた。また、性格特性に関して、ビッグファイブという心理尺度への回答結果からは、参加の前後において、「調和性」という性格特性の上昇がみられた。「調和性」は、温和、素直、寛大、親切、協力的といった項目から構成されている。専門家の化粧施術と化粧指導によって対自己効果と対人効果が齎され、参加女性たちの寛大で穏やかな気持ちが増大し、他者に対しても親切で協力的になれる傾向が増していることが注目される。

日比野ら（二〇一五）はこの化粧プログラムの参加者のうちの二名の女性の約十年後の経過観察としての面接と調査票への回答結果を報告している。面接の内容は、よそおい行動を中心に語りながらも、それぞれの半生についての語りであり、当然個別性の強いものであるが、二名とも「調和性」は以前にもまして上昇していた。一名の語りからは「保守的な職場なので、きちんとした服装」によって矜持を保ち、約十年前には困難であった女性同士のよそおいをめぐる会話も楽しむようになり、今後はもっとおしゃれを楽しめる外勤の仕事もしたいと意欲が示された。この人は十年前の初めての化粧プログラムへの参加後に「（メーキャッパーによる化粧は）傷は傷としてそれ以外のところにも目を向けるように誘ってくるので、私もおしゃれしていいんだなという気になれる」と語っており、これを契機に鼻の正中線をまっすぐにする手術を受け、その後の新しい顔を受け容れていく過程でも化粧を活用していたことが語られている。

化粧と「調和性」とはどのような関係があるのだろうか。この疾患を持つ女性たちの語りの内容と合わせると、次のように考えられる。

化粧プログラムに参加したある女性から、化粧施術の当日撮影された写真を母親が喜んで持って帰ったことや、プログラム参加を契機に母親がはじめておしゃれについて語ったことなど、母親とのやりとりが数件報告され、それまでその家庭では、娘と母親の間で装いや化粧についての話題が交わされていなかったことがわかった。多くの家庭では、一般に、女児が生まれると幼い頃から身につけるものについて母親が世話したり、良きにつけ悪しきにつけ話題になったりするものではないだろうか。思春期になると、女児自身にもそれぞれ好みが生まれ、母親と同調したり反発したりという関係が展開され、娘自身がアイデンティティを形成していく中で、自分らしいよそおいを身につけて、自立していくのであろう。しかし、外見の価値をディスカウントする考え方が支配している家庭では、外見や装いについての話題を回避してしまい、娘はそのような関心を持つことも禁じてしまう心理的機制を身につけると考えられる。これでは思春期・青年期を迎えて、周囲の女性たちがおしゃれについての話題を楽しんだり、情報交換したり、よく似た衣服を身につけて仲間意識を育んだりしていても、そのなかで疎外感を抱いてしまう。同性とうち解けて、語り合うことが難しい状況に陥りがちで、同性同士のチャムシップ（chumship 共通点をもつ人々の仲良しグループ）の形成から取り残されてしまうことにならないだろうか。服装や化粧など身を飾ることは、思春期の女性たちにとって不可欠と言わないまでも、共有される関心の大きな要素であると考えられる。

女性が大人になろうとしているときに覚える化粧、思春期の化粧は「遊びの化粧」と言われる。自分の顔の中で気に入るところも気に入らないところもあるが、化粧は顔を描くカジュアルな手段で、様々に表現できる試みを楽しみ、その中で自分の顔を慈しみ、受け容れていく過程になると考えられる。多くの女性がそうして成人になり、やがて何らかの役割を持って他者にであう社会人としての顔を創り上げていくのであろう。このような装いの試みを共有する同性集団において、寛大さや協調性すなわち調和性も身につけていくことが考えられる。化粧プログラムに参加した女性たちには、そのような思春期の化粧による表現の試みと同性の仲間との交流が遅れてやってきたように考えられる。

「調和性」を換言すると、温和で、攻撃的でない、気の長い、寛大な心であり、これは対他者のみならず自己に対してもそのような気持ちが働いているとすれば、自己受容の深化ということにつながる。化粧によって、自身の顔をケアし、新しい顔を描いて表現し、繰り返しその行為をおこなうことが自己の顔の受容に導いているのではないだろうか。約一〇年後の面接において、「調和性」の高まりとほどよい社会適応を示した女性からは、自己受容の道程を歩んだ自信が窺えた。

六　カーテンというメタファー、見せる・隠す・護る

「目は心の窓」という表現がしばしば使われるが、顔研究からするとむしろ「顔は心の窓」である。けっして目の表情のみが心を表しているのではない。顔の表情と容貌と化粧による表現とが相まって、他者に対して何らかのサインが発信され、他者の心において対人認知のメカニズムが発動される。

子どもは、心の内容をストレートに顔に表出するが、大人になるにしたがって、心の中身を人前でさらけ出すことはしなくなる。心の内容物の露出はマナーとしてもふさわしくないし、危険なことでもある。健康な心は、その内に様々な思いを抱え込むことができる。しかしながら、いつも心の動きをまったく表さないポーカーフェイスでは、他者と互いに理解し合えるコミュニケーションが成り立たない。

日比野（二〇〇八）は、「顔は心の窓、化粧はカーテン」と喩えている。心の窓には、適度に窓の内側（心）の動きを伝え、また適度に外（他者）からの風を内に通すカーテンが必要である。加えて、カーテンには好みの色や柄をデ

ザインできる利点があるところも化粧に通じる。心の内と外界を仕切りながら、決して内側をさらけ出さず、また外とのやりとりをシャットアウトすることもない。この柔軟な仕切りによって、心の自由な動きが護られる。特に社会的な役割を担っている場では、怒りや悲しみなどの否定的な情動や、強烈な情動は表出を憚られるので、しっかり心の内側に抱え込むことが求められるが、化粧はそのような場合にも防壁となって心を護る機能を有していると考えられる。

精神科医の大平（一九九七）は、統合失調症の事例を述べた文章において「顔に付けるものは一般に、『自分』を隠すと同時に『自分』をさらけ出すという一見矛盾した機能を持っている。たとえば、化粧。化粧の下に素顔は塗り込められてしまうが、代わりに美的に整えられた顔が浮かび上がる。化粧の仕方、つまり上手い下手、厚い薄い、品の良し悪しなどが話題になるのは、化粧した顔にもまた『本人』が明確に現れてくるからに他ならない」と述べている。化粧は、素顔を隠すので偽りの行為と受けとられがちであるが、本人の意匠としての化粧顔もその人らしさの表現である。

化粧には、このように内面を隠すと同時に、演出によって見せるという両面の機能があり、これにより心の自由な動きを護ることができると考えられる。

七　ペルソナの象徴としての顔・化粧

本章のまとめとして、C・G・ユング（一九二八）のペルソナ論を取りあげたい。ユングによると、ペルソナとは単に仮面のことを指すのではなく、「人が外界への適応に必要とする心の内部の組織」であり、「適応とか、やむを得ない便宜とかの理由から生まれてきた一種の機能複合体であるが、しかも個性とは異なるものである。それはもっぱらもろもろの客体、すなわち外界との関係にかかわっている」（横山　一九九二）。また、「ペルソナとは、ひとりの人間がどのような姿を外に向かって示すかということに関する、個体と社会集合体との間の一種の妥協である」と述べており、大場（二〇〇〇）は「妥協」という語に代えて「折り合い」という語を用いている。大場（一九八九）によると「個と社会からの期待との軸上を動くもの」である。「顔」や「化粧」はペルソナの象徴であり、個人の要請（個性）と社会からの要請・期待とが相まって、折り合いを付けたところに形作られると考えられる。

ヤコービ（一九五九）はペルソナ論を発展させて、上手く適応している人のペルソナは弾力性・透明性のある防壁となり、心の内的世界と外的世界との気楽な交流をもたらすことを述べている。一方ペルソナの危険性として、本性を隠蔽できる利便性ゆえに硬化しやすく、自我とペルソナの同化を招いてもろく壊れやすくなってしまう。仮面が癒着した心は窒息して自由な動きを失う。常に職業や社会的地位などに相応しい「顔」のままになってしまい、個性が表出されない状態がつづくと心は窒息してしまう。社会からの要請に合わせすぎて心がいきいき動かず、自分の真の思いがわからなくなる。柔軟で透過性のある防壁こそが心の健康を維持できる。

本章では、顔、化粧とその心理的機能、化粧の臨床的応用の実践例とその考察、社会適応における化粧のはたらき、ペルソナ論について、これまでの研究を紹介し、化粧についての考えを巡らせた。

私たちは生まれつき顔が気になる。自分の顔は見えないが、他者には見えていて、その表情と容貌から性格まで推測されてしまうので、社会生活には顔のケアと印象管理が欠かせない習慣となっている。

化粧はケアと印象管理の二大機能を有するよそおいであり、身体と心理の両面にその効果を発揮している。気持ちを高揚させたり、反対に鎮静させる機能を併せ持つゆえにストレスマネジメントとしても有効である。化粧は、思春期・青年期には楽しく創造的で、成人には活力や安心感をもたらし、高齢者にとっては不安を低減し、自我機能を回復させ、他者とのコミュニケーションへと誘う。ただし、化粧へのアディクションや仮面のような化粧など、ペルソナの硬化をまねく危険性もある。

化粧は、活用の仕方次第で、より適応的なペルソナを形成することができる手法であり、他者との交流をもたらすとともに、個人の心の安寧と自由な動きを保障する。化粧は、心の健康に貢献する身体ケアであり身体表現でありうると考えられる。

参考文献

Asch, S. E. 1946 Forming impressions of personality . *Journal of Abnormal and Social Psychology*, 41, 258-290.

Brothers, L. 1990　The social brain: A project for integrating primate behavior and neurophysiology in a new domain. *Concepts in Neuroscience*. 1, 27-51.

Coursey, R.D. 1973 Clothes doth make the man, in the eye of the beholder. *Perceptual and Mortor Skills*, 36, 1259-1264.

Fantz, R.L. 1961　The origin of form perception. *Scientific American*, 204, 66-72.

Field, T., Woodson, R., Greenberg, R.,& Cohen, D. 1982 Discrimination and imitation of facial expressions by neonates. *Science*, 218, 179-181.

Hibino, E., Asai, I., Hama, H., Fujita, Y., Oshibe, K., Inoue,M., Dan, T., & Ueda, H. 1990. A clinical study of using makeup for schizophrenic and depressive patients . In B. Wilpert , H. Motoaki, & J. Misumi（Eds.）*General psychology and environmental psychology　proceedings of the 22nd International Congress of Applied Psychology*, 2, 199-200. Hillsdale, New Jersey; Lawrence Erlbaum Associates.

McKeachie, W.J. 1952 Lipstick as a determiner of first impressions of personality ; An experiment for the general psychology course, *The Journal of Social Psychology*, 36 241-244.

大坊郁夫「化粧心理学の動向」『被服と化粧の社会心理学』北大路書房、一九九六年、二八～四六頁。

日比野英子・志水伸行・余語真夫　「化粧が自己呈示行動に及ぼす効果」『日本心理学会第64回大会発表論文集』二〇〇〇年、八四四頁。

日比野英子・萩尾藤江・余語真夫・国吉京子・山本一郎・楠本健司「唇裂口蓋裂の女性の化粧行動と人格特性の検討」『日本口蓋裂学会雑誌』三〇巻、二〇〇五年、二二二頁。

日比野英子「装う心はバリアフリー――化粧によるポジティブケア」『個と向きあう介護』　誠信書房、二〇〇六年、四七～八八頁。

日比野英子「化粧と心の内外」『メイクセラピーガイド』フレグランスジャーナル社、二〇〇八年、三七～四一頁。

日比野英子「唇裂口蓋裂女性を対象とした化粧によるサポートの実践的研究」『大阪樟蔭女子大学論集』第四七号、二〇一〇年、一〇五～一一七頁。

日比野英子・萩尾藤江・楠本健司「化粧を用いた唇裂口蓋裂女性への支援」京都橘大学心理臨床センター紀要『心理相談研究』創刊号、二〇一五年。

松井豊・山本真理子・岩男澄子「化粧の心理的効用」『マーケッティング・リサーチ』第二一巻、一九八三年、三〇～四一頁。

松井豊「メーキャップの社会心理学的効用」『化粧心理学』フレグランスジャーナル社、一九九三年、一一四～一六〇頁。

村澤博人「化粧の文化誌」『化粧行動の社会心理学』北大路書房、二〇〇一年、四八～六三頁。

大場登「心理療法におけるペルソナの変容」『上野学園大学八五周年記念論文集』一九八九年、一一五～一三一頁。

大場登『ユングの「ペルソナ」再考――心理療法学的接近』創元社、二〇〇〇年。

大平健『顔をなくした女――〈わたし〉探しの精神病理』岩波書店、一九九七年。

高橋道子「顔模型に対する乳児の微笑反応、注視反応、身体的接近反応、泣きについての横断的研究」『心理学研究』四四巻、一九七三年、一二四～一三四頁。

千住淳『社会脳の発達』東京大学出版会、二〇一二年。

ヤコービ、J.『ユング心理学』高橋義孝監修、池田紘一ほか訳、日本教文社、一九五九年。

横山剛「ペルソナ」『臨床心理大辞典』培風館、二〇〇四年、一一〇二～一一〇四頁。

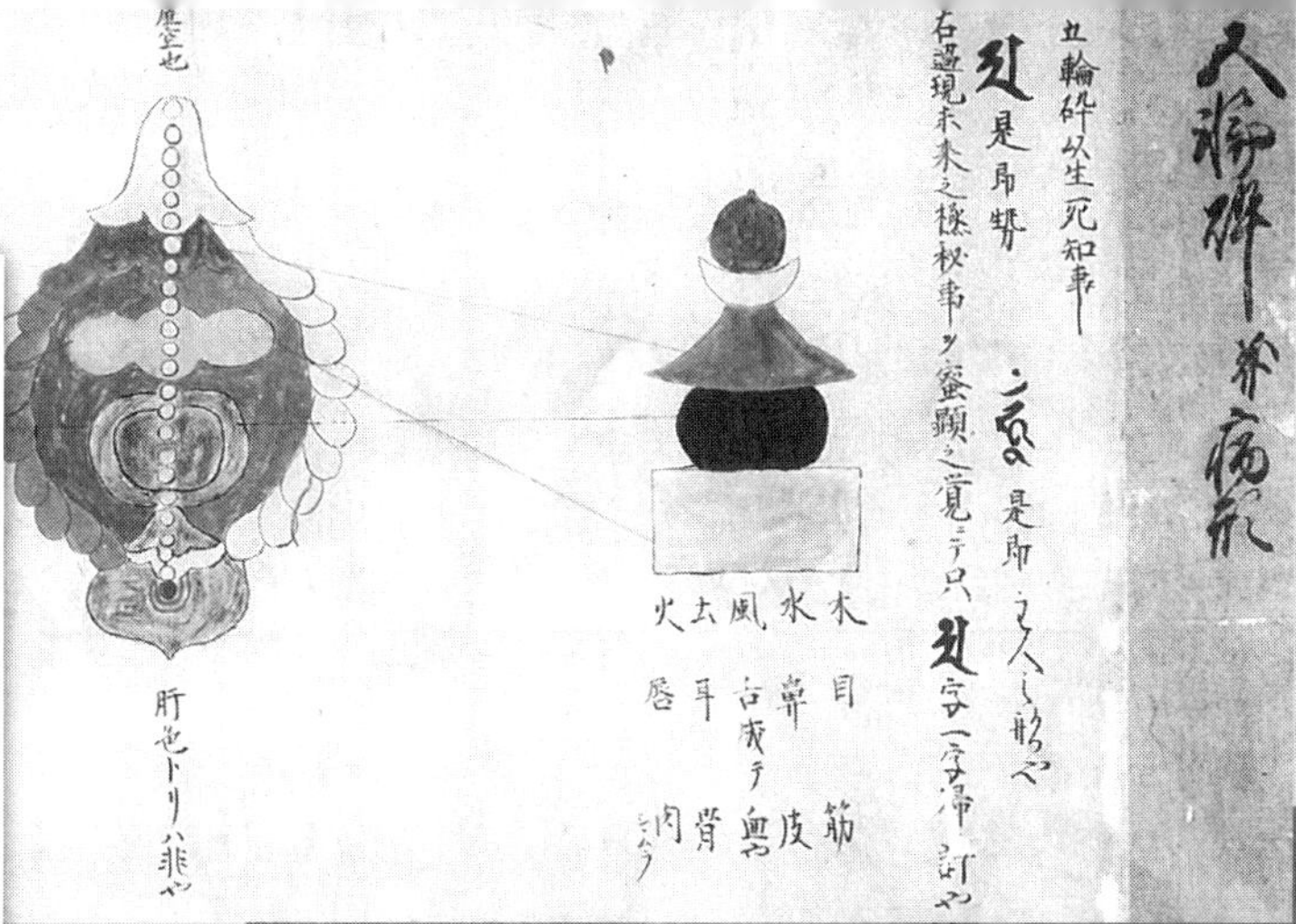

第Ⅱ部 美術、文学作品にあらわれる身体表現

第五章

五輪五体の身体観——死と再生のメタファー

林 久美子

本章のキーワード
五輪成身観／阿字本不生／五輪砕／三宝院流／近松門左衛門／『傾城反魂香』／『嵯峨天皇甘露雨』／胎内五位／胎内十月図

一 五輪観の形成

説経という語り物の中でももっとも波乱に富む長編『小栗（判官）』は、舅によって殺害された小栗が閻魔王のはからいで餓鬼阿弥として蘇生し、熊野での湯治で人として復活する物語である。その小栗が毒酒を飲まされた場面で、「次第に毒が身にしめば、五輪五体が離れ果て」という表現がある。「五体満足」「五体がすくむ」といった表現は現在も用いるものの、身体が五輪から成り、死に際してそれが「離れ果てる」というのは、現代人の身体感覚にはなじまない、不思議な表現ではないだろうか。

反対に､母の胎内における成長段階では「地水火風空の五輪ことごとく連なり」（近松浄瑠璃『蝉丸』〈懐胎十月の十相〉のうち四月目）、「五体残らず連続し」（歌舞伎劇中、竹島幸十郎による祭文の懐胎五月目）といった表現もおこなわれている。つまり、肉体は生まれるときに五つの要素がつながって、死ぬときにバラバラに離れ、消滅してしまうものとイメージされていたわけである。

この発想は密教の身体観に基づいている。密教では、身体を構成する要素である地、水、火、風に空を加えた五大を五仏・五色・五形などに配してとらえる。たとえば、地大は黄色・正方形で金剛界五仏でいえば宝生如来、水大は白色・正円形で大日如来、火大は赤色・三角形で阿閦如来、風大は黒色・半月形で不空成就如来、空大は青色・宝珠形（蓮華葉）で阿弥陀如来に当たるとする。身体が宇宙のすべての構成要素と連続しているという観念は、対応する要素の異なるものもあるが、台密・東密・修験関係の諸書に説かれている。方・円・三角・半月・宝珠を積み重ねた五輪塔は、万物の形成要素である地水火風空をかたどったものであるがゆえに、私たちがそこから生じてそこに戻るものと感得されていた。なお、五輪塔は日本では真言念仏、おそらくは小野流によって創成されたと考えられるが、高野山で宝塔と合体して形を整え、念仏聖によって全国に普及した結果、全国至る所の各宗の墓地に見られることになったと言われている(1)。

本章では人体を五輪塔にみたてる五輪五体観を、仏教医学と小野流の図像、演劇作品などを手がかりにたどってみる。密教思想において特別なメタファーであった五輪卒塔婆がどのように表現されたかを提示し、前近代の日本人の身体観や死生観について考えてみたい。

二 『阿字即身成仏義』と『五輪砕』

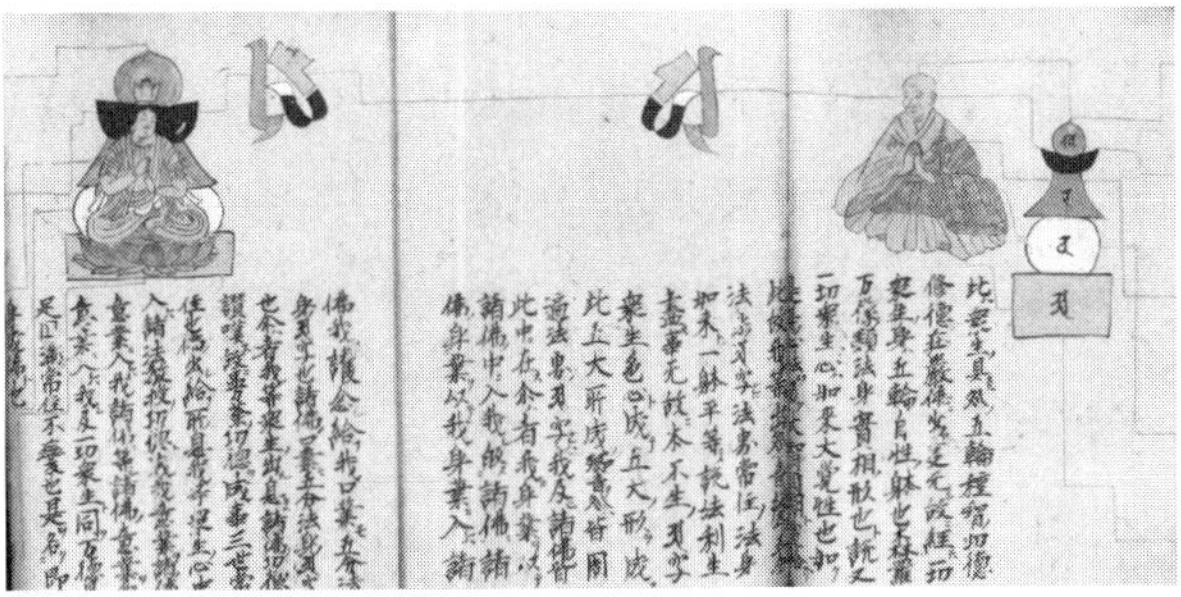
図1　『阿字即身成仏義』

宇宙そのものである大日如来と一体になる五字厳身観は、『大日経』の代表的な観想である。[2] 大日如来の五字の種子である阿（ア）・婆（バ）・羅（ラ）・訶（カ）・佉（キャ）を、膝下からはじめて臍（腹）・心（胸）・眉間（面）・頭頂の五箇所に布置して、その五字を五大に転じ、さらにそれを五輪に転じて、虚空にそびえる大日如来の三昧耶形に見立て瞑想する。空海の三部書のひとつ『即身成仏義』では『大日経』の五字厳身観を引いて即身成仏を証明するに際してまず「具縁品」「我覚本不生」から始まる五大の句を引き、次に六大の真言（ア・ビ・ラ・ウン・ケン）を解釈している。はじめの「ア」については「阿字諸法本不生の義とは、即ちこれ地大」と記す。『仏教語大辞典』（小学館）によれば、「阿字本不生」とは密教の根本義を示すもので、阿の字は根本において不生という意味があり、その不生は不生の実在を意味する。したがって一切の事物は真実で、それはいわば大日如来の悟りそのものに外ならない、という。「阿字観」はそれを観ずる瞑想法である。

架蔵の『阿字即身成仏義』はこの概念を図説したもので、阿字を五大に分解した黄・白・赤・黒（本来は深青）・緑の彩色が鮮やかに残っている。図1は、五輪の各部位が行者（僧）の身体に配され、そこから正逆の阿字を介して大日如来と重なる五輪に結ばれるさまを描く。本文にも一切衆生の身は「五輪自性ノ体」、心は「如来大覚性」とあるように、阿字からはじまる五字厳身観による即身成仏図そのもの

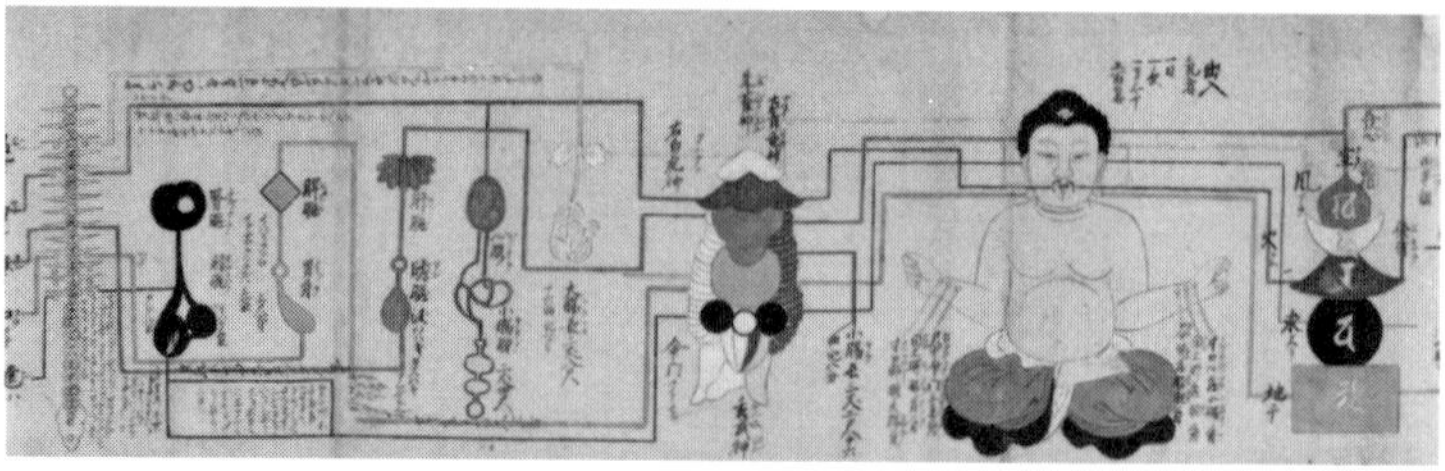

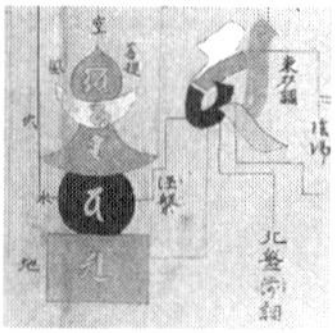

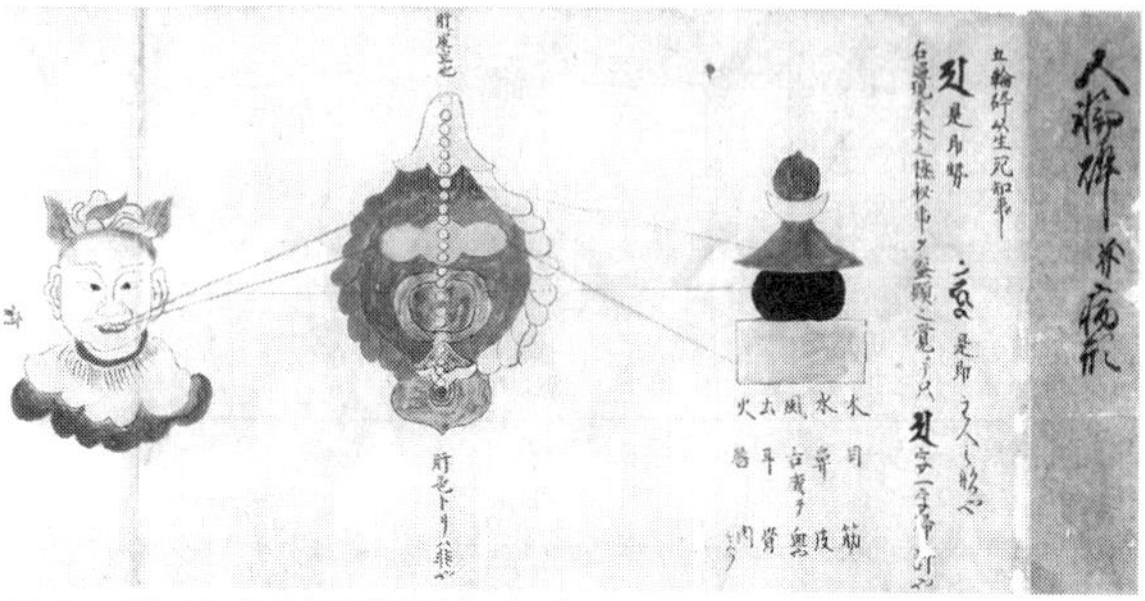

図２　（左上）『医家秘法解剖図』武田科学振興財団 杏雨書屋蔵
図３　（右上）『円覚経一巻（即立川流円覚経）』武田科学振興財団 杏雨書屋蔵
出所：鈴木達彦氏論文注４より転載
図４　『五輪砕并病形』国際日本文化研究センター蔵

である。書写年代も筆者も不明ながら、後述の歌学秘伝書類との本文関係から見て、原本はそれらより古く醍醐寺近辺小野流の僧によって成ったことまでは推定できる。

この五字厳身観をさらに五臓六腑や経絡にまで配当した仏教医学の書も流行したようである。杏雨書屋に所蔵される『医家秘方解剖図』（図2）と『円覚経一巻（即立川流円覚経）』（図3。図2とほぼ同図）は、五つに色分けされた梵字の「阿」字のそれぞれから五輪塔へ、そして諸感覚器、五臓、六腑、背中へと線で結ばれ、五行に配されている。外題が示す通り、立川流の書であることは、『円覚経』の内題位置に「円覚経云、一切ノ種性ハ卵生モ胎生モ湿生モ皆因㆓淫欲㆒而モ正ニ性命ス当㆑知輪廻スルコトヲ」とあることによって明らかである。同様の図には、「阿」字が人に代わって馬の身体と結ばれた『安西流馬医伝書』（一四六四年）もある。

さらに、国際日本文化研究センター蔵宗田文庫『五輪砕并病形』（近世前期〜中期）（図4）では、冒頭に「五輪砕以生死知事」とあり、「「阿」是即勢、「吽」是即主人之形也」「右過現未来之極秘事ヲ蜜顕之覚ニテ只「阿」字一字帰計也」と記して、男女和合にまつわる文字解釈を示してから五輪塔各部を五行と感覚器・体組織に配する。これに続き臓腑背面図、顔面図、内景図三種、五臓図二種と虫図一五種がある。また人体に四神を配し、三尸九虫を記すなど道教思想も指摘されている(3)。これら「五輪砕」の医書を精査された遠藤次郎氏・中村輝子氏ならびに鈴木達彦氏は、安土桃山時代の『酬医頓得』(田代三喜撰述)にも、五輪塔を解体して五色の線で結ぶ同様の展開図があることを紹介する(4)。

如上の図は、鍼灸の病理学が「阿字本不生」という密教の概念から出発する五体五輪観によることをビジュアルに示す史料である。種々の病を得る人間の身体も五大五行それぞれの性質ゆえで、そのまま法身の大日如来すなわち五輪塔であるという思想は興味深い。さしずめこれらは平面に作成された身体の曼荼羅図ということになるのであろう。真言立川流あるいはその元になった醍醐三宝院によって体系化された仏教的身体観については後に詳しく述べるが、医学のみならず芸能や文学にもその思想の反映を認めることができる。

三　浄瑠璃に結びついた五輪砕

「五輪砕」とは人体を五輪に見立てた解剖図であったが、近世芸能にとっての「五輪砕」といえば、『浄瑠璃御前物語』の後半にある唱導的な一段である。浄瑠璃という芸能の由来となったとされるこの作品には絵巻や草子本のほか多数の正本があるが、「五輪砕」は寛永期頃に制作された山崎写本と、MOA美術館蔵絵巻の二本にのみ収録されるため、作品の構想当初から存在したものか、後から連結された段であるのかが論争されてきた。しかし、「五輪砕」という段の由来については、従来あまり気に留められて来なかったように思われる。

牛若(義経)が馬追冠者となって奥州へ赴く途中、一夜の契りを込めたのが矢矧の宿の浄瑠璃御前であった。「五輪砕」では、奥州から軍勢を引率して矢矧に立ち寄った義経が、尼僧となった侍女から浄瑠璃御前の死を告げられ、鳳来寺の奥にある笹谷の墓所へ案内される。義経が法華経五の巻「提婆品」を唱えた後、回向の和歌を手向けると、墓所から返歌がある。四首ずつやりとりをすると、墓所が三度揺らいで五輪が三つに砕け、一つは御曹司の右の袂へ、また一つは金色の光を放って虚空を指して飛び、もう一つは墓印となった（熱海本）。浄瑠璃成仏の証拠を見た義経は、御墓の上に寺を建て、弔わせたというのである。「この成仏の奇瑞として五輪塔の砕けるのは、本地物として、主人公が最後に成神成仏することと絡むきわめて重要な要素である」と信多純一氏は述べる[5]。三つに割れた五輪塔は、おそらく「空」は天に飛翔し、「地」は墓印になったと考えられるが、御曹司の袖に入ったのがどの部分かは本文に記されない。ただ、五輪塔が分解するという趣向を「五輪砕」と命名したということは、五輪から成る身体が五大に戻ることを表そうとしたものであるとの理解はできる。

『浄瑠璃御前物語』を別名『十二段』とも呼ぶのは、薬師の十二神をかたどったからだと言われている。浄瑠璃御前は峰の薬師（鳳来寺現・愛知県南設楽郡）の申し子である。薬師如来の浄土を浄瑠璃世界と呼ぶことから名付けられたのであろう。鳳来寺は頼朝が再興し、家康がその申し子であることでも知られる真言宗の大寺院である。「吹上」の段では浄瑠璃の涙が牛若を蘇生させるが、これも薬師如来の霊験であると考えられる。「五輪砕」で義経が墓前を弔った四十九日の供養の本尊も薬師如来である。

近松が『浄瑠璃』を改作した『十二段』（元禄一一＝一六九八年以前）では、牛若の弔いを受けた浄瑠璃御前が塚から現れた時、じつは自分は瑠璃光仏（薬師如来）であり、衆生の病苦を助けるために笹谷に影を残したのである、とりわけ「女人産まずの病苦」からの救済を第八願に込めたが、浄瑠璃の母は罪障により子が宿らないため、薬師如来自ら浄瑠璃の腹に宿ったのだと語る。峰の薬師は家康の例が宣伝に寄与し、子授けの仏として女人の信仰も集めていたのであろう。

『浄瑠璃御前物語』は「笛の段」で、牛若の笛を聴いた浄瑠璃に「か程に笛を吹く人はそれ天竺の大聖文殊の化現かや、又は不動の再来かや、観音勢至の来迎かや」と言わせている。「物見の段」では、牛若の腰刀の下緒に法華経七の巻薬王品を模して打たせ提げているほか、裏の目貫に不動明王二童子像を彫らせてもいる。「枕問答の段」では、浄瑠璃を口説く牛若のせりふに、結の神と愛染明王が並ぶ。これに「吹上」の段で牛若を守護する箱根権現、正八幡、さらに冷泉が祈願した伊勢天照大神を並べれば、この作品が神道を習合した密教的な宗教観にもとづいていることは認められるであろう。鳳来寺山は開山である利修仙人が役行者と類似の伝承をもち、あるいは白山の泰澄をモデルとしたともいわれる霊山である。姫の五輪塔と菩提寺の建立場所は鳳来寺の南奥にある笹谷であるが、鳳来寺山頂から南に延びる尾根筋には鏡岩があり、その崖下には籠堂、常行堂、岩本院など修験道にかかわる建造物があったと考えられている。(6)「吹上」の段で天狗が浄瑠璃主従を送り届けることなどから見ても、牛若の鞍馬（僧正谷は薬師不動霊験の地である）に対応する浄瑠璃の鳳来寺山（箱根山も含む）という修験世界の連絡が物語の基層にあると想像できる。

ところで、近松の浄瑠璃に『義経将棋経』がある。これは『浄瑠璃御前物語』のもじりで、矢矧の宿の浄瑠璃御前が、かつての牛若（義経）との忍び寝を十二段の物語に作って節付をし、女房達に楽器と人形を担当させて遊んでいるところへ鈴木三郎重家が来て、笛を合わせるという場面から始まる。その冒頭に「宮・商・角・徴・羽の五音。変宮変徴の二声を合せて七声とす」とあり、「忠孝礼義」「恩愛恋慕」もこの声なくしては調わないと説いている。角・徴・宮・商・羽の五声は、空海が撰述したとされる『文鏡秘府論』に記される音階であり、仏教音楽である声明はこれをもとにしている。浄瑠璃御前の十二人の女房は十二神将であると同時に、阿弥陀来迎に雅楽を演奏する天人たちでもある。『浄瑠璃御前物語』における牛若と浄瑠璃の恋が管弦の場から始まっているのは、単なる趣向とは思えない。宇治加賀掾が語った『愛染明王影向松』（元禄末〜宝永）には、「五音の占」に通じた者が現れ、人の五音が宮・商・角・徴・羽に分かれ、四季の調子を違えないことを述べて『易経』の一節を引き、五行と五調子の対応を語る。これは平安末期の『管弦音義』以来、『阿娑縛抄』（鎌倉時代の台密の書）などにも記される音楽から見た密教世界の理論である。

すなわち、薬師信仰にはじまる『浄瑠璃御前物語』は、本不生の観念が投影された物語と考えられるのである。

これ以降、「五輪砕き」は浄瑠璃や歌舞伎の中にしばしば見られるようになる。たとえば金平浄瑠璃の『天狗羽討』（万治三＝一六六〇年）では「つがい〳〵を投げ裂かれ、五輪砕け失せにけり」と壊れる身体を表現している。また江戸歌舞伎にも荒事の芸として「五輪砕き」が取り込まれているが、こちらは文字通り石塔を砕くことで怪力を見せつけたのであろう。

このようにして、砕ける五輪は舞台で印象づけられていった。

四　近松浄瑠璃の卒塔婆

『傾城反魂香』

後世の作者たちから「作者の氏神」とも称された近松門左衛門は、江戸時代の人々の信仰心について多くの示唆を与えてくれる。時代物の中でも名作の誉れ高い『けいせい（傾城）反魂香《はんごんこう》』（宝永五＝一七〇八年）では、卒塔婆によって生と死を表現している。この作品は元禄歌舞伎の名優でこの年に没した中村七三郎の追善ならびに絵師狩野元信（永禄二＝一五五九年没）百五十回忌の当て込みとして作られたため[7]、舞台に五輪を現出させたものと思われる。ただし、作品の主眼は絵師の娘みや（遠山）と元信の愛情にあり、逆境の中でひたむきな愛情を注いだみやの形見として、卒塔婆は登場する。以下に、中之巻「三熊野かげろふすがた」についてやや詳しく解説する。

みやはすでに七日前に死に、五輪塔を建立されているのだが、それを知らない元信と五日前に北野で祝言を挙げている。借り座敷の襖絵に熊野山の絵を描いてもらうと、元信と連れだって熊野詣に見立てた道行をするのだが、庭から中の様子をうかがう人々は、障子に五輪の影が映るのを見る。本文には「人間の地水火風の風もろき。木の葉にむすぶ陽炎の、露の姿ぞあはれなる」とあり、うれしそうに菅笠を被ったみやを「似合うたかしらぬと、笠うちきたる五輪の影。五つのかりの夢現」とも描写する。ここでは笠を「火」輪に見立てたのであろう、五輪となったみやの形を影絵でを見せている。また、この場面では反魂香が焚かれる中、みやが逆さま姿で歩むかと思うと、消える（亡者が逆さまで歩くことについては服部幸雄氏が『往生要集』の地獄絵の影響などを推定している）。妻の死を欺く夫の前に再び現れたみやは、遣手の姿となって地獄の苦しみと迷いを次のように訴える。

「赤前垂れの火炎に焦がれ。三途八難の悪趣に堕す苦しみの涙、目をくらまし。生死をわかぬ迷ひの雲、所々に名を変へて。かず〳〵色を飾りし報い。からだ一つが五つにわかれ、五輪、五行の苦を受くる。」（本文は新編日本古典文学全集『近松門左衛門集』三による。傍点は筆者）

遊女勤めの報いとして、身体が地水火風空（五輪）と、木火土金水（五行）に分かれ戻る苦しみに、叫びおののく

図５　『けいせい反魂香』パリ国立図書館蔵
出所：『近松門左衛門集』③（小学館、2000年）

みやの袂の影から、あでやかで上品な遊女が左右に現れ、敦賀で太夫だった遠山の姿、三国での勝山の姿と紹介し、次に後ろに高く現れた遊女が伏見での浅香山、前に立ったほのかな幻が木辻の町での三つ山だという。すべてが遊女として流れ漂ったみやの姿である（図５）。かつて松と呼ばれた太夫の身であるから「四大のもとの木に帰る」と表現するのだが、これは静かに消滅することではない。恋に執着した女の業とも言うべき苦患が五行相克になぞらえて語られる。

「水を仮なる戯れも、つひに迷ひの井堰にからみ。木は執心の斧に砕かれ、土は逢ふ夜の壁とへだゝり、火はまた三世の縁を焼く。四大の四苦をこの身一つに重ね。重ねて空より出でて空に入る。報いも、罪も、色も、情けも、迷ふも、悟るも、待つ夜の鐘も。別れの鳥の声々までも。地水火風の五つの玉の緒。たゞ

一筋に結び合ひたる姿なるぞや。」

ここには肉体だけでなく、人間の心まで含めて五大五行に帰して受け止められ、人間の存在とは相克する苦しみが連結されたものであるという思想がある。クライマックスの名文なのだが、この文章には歌祭文「五輪砕五体の図」と重なる部分があり、山伏修験の祈祷が芸能化した歌祭文を近松が取り込んだ可能性がある。『役者御前歌舞伎』（江戸・元禄一六年）の山中平九郎の評判に、「五倫五体の物語。竹田のさいもんいひまはし。あじにうつされ。」とあることから、元禄末期に竹田からくりで「五輪五体の物語」をおこない、それを歌舞伎に取り入れたことがうかがえるからである。そこから竹田出雲が座本であった竹本座の『けいせい反魂香』にも竹田からくりの演出が用いられた可能性は考えられる。みやは罪の報いで肉体が五つに分かれる苦を見せるが、いよいよあの世に戻るとき、「(永き契りを) 待たんしるしはこれ。この。一見卒塔婆永離三悪道（ひとたび卒塔婆を見れば、永く三悪道、すなわち地獄・餓鬼・畜生道を離れることができるという意味）」の言葉を残す。極楽で連理の契りを夢見て、待っている証拠がこの五輪塔であるという。世阿弥の能『卒都婆小町』にも引用される『涅槃経』の句を引いてみやは姿を消すのだが、舞台にはおそらく五輪塔が残されたことであろう。五つの名前で遊廓勤めをしたことに因み、五つに分かれたみやの姿が五輪卒塔婆に転じる演出がおこなわれたことを推測させる。しかし、方形・円形・三角形・半月・宝珠形の卒塔婆では図5の人形図とうまく結びつかない。そこで、『修験秘奥鈔』巻下に弘法大師自筆の五輪図として掲げる〈バン〉字（図6）をみやの身体に重ねてみたい。〈バン〉字は金剛界の大日如来であり、塔婆そのものである。その火輪から水輪にかけて腕に当たるところに二人、空輪に一人、風輪に一人を配せば、みやの分身としてうまく重ねることができる。これなら五つの人形で五輪に見せることができそうに思われる。四つの小人形を含む五つの人形を人形遣いが操り、〈ア〉字が五大となるのと同様に、〈バン〉字の卒塔婆が分かれて五大の一

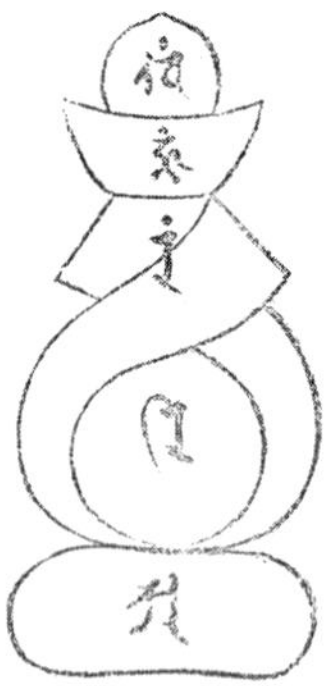

図６　『修験秘奥鈔』
出所：『日本大蔵経』
修験道章疏１

つ一つになり、重なって五輪卒塔婆となる。密教と修験道は切り離すことができず、修験道が近世演劇に与えた影響についても見過ごすことはできない。熊野信仰を背景にした本作の演出を修験の資料からイメージするのは許されるであろう。

卓越した文章と演出によって艶色を競った遊女が卒塔婆に転じるのを眼前にした観客は、「色即是空」の悟りに導かれたにちがいない。

『嵯峨天皇甘露雨』

近松の浄瑠璃からもう一つ、故人が五輪塔となる『嵯峨天皇甘露雨』（正徳四＝一七一四年九月以前）を紹介したい。ある夜、嵯峨天皇の王位簒奪を企てる天皇の従弟・大海原の皇子の家臣である悪右馬尉仲成《あくうまのじょうなかなり》の先祖・猪甘《いあま》の連《むらじ》が、空海の前に現れる。猪甘は四百年前に謀反によって処刑され、首・両足・両手を別々の所にさらされ、地獄に落ちて苦しんでいるから、どうか助けてほしいと懇願する。空海は、「おまえの先祖は億万年の昔、印度の「狗留孫仏の衆生」であり、「大乗般若秘蜜経」を誹謗した罪で、五百生を経なければ成仏できない。猪甘の連とは、その四百九十六回目の人生であって、あと四回生まれ変わらなければならない宿命にある。その後には私が成就すべき結縁を授けよう。」と言って老人の額に秘印を結ぶと、「あら有難や」という声と五輪塔が残った。

過去生の物語のなかで、処刑された猪甘の首・両足・両手が別々になっているが、これはまさしく五輪塔を分解したものと解釈できる。五輪を身体のどの部分に当てるかについて、『覚禅鈔』など多くは腰から下（阿《ア》字で地輪）・臍（尾《ビ》字で水輪）・胸（羅《ラ》字で火輪）・髪際（吽《ウン》字で風輪）・頂上（剣《ケン》字で虚空）に配する。しかし、たとえば『修験秘奥鈔』所載の五輪図には頭・両手・胴と両足に分かれているものがある。刑罰として晒すには、わかりやすい切り方である。

猪甘が大般若経を誹謗した罪で転生を重ねること、空海に救いを求めているのは、作品が空海に帰依した嵯峨天皇とその王位をめぐる物語だからである。この物語は五輪塔が弘法大師信仰の象徴であったことを教えてくれる。最後

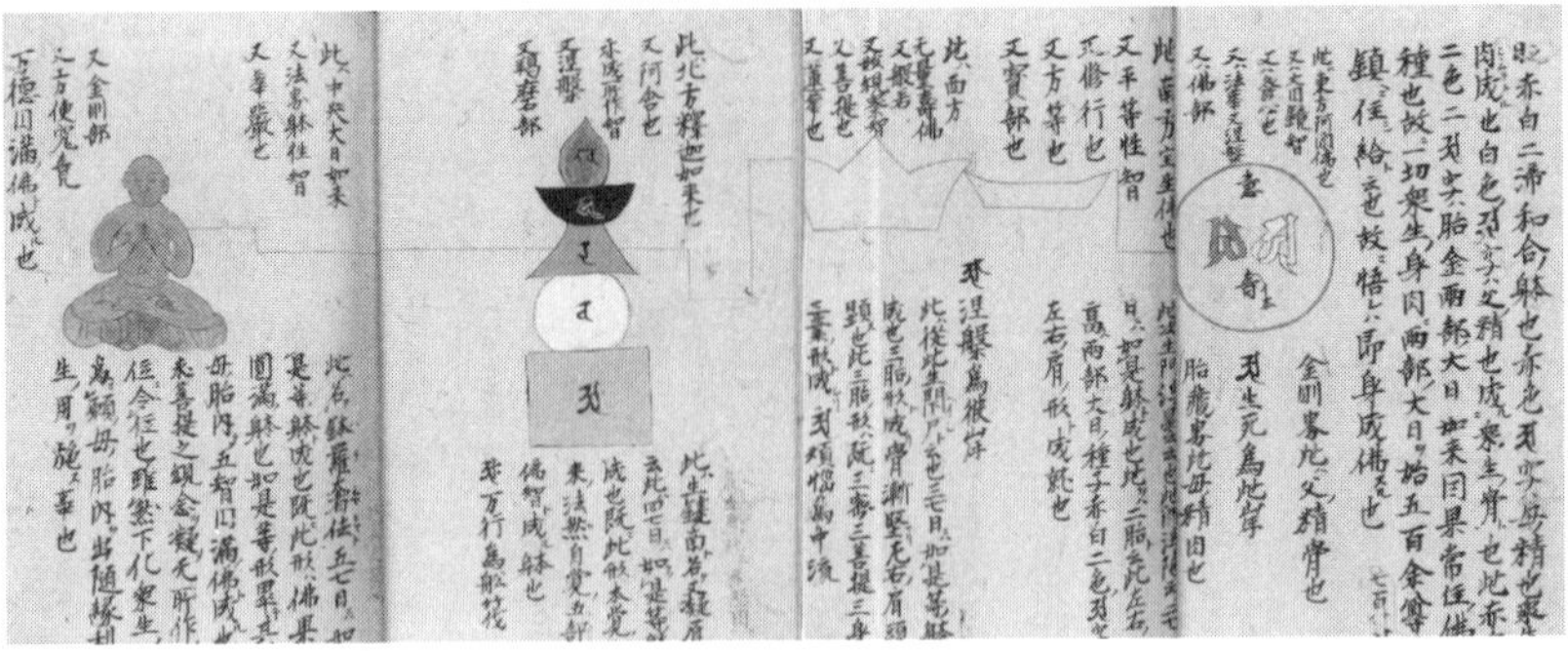

図７　『阿字即身成仏義』

の場面で、猪甘が消え、舞台に五輪塔が現れる場面では、単純に人形と塔を入れ替えたのではなく、やはりバラバラになっていた身体が結合して五輪塔になるからくりがおこなわれたと考えたい。果てしない因果応報の時を経た末に人間が成道する姿を最も効果的に表現したであろうと推測するからである。

五　胎内の五輪塔

一　胎内五位

前節では、死後の五輪塔への変化から五輪成身観を見てきた。他方、五輪塔は生まれる前のある段階の姿としても観念されていた。

仏教学の基礎的綱要書として重んじられた『倶舎論』が身体の生成について述べるところでは、人間も五蘊（色・受・想・行・識）の集合体に過ぎず、刹那に滅し相続して、惑業を重ね（本有《ほんう》）、死ぬ（死有《しう》）とふたたび中有《ちゅうう》という状態に入り、これを無限に繰り返す。中有は、前世の業力によって四十九日が経つと再び母胎に宿るが、父母の精が合体した瞬間に消滅し、次の瞬間からは父母の精によって生じた構成要素が瞬時に消滅変化しながら新たな生命を育む。

『倶舎論』では五七日における胎児の成長を羯頼藍《カララン》位・頞部曇《アブドン》位・閉尸《ヘイシ》位・健南《ケンナン》位・鉢羅奢佉《ハラシャキャ》位の五段階に分け、その五つの位の胎児が漸次転増するという漠然とした表現であったが、院政期の東密三宝院流において、五位を大日如来の種子などに配し、それを図像化したものが作られた。この説は中世末期に整理され、立川流を完成させたと言われる文観に帰依した後醍醐天皇の周辺（大覚寺派の僧）を起点として流布したと考えられている。

立川流では、森羅万象を阿・吽、金剛界・胎蔵界の男女両性（二根）で表わす。出息・入息は男女二水の出入を意味すると説き、金胎不二は二根交会によって実現され、これをもって煩悩即菩提、即身成仏の実践とする。密教の微妙な悟りの証を即物的に表象したのである。ただし、真言宗の根本経典のひとつである『理趣経』は男女の愛欲も清浄なるものとして肯定しており、空海も『即身成仏義』において、「父母所生身、速証大覚位」（父母所生の肉身が速やかに悟りの境地に至らしめる）と述べている。赤白二渧が合して大仏事をなすという立川流の『理趣釈』も、そうした密教経典を基本として性による仏との合一を教義化したものである。真言の正統派や江戸幕府から邪教扱いされた宗教であるが、その神秘性と訴求力が多くの人心をとらえたらしい。

いま、これと同じく醍醐三宝院流で書字されたとおぼしい『阿字即身成仏義』の〈胎内五位図〉からそれを具体的に見てみることにしよう（図7）。

1 胎内の五位の最初：羯頼藍《カララン》。父母の赤白二渧和合の体。赤は母の羯で肉、白は父の羯で骨となる。赤白の二色・二つの阿字は金胎両部の大日如来の因果常住の仏種である。一切衆生の身肉に両部の大日をはじめ五百余尊、七百余尊が鎮まるが故に即身成仏する。

2 二七日の形：阿浮曇《アブドン》。左右の高いものは両部の大日の種子であり、赤白二色の阿字が左右の肩の形となる。

3 三七日の形：閉尸《ヘイシ》。骨がようやく固まり、左右の肩と頭が現れる。この三鈷の形は三密（身・口・意）・三菩提・三身・三業の形である。

4 四七日の形：鍵南《ケンナン》。凝厚とも言う。本覚如来であり、法然自覚の五部の仏智となる体である。

5 五七の形：鉢羅奢伝。上求菩提の観念を凝しめ、無所作の位に往きしむる。母の胎内において五智円満の体となる。

右の五位図において、はじめに受胎した二滴は赤白の阿字で示され、これを両部の大日と説いている。そして四七日を経た胎児は、五部如来（大日・阿閦・宝生・阿弥陀・不空成就）の形でもある五輪塔として描かれる。この五位図形は、『阿娑縛抄離作業私記』（元亨二年＝一三二二年に相承、承応三年の奥書）では、二位は二葉、三位は三葉とするがほぼ同形であり、台密でも同様の図説がおこなわれていた。

ちなみに、修験道では峰入りを擬死再生になぞらえて、行者が胎内に見立てた山中で新たな命を得る。羽黒山伏は秋の峰を胎内修行と位置づけ、入峰が決まると「笈《おい》からがき」とよばれる法要によって象徴的な死を迎える。翌日黄金堂に梵天を倒すという性交と受精を表す儀礼に参加して山中に入り胎児となった修行者は、修行の過程で成長し、山を駆け下りて仏として再生する。(8) また、室町時代に醍醐寺派の修験が編纂したという『峰中灌頂本軌』には、峰入り初夜におこなう床堅として、「胎内五位」に対応する印契が記されており、四位の健南を四大（地水火風）の和合した形とする。(9)

伊藤聡氏(10)によると、胎内五位説はすでに鎌倉中期頃から密教法流の秘説たることを越えて、神道書や古今集注釈にも取り入れられていた。それら神道系、古今灌頂の諸本はいずれも共通の原拠から発しているという。

山下琢巳氏によって紹介された『和歌古今灌頂巻』(11)は、本文の異同からみて架蔵本の原本を写しつつ、和歌の道に結びつけようとしたもので、第二位アブドンの説明の終わりに「是則歌之言葉トナル也」、第三位ヘイシに「又ハ上古歌ノ体也」、第四位ケンナンに「以此故ヲ和歌五句三十一字トナセリ」とある。

『古今和歌灌頂巻』は、この胎内五位を和歌の五句にあてはめ、三十一文字が究極の真理を具体化したものとして、歌聖・柿本人麻呂の歌「ほのぼのとあかしの浦の朝霧に嶋がくれゆく舟をしぞ思ふ」こそが悟りを表した歌であると説く。(12) この歌は俊成・定家などによって高く評価されてきたが、古今伝授という秘儀のなかで独特の解釈がおこなわれたようである。たとえば『古今和歌集灌頂口伝』は、「嶋隠れゆく」を、「生老病死の四苦を四魔といふなり」と解釈し、「舟」に「帝」を喩えたとみて、その死を悼む哀傷の歌であるという。また『和歌古今灌頂巻』ではこの一首を「諸行無常」「是生滅法」「生滅々已」「寂滅為楽」を表していると読んで、「いろは歌」を添えている。胎内で四大が形成され五仏となって誕生する過程を、生命の始まりからあの世へ去って行くまでの風景と重ねようとするもので、生は苦しみの始まりという無常観を強調する。生々流転の論を人麻呂歌の解釈に持ち込み、真言の灌頂を和歌相伝の秘儀に組み込んだところが中世歌人の玄妙さと言えようか。

そのほか、胎内五位にとどまらず多くの記述が架蔵本と近似する『伊勢所生日本記有識本性仁伝記』もある。ただこの書は「伊勢」の二字を両部の大日如来の和合ととらえ、万物生成の根源、男女和合の根本を表すと説き、『古今集』や『伊勢物語』の注釈書類とも共通する言説を多く持つことも指摘されている。[13]『神道大系』の解題によると、伊勢朝熊金剛證寺の塔頭である明王院にて書写されたもので、この寺は醍醐寺末の法楽寺を管領していた尊海の後、三宝院流が相承管理していた。ここからみても本書は醍醐寺小野流あたりの架蔵本に近い本文をもとに、「伊勢」の秘説として装いを変えていったと推測できる。

二　胎内十月図

胎内五位図から十月図へ

伊藤聡氏によれば、南北朝期以降、神道流派内において五位図をもとに〈胎内十月図〉が作られた。十月の各段階を、密教法具に配当した秘書が『箱隠』である。受胎―錫杖《しゃくじょう》、一月―独鈷《とっこ》、二月―三鈷、三月―五鈷、四月―金剛鈴、五月―払子《ほっす》、六月―宝珠、七月―鉾、八月―羯磨《かつま》、九月―五輪、十月―尊形となるが、このうち金剛鈴までの法具は後々の〈胎内十月図〉まで受け継がれる。

これとは別に、胎内五位図も掲げながら、その後に胎児の成長と死後の中陰を重ね合わせた「胎内九月替様図」も存在している。山下氏が紹介した『十三仏秘中極秘之口決《くけつ》事』がそれで、初月から九月の胎内が初七日から三十三年の中陰と重ね合わされ、月ごとの梵字と本地仏・忿怒《ふんぬ》形も記されている。[14]これについて伊藤氏は、本来亡者を導く十三仏を胎児の守護仏ともするところに、生と死を表裏一体のものとしてとらえる観念を見ることができるという。この書では、胎内五位図の四段階目、涅槃＝鍵南《ケンナン》に五輪塔が描かれており、「胎内九月図」の方では九月目の胎内に五輪塔が描かれている。本文には「仏形」とあるので、人間として完成した姿が、仏の姿になっている。

『生下未分語』、『三賢一致書』

近世は出版の時代であり、教養の時代である。それまで口授や伝書・写本を通して関係者にのみ伝承されていた思想が、一般の人々に開かれて行くことになった。

伊藤氏は、『箚隠』と「胎内九月替様図」を組み合わせたものが『生下未分（之）語』（刊本は正保四＝一六四七年）と『三賢一致書』（文保元＝一三一七年の奥書を持つが刊本は慶安二＝一六四九年。改題『三界一心記』）であるとする。宗教的な身体観もこれらの仏書の刊行によって、庶民が共有する知識となる。この書は臨済宗大徳寺の僧・大龍が著したとされているが、神道・仏教・陰陽道（易）が習合し、融和した時代の様相を呈している。興味深いことに、本書の五行説と同様の記述が『神道秘密翁大事』[16]にも認められる。これは唯一神道を称した吉田家から大蔵虎明（寛文二年没）の父虎清あるいはそれ以前に「翁」の秘説として伝授された内容であるという。吉田神道が密教思想に基づいて陰陽道を組み入れた説が芸能の秘説として伝承される一方で、本書のような一般向けの実用的仏書として刊行されているのは、秘説が共有され、消費されて行く過程として受け止めることもできるであろう。

この書には「仏法において、生下未分の話あり」との記述があることから、二年前に刊行された『生下未分語』を参照したことは疑いないが、守護仏の解説には異なるところもある。また、『三賢一致書』の胎内説が後述する説経『熊野之御本地』における胎内十月の成立に深く関わっていることについては中村一基氏の指摘があるのだが、ここでも両者に共通する先行文献の存在を想定しておく必要がある。たとえば「勢至の二字は、生る丶事は丸が力に至と書く」のように文字を分解して解釈する説は、明らかに二条家流の伊勢物語秘伝の踏襲だからである。

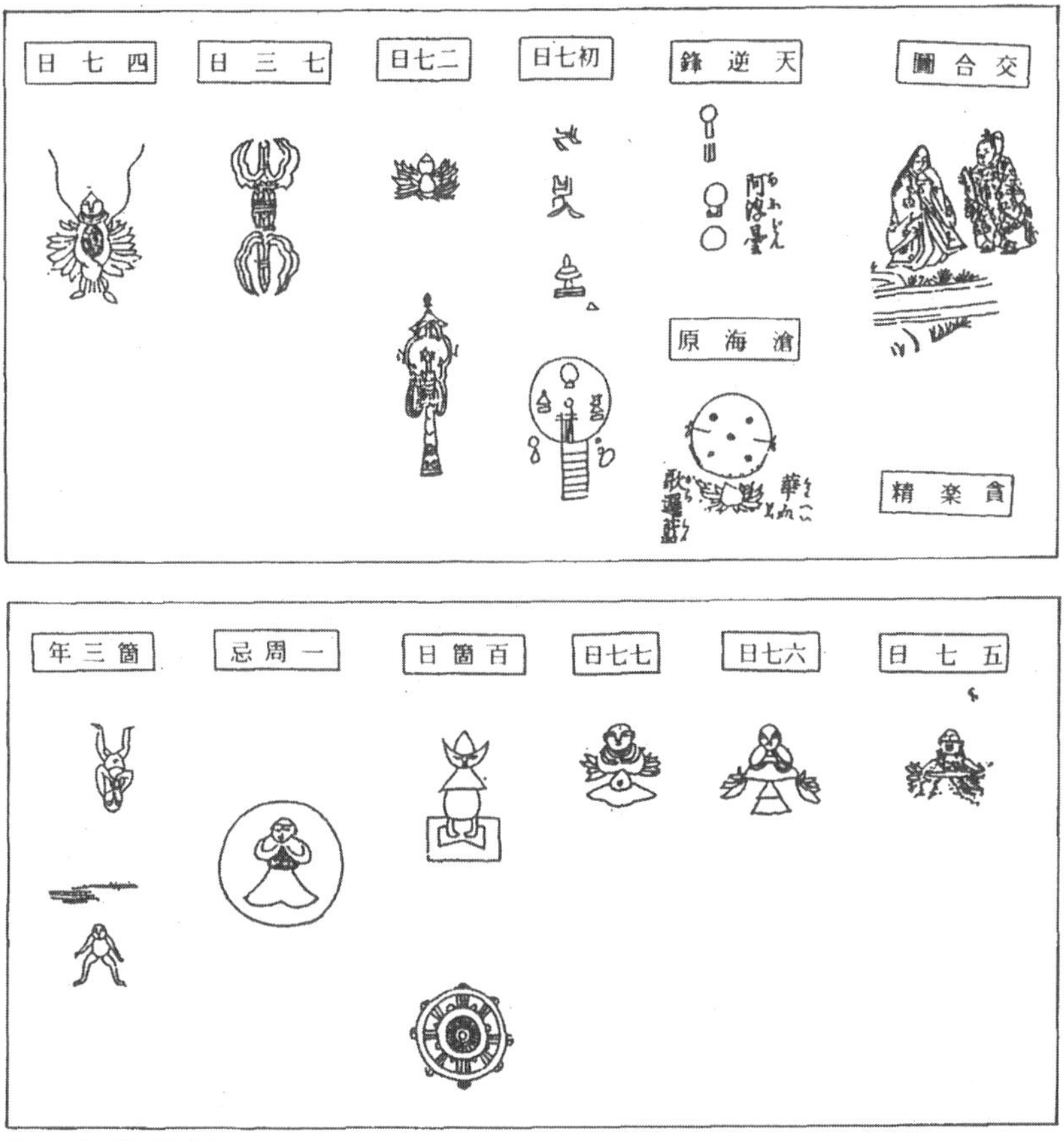

図８　『三賢一致書』
出所：中村一基氏の論文注 15 より

さて、この書では六七日の本文に「三摩耶形のごとくして、しかも五輪五体のごとくして母胎にあり」と記されている。しかしこの不可思議な図よりもむしろ百箇日の方が五輪塔に近い図となっている。ちなみに、胎児の成長を百箇日、七七日、一周忌と仏事の時間でとらえるのは、これに対応する忌日の本尊が挙げられているためで、死と再生のサイクルが重ね合わされているのがわかる。

『生下未分語』の方には、天の逆鉾の滴りを人の命の露に譬え、「ほのぼのと」の歌を赤白二渧の和合とするなど、先に見た古今灌頂の記述を掲載している。伊勢神道の影響を受けた真言宗徒によって記されたとされる本書は、和歌を用いてわかりやすく密教的な習合神道の世界観を説こうとした教養書の趣がある。江戸初期には角行系の冨士講信者に読まれていたことも紹介されており[17]、一定の読者がいたようである。この書の六番目に「宿胎十月之図之事」があり、一月目から十月目までの守護仏と仏具、形状などについて記される。ただ、挿絵は胎児の影響が一覧できるような図ではなく、仏菩薩も描かれない。代わりに桃の花、粽、施餓《せが》鬼旗、九月菊、亥子の卍など、節句や行事に関わる挿絵が胎児の顔や体とともに描かれる。この描き方が後述の『熊野之本地』や『女重宝記』に影響を与え、また本文に記載される仏や仏具は、やや省略されて元禄末年頃の浄瑠璃『役行者伝記』に取り込まれていることから見ても、『三賢一致書』とともに胎内十月の語りの先蹤《せんしょう》として位置づけるべき書である。

なお、五輪塔は「宿胎十月之図之事」には出ず、六月目の胎内を「三摩耶形の如く皮骨を増す」と記すのみである。ただし、二五年忌を大日の本尊として地水火風空の五大を五体に当てて挿絵を付している。

六　浄瑠璃作品における胎内十月の語り

『熊野の本地』胎内十月の由来

図9は説経『熊野之本地』に挿入されている胎内十月図で、『こすいてん（五衰殿）』『熊野之御本地』『熊野之権現記こすいてん（五衰殿）』など数種の絵入正本の挿絵に描かれている。物語の場面の上部を二段に分けて、初月から十月までの懐胎の月ごとの胎児の変化を守護仏と共に描くこのスタイルは山王曼荼羅や春日曼荼羅からの影響が指摘されているところであるが、それまでの胎内十月図にはなかった新しい様式で、ビジュアル効果の高いものになっている。比丘尼により絵解をされた「観心十界曼荼羅」や「那智参詣曼荼羅」と同じように、女性から喜捨を得るために用いられた絵がもとになったという推論もある。

諸本のうち江戸版十七行本『熊野之御本地』の本文では、六月目で『三賢一致書』と同じく胎児が「五輪五体」に

図９　『熊野之御本地』東京大学総合図書館蔵
出所：『説経正本集』１（角川書店、1968）

譬えられており、挿絵はこれまでの法具から初めて人の形に変わっている（ただし、上方版の佐渡七太夫正本には五輪が記されず、四月目に「錫杖の姿。地水火風の四体を表す」と記され、齟齬を来している。また、五月目本文に「人の形に極まる」「地蔵菩薩、五体極まる」とあり、挿絵は人を描いている）。江戸版に記す守護仏と胎児の形が『生下未分之語』の説明を舌足らずに表現した文を持つことなどから、本文には共通の典拠があり、浄瑠璃諸本の編集段階に揺れが生じていることがうかがえる。挿絵から五輪塔が姿を消したのは、ほぼ同じ位置に胎児のような姿をした地蔵菩薩が守護仏として配されていることと関係があるかもしれない。

「胎内十月の由来」の守護仏は、十三仏信仰の前におこなわれていた十王十仏信仰の仏たちをそのまま月順に当てはめたものでもある。追善供養の仏から胎内守護の仏への転換は、人は死してまた生まれ変わり、誕生は同時に地獄の始まりであるという「観心十界曼荼羅」と同じ発想である。たしかに五か月目に当たる地蔵は閻魔王とも同体であるから、生死の両方に関わる菩薩で、逆修の本尊でもある。生きている内に冥福を祈る逆修という仏事は平安時代からおこなわれている擬死再生儀礼である。また山岳修験の大峰山などにある三十三回や五十回登拝の供養塔は、同じ意識で生前に自らの供養をしたものである。「胎内十月の由来」では、挿絵の一月目に錫杖が描かれているのが、その根源に修験と深く関係した真言灌頂があることを示しているようにも思われる。

ともあれ、『熊野の本地』の挿絵は、錫杖→独鈷→三鈷→五鈷→鈴→人（六か月目以降）という変化を視覚で焼き付けた。法具が人体に成長するという観念はわかりにくいが、『生下未分語』に「一切皆仏神の飾り物は女人の胎内に宿る道具なり。離せば仏の道具と成。合わすれば女人の道具と。胎内に備わる」とあるところから理解するしかない。稿者は『三賢一致書』の五月目以後の法具を不自然とみて胎児に置き換えた結果、四月目までと断絶ができたのではないかと考えている。そのことは五輪の位置があいまいになり、挿絵から消えたこととも関連しているであろう。

この節事のような絵解き形態の演出は浄瑠璃ではしばしばおこなわれ、ほかにも歌仙絵や美女・賢女、名所などを懸絵にして並べる例があるが、「懐胎十月由来」のパフォーマンスは絵解き形式ばかりではなく、竹田近江考案の時計からくりが見世物としておこなわれたことも知られているが、五輪は現れていないため、ここでは触れない。

『甲子祭』と『蝉丸』

『熊野の本地』の他にも、浄瑠璃の「胎内十月の由来」の語りには五輪塔が登場するものがいくつかある。次に取り上げる二作品は加賀掾と義太夫の演目で、前者は確証がないものの、いずれも近松門左衛門の作品と考えられる。共に東密系ではなく台密の物語であり、守護仏も異なっている。

『甲子祭』（天和四＝一六八四年）は、延暦寺での元三大師七百年忌と、伝教大師が刻んだ大黒天の開帳などに因んだ作で、第五段末尾に懐胎の節事が置かれている。源義朝、悪源太親子が書写山から帰洛する船中で、竜女から人間誕生のありさまを示される。まず、一月目の本文は、「抑初月は一気胎中にはらまれ其形。形にあつては混沌未分名にあつては大元太子。神道にては国常立の。尊と申奉り。干珠は天の。生民をくだすと云。仏法にては本有の毘盧遮那不動明王の。請取給て本来の。空の一物目の当たり[18]」と記して『日本書紀』冒頭を思わせる詞章になっている。国常立尊を大元尊神に比定したのは吉田神道であるが、これと密教の不動明王を並べて本地垂迹の思想を表している。二月目には陰陽の二気が相和して独鈷の形となるが、「是を太（大）素と名付て形の始理の次なり」と、混沌とした状態を説明するのに『古事記』の「太素」の語を用いるのも先行作品にはなかったことである。以下は省略するが、三月目に天竺の仏、唐の明徳を我国では神慮と仰ぐという など、「三教一致」という語を用いて信仰のあり方を示しているところは、先述の『三賢一致書』の思想の延長上にあるとも言える。ただし、これとは守護仏が異なっており、二月目が薬師如来、三月め文殊菩薩、四月目は普賢菩薩、五月目地蔵菩薩、六月目大悲観世音、七月目弥勒菩薩、八月目阿閦菩薩、九月目勢至菩薩、十月目には産神・氏神が生湯を注ぎ、不動明王・三十三仏が光を放って来迎するなど、神仏揃い踏みした上で宝珠の中から愛染明王が現れる。愛染用王は愛欲の仏であると共に文武の仏として信仰されているのであるが、特に真言密教では天照大神（すなわち大日如来）と習合されている。このように、神仏習合・三教一致が図られた文章が近松の胎内十月であり、趣向こそ『熊野の本地』と同じであっても、織り込まれた思想はより糾合の度合いを進めている。

この作品では五輪は四月目に現れ、「木火土金水。是がためにあづかられて地水。火風の五倫。ことごとく連なりて猶仏性を現せば。仁義五常の五鈷の形の守り也」とある。五鈷は人二人を合わせた形から男女交会を表すと解釈するのが立川流であるが、近松はより高いレベルでの人間の完成形を見ている。

後年の『蝉丸』（元禄十四年）では、巻末にこの『甲子祭』の節事に省略と変更を加えて用いている。蝉丸の妻・直姫の子が無事に生まれるよう、役行者の跡を継ぐ安居院の小聖が加持を勧めるのが「懐胎十月」の節事である。「まづ初月は一気胎中に孕まれ。其形恰鶏卵の如し[19]」と、『甲子祭』同様に天地開闢神話を用いており、四月目はほぼ『甲子祭』のままで、「地水火風の五輪こと〴〵くつらなりて仁義五常の五鈷の形普賢菩薩の守り也。」と、五輪と五鈷と普賢を組み合わせている。五輪は近松が密教的身体観を表現する基本と言って良いのではなかろうか。

なお、『蝉丸』の節事は、守り本尊や語りの一致（たとえば「廿五有のその中に。人より貴きものもなし。皆仏性を具へたり」など）から、歌祭文「懐胎十月　胎内さがし」（『新編歌祭文集』五五）と影響関係があり、『甲子祭』はこれより後の歌舞伎で利用されている（「竹島幸十郎　祭文」、『落葉集』一三）。実際の山伏の安産祈祷をある程度写しているものと思われる。

七　近松の五輪――結びに代えて

人間にとってもっとも神秘的な生命の誕生は、密教において二つの阿字から始まる胎内五位説を展開させた。成仏した形としてだけではなく、胎内図にも五輪を見出せたのは新たな発見であったが、しかし積み上げられた五輪塔を胎児に見立てることなど、私の感覚では受け容れにくかった。現代人にとって墓石以上の物でない五輪塔を人体を重ねることには無理がある。

しかし近松の五輪卒塔婆は、たしかに生身の肉体が死して元素に戻って行くさまを、かけがえのない生の終焉として印象づけてくれる。四節で見た『けいせい反魂香』は空から出て空に戻る身体という思想を愛別離苦の切なさとともに表現した作品であり、その舞台では身体が分かれ、五大に戻る苦しみを演出した。恋情も、罪障や迷悟さえも、すべては地水火風空が重なり合った「この身」の諸相であるという文辞は、五大成身観をみごとに文学化し得ている。密教小野流の男女和合による即身成仏説は、それを移入した偽書の流行もあってエロティシズムを追求した忌むべきものと処断されたこともあるが、少なくとも近松は、性愛から始まる男女の成仏を否定してはいない。

近松が高野山の寺小姓の心中事件を素材にした『心中万年草』（宝永七＝一七一〇年）では、女が母の形見を持ち、男は父の骨のそばで心中を遂げる。女は光明真言経を唱える男の刃に突かれて「阿吽」の息も絶え絶えになり、苦しみながら死ぬ。男は「（親から分けてもらった）骨肉を一つに返す阿字本不生」の言葉と共に「阿字の一刀」をのどに突き立てて女と枕を並べる。「阿字の一刀」とは、煩悩を断ずるために修する真言密教の阿字観の功力を、刀にたとえた言葉（小学館『日本国語大辞典』）である。両親の阿字から生じた肉体を阿字の一刀で断つという最期は、阿字観や胎内五位説が想起されなければ作者の意図が伝わらないかもしれない。この男女は、そのまま密教の聖地の地水火風に還り、功徳を受けて成仏している。近世の演劇では、派手な演出やからくりによって神仏の霊験を見せるものが多かったが、近松はもっと本質的なところで宗教と人間の関係を伝えようとしているように思われる。五輪はそのことを考えさせてくれるひとつの素材となった。

最後にもう一例、近松の『釈迦如来誕生会』（正徳四＝一七一四年秋以前）の一文を掲げ、「五輪五体」は密教に関わりのない作品でも「身体」の言い換えとして使用されていることを確認して章を閉じたい。

「男も女も五輪五体に違ふた所は三寸四方、魂に違ひはない」

注

（1）藪田嘉一郎「五輪塔の起源」『宝篋印塔の起原』綜芸舎、一九八八年。
（2）越智淳仁『密教概論』宝蔵館、二〇一六年。
（3）宗田一『日本医事文化資料集成』四、三一書房、一九七八年。
（4）遠藤次郎、中村輝子「田代三喜と曲直瀬道三の医書にみられる『五輪砕』からの影響」、『日本東洋医学雑誌』五七、二〇〇六年。鈴木達彦「曲直瀬道三の医学の再検討」『曲直瀬道三と近世日本医療社会』武田科学振興財団、二〇一五年。
（5）『浄瑠璃御前物語の研究』岩波書店、二〇〇八年。
（6）『鳳来町誌』鳳来町教育委員会、二〇〇五年。『日本歴史地名大系　愛知県の地名』平凡社、一九八一年。
（7）木谷蓬吟『大近松全集』五解題。信多純一「『傾城反魂香』試論」『近松の世界』平凡社、一九九一年ほか。
（8）宮家準『修験道』講談社、二〇〇一年。
（9）山下琢巳「修験道〈五體本有本来仏身〉説——その教理としての〈胎内五位〉とその展開」、『東京成徳短期大学紀要』三八号、二〇〇五年。

（10）伊藤聡『神道の形成と中世神話』吉川弘文館、二〇一六年。
（11）神宮文庫蔵、文和二年（一三五三）以前に成立し、明暦三年（一六五五）に書写された〈『中世古今注所載〈五輪五仏和歌同体〉説――人丸歌「ほのぼのと」と〈胎内五位〉」、『東京成徳短期大学紀要』三三号、二〇〇〇年）。
（12）前掲（11）論文に同じ。
（13）渡辺匡一、小川豊生『和歌古今灌頂巻　玉伝深秘巻　伊勢物語髄脳』（日本古典偽書叢刊一、現代思潮新社、二〇〇五年）所収「伊勢所生日本記有識本性仁伝記」解説。
（14）山下琢巳「彦根城博物館琴堂文庫蔵『十三佛秘中極秘之口決事』」、『東京成徳短期大学紀要』二九、一九九六年。
（15）『岩手大学教育学部研究年報』五〇―一、一九九〇年。
（16）天野文雄『翁猿楽研究』和泉書院、一九九五年。
（17）大谷正幸「史料紹介　村上月心・光清親子の富士信仰」、『東京大学経済学部資料室年報』四、二〇一三年。
（18）本文は『古浄瑠璃正本集　加賀掾篇第二』（大学堂書店、一九九〇年）により、適宜漢字を当てている。
（19）本文は『近松全集』二（岩波書店、一九八七年）により、適宜漢字を当てている。

第六章

中国古代絵画史籍から見える女性画家の事蹟
――その撰述の形式と女性像

本章のキーワード
絵画史籍／女性画家／職業画家／中国古代絵画

王 衛明

一　絵画史籍と女性画家

絵画史籍とは普通、絵画に関する書籍、あるいは画家を叙述した書物のことをいう。中国では、古代絵画制作の歴史を語るものとして、その範囲は極めて広範にわたるものがある。たとえば画人伝といった画家の芸術思想、表現技法、師承関係に関する記述から、地域別、画種別で著した専門画史類、または作品を評価する画讃、題跋《だいばつ》を集め、芸術の品格を論じるものに至るまで全て絵画史籍の類に属している。[1]こうしたそれぞれの性格をもつ著述の中に、本章のテーマとする女性画家の事蹟が分散的に読みとける。それらは、古代中国の女性たちがいかに絵画と関わってきたのか、その実状を今日まで伝えてきたのである。

　しかしながら、中国古代絵画と女性の関係を通観すると、女性画家の記述が男性より圧倒的に少なく、また実作品を伝える女性画家がきわめて少ないことがわかる。その原因を考える場合、従来の美術史的な見方に加え、女性を取りまく大きな社会的環境と絵画の役割の関連を探る社会史的立場から捉える必要があろう。これまでに古代中国の女性が、どのように絵画に関わってきたのかについては、日・中の研究者が様々な形で模索しつつ個々に取り組みが進められてきた。[2]本章では、これらの女性画家に関して散見される史料を抽出し、中国絵画史において女性の活躍がどのようなものであったか概観するとともに、これらの女性たちを記述あるいは評価する背後にはどのような観念が存在し、それがいかに変遷を遂げたのかを見てみたい。また、絵画史料学の基礎作業として、これらの素材を初歩的に整理するのも本章の狙いの一つである。

図１　［清］冷枚「春閨倦読図」軸、絹本着色　天津博物館所蔵
出所：『筆硯写成七尺軀』広西美術出版社、2017年

二　唐・宋・元時代――女性画家事蹟記述の成立期

　唐代は絵画史著述の盛期で、通史類のなかで最も重要な地位を占めているのは、中国絵画史上の『史記』と呼ばれる張彦遠《ちょうげんえん》の『歴代名画記』（一〇巻、大中元年、八四七年成書）である。書中には伝説時代から晩唐までの三一〇人の

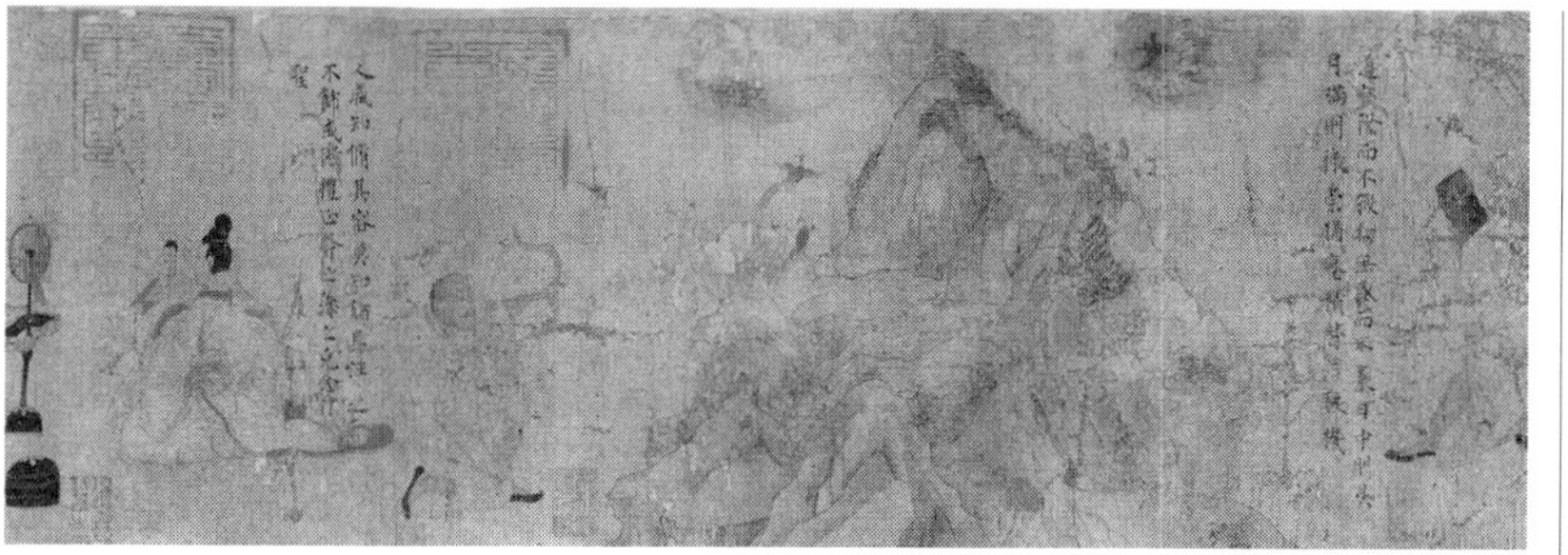

図２　伝［東晋］顧愷之「女史箴図」巻 部分絹本着色　大英博物館所蔵
出所：『世界美術大全集』東洋編３、三国・南北朝、小学館

画家記録のなかにわずか一人の女性として呉王の妻、趙夫人が含まれており、これが画史に記録された初めての女性と言える。この記述は張彦遠が北朝の王嘉『拾遺記』から引用したもので、それによると、

呉王趙夫人、丞相趙達之妹、善書画、巧妙無雙。能於指間以綵絲織為龍鳳之錦、宮中号為機絶。孫権嘗歎魏、蜀未平、思得善画者、図山川地形。夫人乃進所写江湖九州山岳之勢。夫人又於方帛之上、繡作五岳列国地形。時人号為針絶。（後略）

とある。[3] 三国時代呉主孫権の趙夫人について、『三国志・呉書妃嬪伝』および「趙達伝」にはともに記録がみえないため、三国時代の宮廷絵画の事情を知る貴重な史料である。趙夫人は書画にたくみで、龍鳳文の錦絵を織機で織り上げ、宮中では「機絶《きぜつ》」、すなわち機織りの天才と褒めたたえられた。夫君の孫権が魏と蜀をまだ平定できないことを歎いたため、趙夫人が描いた江湖・九州山岳の図を進呈し、また方形の帛《はく》で五岳諸国の地勢を刺繍して、当時の人々に「針絶」、つまり刺繍の天才と称賛されたという。魏晋時代に画家と貴族の運命を背負って絵画に政治的意味を付与する役割をもつ女性画家として、趙夫人が名高かったことは特筆すべきであろう。当然その時代の作品は伝わってはいないが、東晋の顧愷之《こがいし》が女性に対する教訓を主題にした「女史箴図巻《じょししんずかん》」には、趙夫人の時代に近い山岳の風景が後宮の女性たちの説話とともに描かれており、参考となる（図２）。

宋代徽宗《きそう》朝の宣和年間（一一一九～一一二五）、宮廷収蔵の絵画を著録する『宣和《せんな》

画譜《がふ》』（二〇巻、宣和末〜南宋初成書）には、計三人の女性画家が各巻に記されており、巻六の五代・人物の部門では、

婦人童氏、江南人也。莫詳其世系、所学出王齊翰、画工道釈人物、童以婦人能丹青、故当時縉紳家婦女往々求写照焉。（中略）後不知所終。今御府所蔵一、六隠図。

と伝えられている。(4) 南唐宮廷画家であった王斉翰《おうせいかん》の直伝をもつ婦人の童氏《どうし》が道釈《どうしゃく》（道教と仏教の意）人物の画をたいへん上手に描き、彼女が描いた肖像画は当時の上層社会の女性の間に知られ、買い求められたことがあった。また巻十六・宋・花鳥の部門では、宗室の家柄をもつ曹氏という女性について、

宗婦曹氏、雅善丹青、所画皆非優柔軟媚、取悦児女子者。真若得於遊覧、見江湖山川間勝概、以集於毫端耳。嘗画桃渓蓼岸図、極妙。（後略）

と述べられている。曹氏は、この時期の絵画によく見られる繊細な趣味で若い女性の人気を得た技法にとどまらず、男性作家と同様に自然界から得たインスピレーションにもとづいて創作に集中した、という最大級の讃辞で評価されている。そして、北宋の宮廷収蔵の中に「桃渓図」、「蓼岸図」、「柳塘図」、「雪雁図」、「牧羊図」という作品が見られるのは、北宋の画壇において多彩な画業で活躍した女性が確かに存在したことを物語っている。

さらに同書巻二〇・墨竹の部門にも、北宋皇室の端献魏王王頵に嫁いだ魏越国夫人の王氏に関する記述が見られる。それによると、

蓋年十有六以令族淑徳妻端献王、其所以柔順閑靚、不復事珠玉文繡之好、而日以図史自娯、至取古之賢婦烈女可

以為法者、資以自縄。

とあり、彼女は閨房《けいぼう》の生活趣味に全く興味を持たず、歴史的に女性の儒教道徳の規範となる、いわゆる「古之賢婦烈女」といった徳の高い女性像を作画の対象として、それにもとづいて自身の徳行を戒めるという究極の目的があったようである。以上、魏晋、五代、北宋期のわずかな女性画家の状況をみると、女性画家が宮廷画家や職業画家による専業化された絵画の世界に入り込むことはなかった。このことは、女性を単に画種、または画題別で語られた画史著述者の記述対象などからも理解されるのである。

そして、南宋期の鄧椿《とうしゅん》により、唐の張彦遠『歴代名画記』を継ぐ意味から『画継』（一〇巻、南宋乾道年間、一一六五〜一一七三年頃成書）と命名された宋代の断代体画史（ある時代を限定して記録した画史書）が撰述された(5)。書の巻五は「世冑《ちゅう》（後裔、子孫のこと）婦女」の項を設け、世襲貴族（世冑）の家柄を持つ男性画家から女性画家六人の事跡を分離して収録しているが、これによって、女性画家の概念が明確に打ち出されたのである。まず、これらを抜粋してみると、次のようになる。

朝議大夫王之才妻、崇徳郡君李氏、公択之妹也。能臨松竹木石、見本即為之。

和国夫人王氏、顕恭皇后之妹、宗室仲輗之室也。善字画、能詩章、兼長翎毛。毎賜御扇、即翻新意彷成図軸、多称上旨、一時宮邸、珍貴其跡。

文氏、湖州〔文同〕第三女、張昌嗣之母也。（中略）文氏嘗手臨此図於屋壁。暮年盡以手訣伝昌嗣。

章友直之女煎、能如父以篆筆画棊盤、筆々相似。

任才仲妾艶々、本良家子、有絶色、善著色山水。才仲死鐘賊、不知所在。

陳暉晦叔経略子婦桐廬方氏、作梅竹、極清遠。又臨蘭亭、並自作草書、倶可観。（〔 〕内は、引用者による注。）

以上のように、著者は男性画家の六種身分階層（聖芸、侯王貴戚、軒冕才賢、搢紳韋布、道人衲子、世冑）に続き、それぞれの女性画家を宗室、夫人、妻、姉妹、娘、母といった家柄や出身帰属で分類した上、多くの職業男性画家が活躍した南宋画壇において、女性の才能が男性と比べいかなるものだったのかに目を向けたのである。たとえば、文学者で書家の黄庭堅《こうていきょう》の姨母《おば》（母の姉妹）である崇徳郡君李公択の妹にあたる李夫人、職業画家文同《ぶんどう》の三女であった文氏などについて、いずれも当時一流の文人たちとの交流によって、本格的な絵画の研鑽がおこなわれたことがわかる。理想化された南宋の文人画世界において、女性の活躍の余地がわずかではあるが存在したことがうかがわれる。また、美貌で良き家柄をもつ任才仲の妾《めかけ》（正妻に次ぐ女、側室）であった艶艶《えんえん》は、青緑山水《せいりょくさんすい》が得意であったが、南宋期の社会動乱で夫が夭折するとともに姿を消した、と記されているが、このように著者は、社会倫理の価値観から芸術活動に参加した女性を積極的に評価した。(6) これらの記述から注目したいのは、南宋期の女性画家が文人たちの周辺で活躍したものの、文人画創作の中枢に参加することはなく、また彼女たちの誰もが小景山水、花鳥、特に墨竹など女性向けの画題を好んで、人物画や風俗画に対する関心が高くはなかったようにみえることである。そして、何よりも『画継』の内容においては、女性画家記述の体裁として、女性の身分（社会地位）―帰属（家庭・血縁関係）―画題（作品のモティーフ）という図式がほぼ定型化され、これが、後世の女性画家に関する撰述形式のひとつの定式となったのである。『画継』の存在は、たとえ中国の女性画家伝の嚆矢と言えなくとも、後世の画史記述に対して大きな影響を与えたことは間違いないであろう。

一方、元代に刊行され、日本に広く愛読された夏文彦《かぶんげん》の『図繪宝鑑《とかいほうかん》』（五巻、至正二五年、一三六五年成書）にも、南宋から元代に至るまでの九人の女性画家が収録されている。巻四・南宋の項には、

劉夫人希、建炎年（一一二七～一一三〇）掌内翰文字、善画人物、師古人筆法、及写宸翰字、高宗甚愛之。胡夫人、平江胡元功尚書女、黄尚書由之妻、自号恵齋居士、精於琴書、画梅竹、小景俱不凡。

湯夫人、叔雅之女、趙希泉妻、写梅竹、毎以父間菴図書識其上。

蘇氏、建寧人、淳祐間（一二四一〜一二五二）流落楽籍、以蘇翠名。嘗写墨竹扶疏、（中略）亦作梅蘭。

同巻金代の項には、

喬夫人工墨竹。

巻五・元朝の項には、

管夫人道昇、字仲姫、趙文敏室、贈魏国夫人、能書、善画墨竹梅蘭。

劉氏、不知何許人、孟運判室、号尚温居士、能臨古人字逼真、喜吟小詩、写墨竹効金顕宗。

蒋氏、汴人、完顏用之室、婺居以清浄自守、好作墨竹。

張氏、喬徳玉室、善写竹。

と記されている。[7]南宋から『図絵宝鑑』成書の時期まで二百余年を経過したものの、ただ九人の女性しか取り上げておらず、やはり少なすぎるように思われるが、そこで彼女たちのほとんどが高い身分をもち、花鳥・蘭竹画や詩書の素養を積んだ教養人であったことはわかる。ただ唯一の例外の人物としては蘇翠《そすい》という女性が挙げられる。彼女は南宋理宗朝（一二六二〜一二六四）の人、建寧（現在の福建省建甌県）の出身で墨竹・梅蘭を描いて画名が高かったが、「流落楽籍」と記されていることから、楽妓の身分をもつ落ちぶれた下層社会に属す女性であったことが想像される。そして、もう一人重要な人物は元代の画壇、書壇を代表する趙孟頫《ちょうもうふ》の夫人管道昇《かんどうしょう》（一二六二〜一三一九）である。彼女は中国絵画史上、教養ある女性画家、書家、詩人、または文人の妻として良妻賢母であることで知られ、墨竹や仏画を得意としたという伝承作品も残されている（図3）。このように南宋、元代では、相対的に女性画家の活躍が少なかったのであるが、記されている女性画家が管道昇を中心としてほぼすべて正妻であったことから、著者の夏文彦は、画名があっても道徳教養あるいは身分が高くないものは記さないという人物選定の基準をもっていたことがうかがわれる。

図3　[元]管道昇「墨竹図」巻　紙本墨筆　北京故宮博物院所蔵
出所：『中国美術全集』絵画編5、元代絵画、上海人民美術出版社

　このように、唐代から宋元時代にかけて、画史からみえる女性画家はわずか十数人しかなく、また実作品を伝える者はただ管道昇のみであった。宋代では職業文人の理想的な山水画こそが価値あるものとして尊重され、女性が取り組む花鳥、樹木や石などの動植物の題材が素人の余技とされがちであったため、伝統社会のなかでは、女性の作品に対する評価が積極的におこなわれることがなかったように思われる。また、宋代以後の社会構造や価値観の変化のなか、女性の個人的な活動や、交友範囲は狭く、芸術活動に参画する機会は極めて限られており、作品の流通手段と鑑賞の機会が男性と比べ少なかったことも、女性の名も作品もほとんど画史に残っていない原因として考えられる。

三　明清時代——女性画家事跡記述の隆盛期

時代が下って明代になると、画史の著述のなかに女性画家を伝える内容が顕著に増えてきており、しかもより客観的に女性画家を評価するために独立したジャンルが設けられ始め、ついに女性が男性芸術の世界への仲間入りを果たしたといえるようになる。その背景には、賢婦、貞潔、烈女などの社会的道徳観を顕彰する新儒教思想の流行や、蘇州を中心とする江浙地域に興起した富裕層の享楽的な文化の蓄積、そして何より女性が社会的構成員として、自我意識を高めていったことがあったと思われる。

明代の地方画史としては、呉郡（現在の江蘇省）の人である王穉登《おうちとう》が撰した『呉郡丹青志』（一巻、清嘉靖四二＝一五六三年序）があるが、同書は、巻末に「閨秀志」と称する女性画家の題目を設け、地元の著名な画家仇英《きゅうえ》の娘である杜陵内史《とりょうないし》仇氏一人を立伝させた。これが明代画史にみる本朝女画家伝の初見である。(8) それを受けて、清代の魚翼《うおよく》『海虞画苑略《かいぐがえんりゃく》』（一巻、乾隆一九＝一七五四年序）とその子による続編の魚元傅《うおげんふ》『海虞画苑略補遺』（一巻、同序）には、いずれも明代と清の初期に海虞《かいぐ》（現在の江蘇省常熟）で活躍した女性画家併せて一六人が「閨秀」の部に収録されている。(9) また清の陶元藻『越画見聞』（三巻、乾隆六〇＝一七九五年序）の巻下にも、浙江紹興を拠点においた本朝の「閨秀」女性画家二一人が収録されている。(10) このように、明代以降、女性画家を記録した際は「閨秀」という篇目が設けられ、女性画家の画業や徳行を讃える一種の範式となった。

「閨秀《けいしゅう》」または「閨閣《けいかく》」とは、一般的に儒教的な教養をもつ、優れた女性階層を指すものであるが、絵画史の場合は特権階級や富裕な士大夫、読書人の母、妻、娘、または正妻以外の妾を含む詩文、書画の素養を積んだ女性たちを意味する。特に近世では、女性を人格的に評価する際に、家柄を重んじる傾向が多く見られる。そして、画史の記述において「閨秀」と称される彼女たちは、閉ざされた厳しい家庭環境のなか、家学の伝統を受け継ぎながら、女性向けの画題や技法の研鑽が要求され、描かれた題材が女性そのものの象徴でもあった。一方、彼女たちは、水墨山水画を独占する職業文人の画壇において、結局、深く関わることができず、男性画家と対等的な立場に立つことができなかった。たとえば、前出の画史にいずれ大きく取り上げられた明代中期を代表する人物であり、仕女画、山水楼閣画など多彩な才能を持つ仇英だが、同時にその娘であった仇珠《きゅうしゅ》については、わずかに「能人物画、綽有父風」と伝えられるのみである。彼女の作画範囲があくまで精細な仕女画《しじょが》や観音像に限られていることから、たとえ著名な文人画家の娘であっても、女性が当時の文人画壇のなかに対等な立場で参加し、さらに出世することは、いかに難しいことであったかがうかがえる。また別の一例をあげると、上記した『越画見聞』の「閨秀」部には、銭塘（現在の浙江省杭州）出身の明代官僚の妾である李因《りいん》（一六一〇～一六八五）について、

能詩、有『竹笑軒吟草続稿』、工花鳥、得陳白陽法。嘗刻沉香為白陽像奉之。画多水墨、蒼老無閨閣気、名甚著。

と記されている。李因は明末崇禎期（一六二八～一六四四）の光禄寺少卿葛征奇《かつちょうき》の妾であり、花鳥画を得意とし、明代文人画家の陳淳（白陽山人）から筆墨法を会得した。その画風は男性のように古拙的な筆致であり、「閨閣」的な雰囲気が全く感じられなかった特徴があるという。しかしこの記述において興味深いのは、画史の著者が李因を「閨秀」

図4　［清］李因「芙蓉鴛鴦図」軸　紙本墨筆
上海博物館所蔵
出所：『中国美術全集』絵画編 9、清代絵画上

の部に置きながらも、彼女の画名が高かった理由として、その作品の特質が「閨閣気（女性らしさ）」が感じられないことであるとしている点である。すなわち、女性の絵画には女性らしさ（閨閣気）をいかに減じるかが、それを評価する重要な基準であった。それによって、当時の社会的な見方としては、むしろ男性絵画に近づくように、「閨閣気」という女性的な要素を排除しようとする認識が終始存在したことがうかがわれるのである（図4）。

次に、明代の朱謀垔《しゅぼういん》が撰した『画史会要《がしかいよう》』（五巻、崇禎四年、一六三一年成書）には、皇帝、縉紳《しんしん》（上層階級）、韋布《いふ》（下層階級）、道釈《どうしゃく》の次に、「女流」の篇目を設け、西蜀の李夫人と南唐の童氏を含み、明代に活躍した女性画家一二人の伝記が収められている。(11)この書に記録した女性の人数はそれほど多くないが、重要なのは、「妓女《ぎじょ》」という身分を有する新たな女性画家階層がここで初めて登場したことである。「妓女」とは、明代中期以後の大都会に現れた青楼《せいろう》文化のなかで、いわゆる上流社会の男性につき従う音律、歌舞、詩文、書画など特殊な才能を持つ職業的な女性集団である。彼女たちは社会的身分が比較的低いものの、家族や儒教的な社会宗法制の制約が少ない環境のなかで、個性豊かな芸術才能を身に付けていた。男性文人の好みに合う風流に満ちた逸話にも、それをうかがわせるものが多い。ここで改めて妓女画家六人の記述を抽出してみると、次の通りである。

朱素娥、金陵妓女也。山水小景得陳魯南授以筆法。
呉梅仙、金陵妓女也。善丹青。
何雲、史癡翁侍姫也。聰敏解事、善小景、工篆書、知音律。
林氏、名金蘭、南都妓女也。画山水人物宗馬遠、筆力稍競。
馬守真、號湘蘭、金陵旧院名妓也。善画水墨蘭石。
林奴兒、號秋香、風流姿色冠於一時、学画於史廷直、王元父二人、筆力清潤。

図５　［明］馬守真「蘭花図」巻　紙本墨筆　吉林省博物館所蔵
出所：『中国美術全集』絵画編８、明代絵画下

このなかで、最も有名な妓女画家として、馬守真《ばしゅしん》が挙げられる。馬守真（一五四八〜一六〇四）、字は玄兒、月嬌、號は湘蘭といい、南京秦淮旧院に属する妓女で、歌舞、戯曲が得意で、詩文、絵画もよくし、『呉郡丹青志』の著者である王穉登を始め、江南の文人たちとも親交があった。彼女に関する逸話は明代末期に興る南京秦淮文化の象徴として、清代以後の文化史関係の書物には絶えず取り上げられていた[12]（図５）。同じく南京秦淮の妓女であった朱素娥《しゅうそが》も、詩画の才能で名高く、小景山水《しょうけいさんすい》の画を得意とし、翰林学士の陳魯南から筆法の伝授を受けて、画家の芸術水準に追いついた。また美貌と知的才能で江南の社会に知られた妓女の林奴兒《りんぬじ》も、文人の史廷直と王元父の指導の下で、軽潤で清らかな用筆で柳枝を描き、画名を馳せたという。彼女たちは一つの共通点として、身近な自然である花鳥画題を好んで描いたことが挙げられる。蘭はその香りの高さから君子と文人の象徴とされ、竹は文人の屈しない人格の寓意が込められている。このような題材が彼女たちにとって、自身の徳操を示すものであると同時に、南京秦淮の世相に反映する女性たちに好まれる高尚な精神を持ち合わせたものとして好まれたと言えるのであろう。

その後、清初の姜紹書《きょうしょうしょ》が撰した『無聲詩史《むせいしし》』（七巻、康熙一七＝一六七九年成書）には、女性画家三一人を単独の巻に置いて紹介している。所収人物の身分の選定基準や所収人数がさらに追加され、独自の慧眼により芸術的見解が加えられている。まず、注目すべきは、巻五の冒頭に置かれた女性画家を論じる序文である。そこでは、女性絵画家の特有の魅力について、次のように述べている。

扶輿清淑之気、不鐘於男子、而鐘於婦人（中略）。余毎観彤管絵事、其豊神思致、往々出人意表、不惟婉而秀、蓋由静而専也。名媛可無紀乎。

それによると、女性の絵画が最も魅力的に感じられるのは「清淑な気品」を備えるものであり、それが男性画家とは本質的に異なる観賞の要素と言える。そのなかには、想像を超えた知的な豊かさが込められているため、人目を引き、「婉而秀」という穏やかで優美な風情を表露することができる。しかも女性こそが持ち合わせる「静而専」のような献身的な品質と集中力が秘められているのである。当時の絵画発展の背景において、女性が担った役割については積極的に評価している。また著者は、女性の身分や職業、階層を細分化せず、すべて「名媛《めいえん》」（教養の高い女性）という名称で統一しているが、このことは当時の伝統的な身分社会において、従来の女性画家に対する評価の認識から一線を画するという著者の自負をうかがわせるものである。

書中の巻五「名媛」の項には他書に見られない重要な史実が数多く記載されている、次の人物を引いてみたい。

馬氏閒卿、陳魯南夫人、善山水白描。
沈氏、沈宜謙女、楊伯海妻、工折枝花。
何玉仙、金陵史癡翁忠姫、聰慧解篆書及画。
薛素々、京師妓、姿度艶雅、言動可愛。書法黄庭小楷、尤工蘭竹。
林雪、西湖名妓、（中略）天素秀絶。董宗伯思白云、天素秀絶、吾未見其止。（後略）
傅道坤、會稽傅氏女、貌麗而慧。（中略）大都筆意清灑、神色飛動、咸比之管夫人。

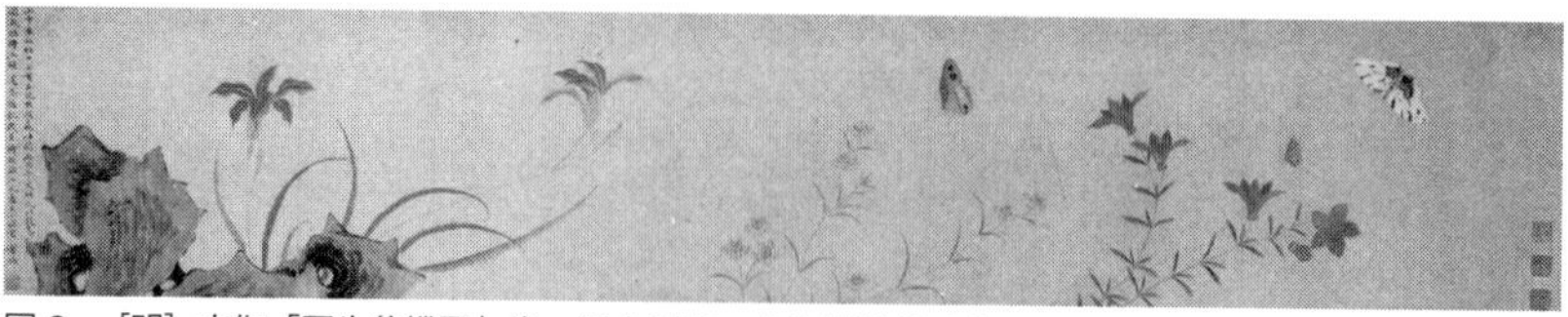

図６　［明］文俶「写生花蝶図」巻　紙本墨筆　上海博物館所蔵
出所：『中国美術全集』絵画編 7、明代絵画中

文淑、衡山先生女孫。父従簡、亦呉中高士。適寒山趙霊筠、伉儷偕隠、怡情林壑、賦性聡穎。写花卉苞萼鮮沢、枝條荏苒、深得迎風浥露之態。（後略）

周氏二女、澄江両名媛、姓周氏、長名淑祜、次名淑禧、以丹青著称。所長花卉虫鳥、用筆如春蚕吐絲、設色鮮麗。

また、巻七の項には、

徐翩々、金陵妓、万暦初年以色芸擅聲、能写墨蘭。
梁夷素、武林女子、工詩画。
范珠、金陵妓、画山水能対客揮毫。
顧眉、金陵妓、善撇蘭。
楊宛、金陵妓、写蘭石清妍饒韻。
范珏、金陵妓、写山水竹梅。

既述したように、書中には、夫人、妾、姫、妓女などあらゆる階層の女性が対等の形で「名媛」の項に収められ、伝統的な文人中心の見方からすれば、たいへんめずらしいことであるが、著者の女性絵画観としては画期的な意味があったように思われる。これらの記述から、当時女性画家の誰もが、文人あるいはその周辺で許容し得る作品を堂々と描くようになったと見てとれるのである。そのなかで文人の芸術活動に参加する教養ある名媛画家の事例として、文淑《ぶんしゅく》（一五九五～一六三四）が特別な存在であろう。蘇州の文人画家文徴明《ぶんちょうめい》の曽孫にあたり、著名な古文学学者趙霊筠《ちょうれいきん》の妻である彼女は、伝統的な文人環境のなかで育てられ、男性文人画家と対等的に花鳥画を描いた。夫妻ともに自然に隠居して、作品には幽花鳥、虫蝶といった甘美な静謐さを発散す

る自然界が再現されており、管道昇にも並び称される明代の代表的な女性画家である（図6）。また文人書画家を父に持つ姉妹画家であった周淑祜《しゅうしゅくこ》（一六二四〜一七〇五年）と周淑禧《しゅうしゅくき》（生没年不詳）は、姉妹ともに生まれつき聡敏で、繊細な筆法と華麗な設色で花卉虫鳥を描き、「澄江（現在の江蘇省江陰県）両名媛」と称され、才名が高かった。このように、明末頃において文人の親族や直系の女性たちが比較的多く登場した背景に、女性の活躍の余地が相対的に大きくなったこと、また世襲化、専門画家化される芸術伝承の現象も存在していたことがうかがわれるのである。

ほかに、妓女画家のなかで特に言及すべきなのは、蘭竹、山水、人物を得意とし、多くの才能を備えた南京秦淮の妓女薛素々《せつそそ》（生没年不詳）であろう。明清の画史によると、彼女は「姿度艶雅、言動可愛」といったように端麗で文雅とした美貌で愛らしい気品を備えながらも、詩文、書画、音律、刺繍、馬術など様々な才能を持ち、当時の江南上流文人社会に広く恋慕された。明の宰相である董其昌《とうきしょう》に進士及第する前から寵愛されたこともある。人物、山水、花鳥の絵画の分野を得意とし、繊細で精緻な趣がある。同じく秦淮の名妓である顧眉《こうび》（一六一九〜一六六四）は美貌と才能で知られ、文史、音律、または墨蘭の絵をよく描き、馬守真と並んで画名を残した。また、福建から杭州西湖に流寓した名妓の林雪（字は天素、生没年不詳）は、その美しさと才能で名高く、詩文、琴芸、絵画など知的な活動が、当時の文人、富裕な商人階層の間で広く知られ、文人との間で往来する書簡や絵画を多く残している。かつて董其昌は彼女の作品を見て「天素秀絶」と激賞した。明代の後期ではこのように、高い教養と芸術の才能を持つ青楼出身の女性が、一流の文人や上層官僚との個人的な交流のなかで絵画の素質を身につけ、後世に画名を残すようになったのである。

そして、清代初期、徐沁《じょしん》が明代の画家のみをまとめた『明画録《めいがろく》』（八巻、康熙一六＝一六七七年成書）が刊行された[13]。書中の各巻を、宋の『宣和画譜』の形式を踏襲して人物、道釈、山水、花鳥、墨竹、墨梅、蔬果の八種の題材に分類した上、巻末に「名媛」と「妓女」の項が設けられた。「名媛」の項には娘、妻、姫侍の順で女性画家二四人が収録されており、そのなかの一八人が『無聲詩史』と重複している。資料の拠り所としては、他書からの抄録と同時に必要な修訂もおこなわれたと思われる。ここで従来取り上げられなかった名媛、妓女の項にみえる五人と、巻末の「彙紀」に収録された妓女の呉梅仙について引いて見てみよう。

李道坤、東平（現在の山東省済南）人、山水可称合作、兼工花卉、浣盡脂粉之習。

范道坤、山陰（現在の浙江省紹興）人、南北一時有両閨秀倶名道坤、而范尤精書法。所画山水秀逸有士気。写生花鳥並佳。

梁孟昭、字夷素、銭塘人、梁天署女弟也。工詞翰、雅善山水、深遠秀逸、風格不群。前代画品中如李公択妹、文与可女、管夫人道昇、輝映筆墨、始知林下風調為最勝耳。

趙淑真、山陰人、諸生趙伯章室也。工花鳥蘆雁、筆法秀潔、更饒姿韻。（以上名媛）

林金蘭、南曲中（現在の江蘇省南京）人、画山水宗馬遠、筆力差勁、亦能人物。

呉梅仙、南曲中人、善丹青。（以上妓女）

写生花鳥を上手に描く北方出身の李道坤《りどうこん》（生没年不詳）と、書も得意とした江淮出身の范道坤の二人が「南北の両閨秀」と言われるほど当時は特に画名が高かった。そして、詩文が得意で、一味違う深遠で透徹した山水画を描いた銭塘出身の梁孟昭（字は夷素、生没年不詳）は、崇徳郡君李公択の妹である李夫人、文同の娘である文氏、趙夫人管道昇といった前代一流の女性画家と並び称され、山水画を主流とした明代画壇に作品と名を残すような女性となった。出身地域も社会階層も異なった女性たちに山水画を描くこのような例が多いのは、やはり明代後期の女性画壇の一つの特徴であろう。

この時期の女性画家を最も多く収録する画史は、馮仙湜《ふうせんし》等が『図絵宝鑑』の続編として作った『図絵宝鑑続纂』（三巻、康熙四〇＝一七〇一年頃成書）である。(14) その巻三「女史」の項には明代以後の女性画家九十人が収録されている。

内容構成の面から見ると、女性の出身、婚娶の帰属、または職業身分に関する記述が充実し、特に妓女画家の人数がさらに増加したことが特徴である。たとえば、明代南京秦淮旧院出身の名妓であった頓継芳、王賓如、淮揚の名妓である仲愛児、妓女王畹生、章韻先らの名が挙げられている。彼女たちは、同じく南京秦淮旧院出身の馬守真、林奴児、顧媚、李湘貞《りいしょうてい》とともに、いずれも文人的な教養を身につけ、高尚な文人精神を象徴する蘭の画題を好んで描いた。明代の中、後期に、繁栄を極めた南京秦淮河の南岸で一六楼を中心として整然と区画された高級娼館の多くが、三百年の間存続していくうちに、そこでは名妓と男性文人たちが書画を親しみ、結果として幻のごとき恋物語や風流な逸話が伝わるとともに数々の作品が生まれたのである。清初にこの秦淮妓院が廃止された後、旧院と呼ばれる場所にまつわる妓女画家が文人との交流の中で生み出した絵画史料からは、江南文人社会の動向を知ることもできる(15)。

また本書の著者が、このような才能と情熱あふれる女性の数々が明が滅び清代となる際、社会的動乱に巻き込まれて、悲惨な最期を遂げた話を伝えていることも興味深い。

陳元淑、浙江山陰人、中翰胡公裔妻也。生有容徳、聰慧絶人。琴書図画、無不精好。聞烈皇烈后昇遐、慟哭之。七月朔日、攬鏡自写其像、宛若平生、竟絶食、至九日乃卒。

郝湘娥、保定人、修眉秀髪、容姿媚麗。年十一鬻於本地巨族竇眉生家、十六歳能詩善奕、又工画花草人物。後竇被人扳入盗情、自縊於獄。湘娥亦是自縊死於家。(後略)

康氏、武功人。状元康公海女。通文墨、精卜術。夫死後、絶翰墨、故未有伝。

王月、南京人、工詩史、善画。帰兵道蔡香君先生。後以城破墜井而死(中略)。使鬚眉愧殺。

このように、若く美貌と多彩な芸術の才能を備える女性たちが、王朝交替期の戦乱の中で亡くなった皇帝、皇后、夫君のあとを追って生命を絶ち、または人生を支えてきた画業を捨てて、儒教的な規範社会の下に消え去った哀れな犠牲者となった姿が伝えられたのである。

四　清末、近代——女性画家記述の展開と変容

清初の康熙朝の頃は、国家の基礎が固まり、次第に文治主義の国是を推進するために、書籍の大規模な編集事業が進められ、王原祁《おうげんき》らに命じて、『佩文斎書画譜《はいぶんさいしょがふ》』（百巻、康熙四七＝一七〇八年成書）を編集させた。この書は清内府の蔵書、およそ一八四〇種画史関連の書籍を集録したもので、資料蒐集の範囲が広く、内容分類も組織的なものである。しかも原典所拠を明記した点も、類書的性格を持つ画史のなかでも名著に属するものであろう。(16) そのなかの巻五十八・明画家伝の巻末には、篇目と序文をつけずに女性画家三七人が収載されている。この人数だけを見ると、従来の記述範囲を大きく超えるものではなかったことがわかる。しかし、画家伝記の所拠資料は周暉の『金陵瑣事』、董其昌『容台集』、汪砢玉の『珊瑚网』、銭謙益の『列朝詩集』、朱彝尊の『明詩綜』などの画史、筆記、詩文集および地方誌の史料が取材の対象となったことから、この時期には女性画家の記述を内容的に充実させる余地があったと理解するべきであろう。

ところで、これらの女性画家が、具体的にどのような基準にもとづいて選出されたのかが、書中には序文がないため詳しく知ることができない。画家身分の次序や師承関係について整然とした形で述べられていることが、書の特徴と見て差しつかえないであろう。たとえば記述の前半では、戴氏（戴文進の娘）、文淑（文徴明を四代の先祖として）、仇氏（仇英の娘）、邢慈静（邢侗の妹）、孫氏（任克誠の妻）、許氏（汝寧君の母）、呉浄鬘（陳洪綬の妾）、朱王耶、李佗那（ともに郭天中の侍姫）といったように、官僚、士族、画家の直系を妻、娘、母の順で並べ、次に妾、姫が続く。最後となる妓女の階層には、明代に最も画名が高かった李因を始めとして、林金蘭（南都妓）、朱素娥（金陵妓）、馬湘蘭（秦淮妓）、葛姫、馬文玉、馬如玉（金陵妓）、呼文和（江夏営妓）、薛素々（金陵妓）、林雪（閩中妓）、呉梅仙（金

陵妓）、頓喜（金陵妓）などが紹介されている。このことは、本書の撰者らが女性画家に対する社会的な尊卑貴賤の意識が強かったことを明らかにしている（図7）。

さて、女性の書画家を記録する歴代の絵画史籍のなかで最も重要な地位を占めているのは、清初の厲鶚《れいがく》が歴代の女性書家の活動を輯録した『玉台書史』（不分巻、乾隆末年成書）と、清中期の湯漱玉がそれを受け継いで、歴代の女性画家を収集した『玉台画史』（五巻、別録一巻、道光一七＝一八三七年刊行）と称せられるものである。一五〇〇年以来、美術史籍の撰述が専ら男性画家を中心とした内容を見せる中、女性を独立した伝記とするのは、これらの書画史が最初のことであった。無論、この両種の書画史の出現は、明代以後、急速に発達した才媛、女流の詩集や文集などの著作の刊行に深く関連していることは言うまでもない。

厲鶚（一六九二〜一七五八）は字を太鴻、号を樊榭といい、銭塘に生まれ、康熙朝の挙人（科挙の受験合格の一つ）となる。史籍を好んで、文人学士の淵藪と言われる江浙地方で宋代文人の著述を広く収集することに没頭し、『玉台

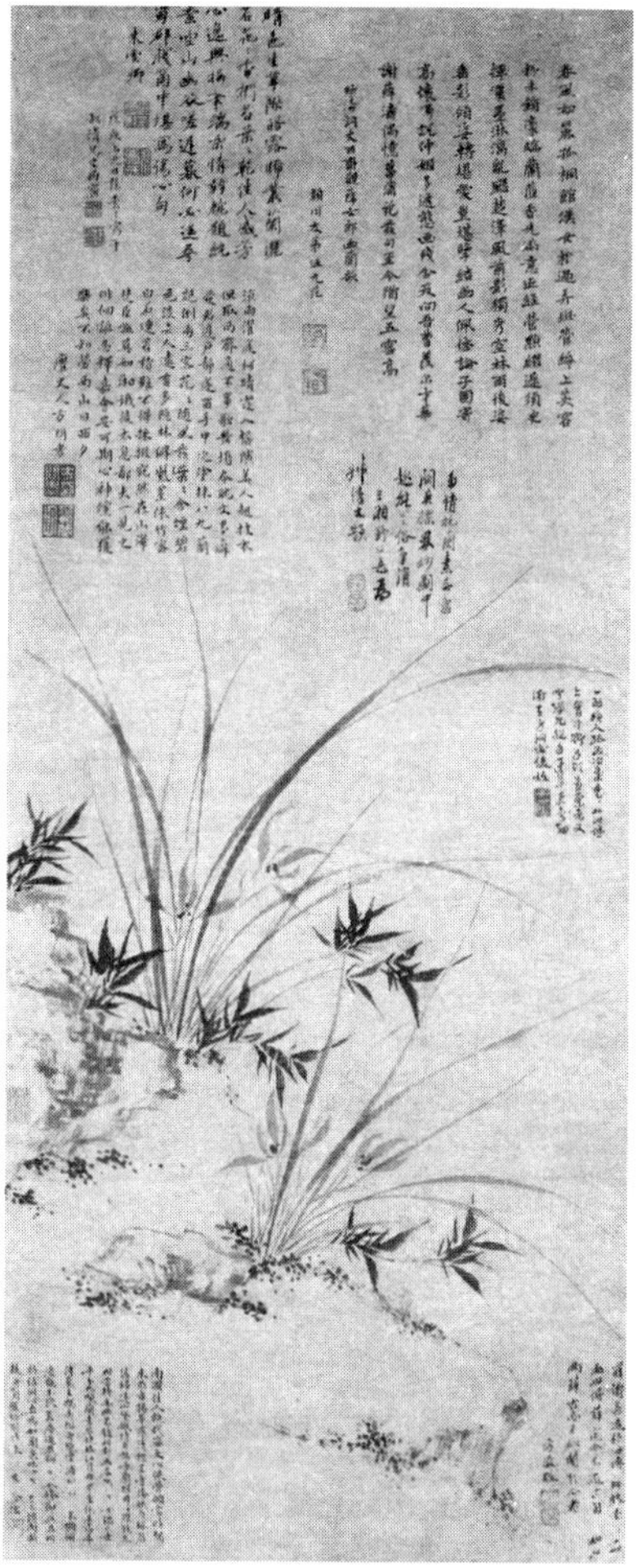

図7　［明］薛素素「蘭石図」軸　紙本墨筆　上海博物館所蔵
出所：図4に同じ

書史』のほか、『宋詩紀事』、『南宋院画録《なんそういんがろく》』または『樊榭山房集』などの著書が残されている。ちなみに『玉台書史』には自序や跋文がつけられておらず、巻次も分けていないことから、著述そのものが未完成なものと見なされている。(17)「玉台」とは、戦国時代に成立した『楚辞』にみる天神、あるいは上帝の居所とされるが、後に尊い朝廷のことから、隠に女性が出入りする宮室のことをそう喩えるようになる。優雅な女性と題する書名や画名にこの名称が用いられた所以である。実際にはこの時期に刊行された女性詩文集がすべて「玉台」と名付けられており、しかも女性の身分に関する分類法がこの書に倣っていることが多く、まさにこの書が女性を記述する書物の初型をなすものであったと言えよう。

では、女性を主題とする本書はどのような方法で女性書家を撰述したのだろうか。まず、歴代の人物事跡を「宮闈《きゅうい》」（漢～金、四九人）、女仙（晋～元、八人）、名媛（周～明、一四〇人）、姫侍（六朝～明、一二人）、名妓（唐～明、三三人）、霊異（宋、二人）、雑録（宋～明、一二人）という身分階層の順でまとめ、それをもとに女性書作品の歴史的価値を評価する著者の意図がはっきりと示されている。具体的に「宮闈」の項では、北魏の文明皇后、唐の韋貴妃、晋陽公主、則天武后、さらに宋、遼、金各朝の皇后など諸朝代の皇族直系がまとめられている。「女仙」は、主に唐、宋時期の文集、筆記類に記載された仏、道教にかかわる「能書」を冠する仙女や神話中の女性の逸事を収集したものである。仙人といえば、一般には荒唐無稽な話のようであるが、これらの神仙世界に関する記事を通じて、書道と自然の関係がいかに密接であったことを読み取ることができる。

そして、「名媛」の項に収録した人数が最も多い。古代中国芸術史上でも画期的な業績を残した漢代の蔡文姫《さいぶんき》、六朝の衛夫人、唐代の薛媛《せつえん》、宋代の李清照、朱淑真《しゅしゅくしん》、元代の管道昇など、いずれも高貴な身分出身で教養もあり、父や夫を通じて書画の活動に参加した錚々たる女性文学家、書家たちがこの項で系統的に詳述されていることは、本書の内容的特徴とも言える。「姫侍」の項では、六朝姑藏太守張憲の芸妓（侍妾、正妻以外の文芸の才能をもつ女性）である墨娥、宋代蘇東坡の侍妾であった王朝雲、また、明代の江南名妓で、後に明の禮部侍郎、蔵書家、文人である銭謙益の妻となった柳如是《りゅうじょし》（一六一八～一六六四年）が挙げられるが、彼女たちの多くは庶民の出身で、文人の芸妓、妾でありながら、才色兼備の素質の持ち主で、後に文人や才媛に転身した者が度々見られる。続いて「名妓」の項には、唐の西川楽妓薛濤《せっとう》から始まり、これまでに見てきた身分の低い明代の南京秦淮妓であった姜瞬玉、林奴児、馬湘蘭、薛素々、馬如玉、朱無瑕、顧文英、卞賽、郝文妹、趙麗華、楊宛、楊蕙娘などが含められている。彼女たちは絵画と同様に、書を学び、画中の題跋を含む本格的な書作品を多く手掛けたのである。当時、文字が読めない者も多かった中国社会において、「名妓」書画家が自らの能力により、芸術史の新たな頁を開いたことは特筆すべきであろう。そして書の末尾には「霊異」と「雑録」の項が設けられており、女性が書学を体験する際に不思議な神異や霊性が現れた逸話が宋代の文集から抽出されている。女性が書と関わることは、これらの要素が存在したからであるというように、著者の書学に対する尊敬の一端を言い表そうとしたものである。

清中期になると、湯漱玉は先の厲鶚『玉台書史』に倣って、歴代の女性画家を収録対象とする『玉台画史』という本格的な女性画史を撰述した。何よりも著者自身が女性であるため、女性の見地から女性の絵画活動を理解しようとしたものであり、資料蒐集の幅が広く、資料の内容を厳選した意味においては、今日でも異彩を放っている。(18)

湯漱玉《とうそうぎょく》（一八〇一～一八三〇）、字は徳媛といい、銭塘の人で、早世のため、詳しい事蹟は明らかでない。書の巻頭につく清の嘉慶年間（一七九六～一八二〇）の進士、翰林院侍講学士、また『国朝院画録』の著者でもある胡敬の序文によれば、彼女は名門の家に生まれ、幼い頃から書画に没頭し、短い生涯を通じて杭州に居住し、『玉台書史』の体裁にもとづき、絶えず資料の収集をおこない、『画史』の執筆を続けたという。この書は、著者の没後に、嘉慶二年（一八一六年）の挙人で内閣中書の官を持つ夫の汪遠孫の協力により最終的に完成したようである。

本書の特徴について言えば、まず、書中に引用される女性画家の説明内容が『佩文齋書画譜』、『玉台書史』を遥かに超えた点である。書中には、歴代の筆記、文集、典誌、正史、別史、地方誌および書画史、文学史などから二〇六人の女性画家を網羅した上、資料の依拠を明確に示したことにより、歴代における女性画家の活動を把握するのみな

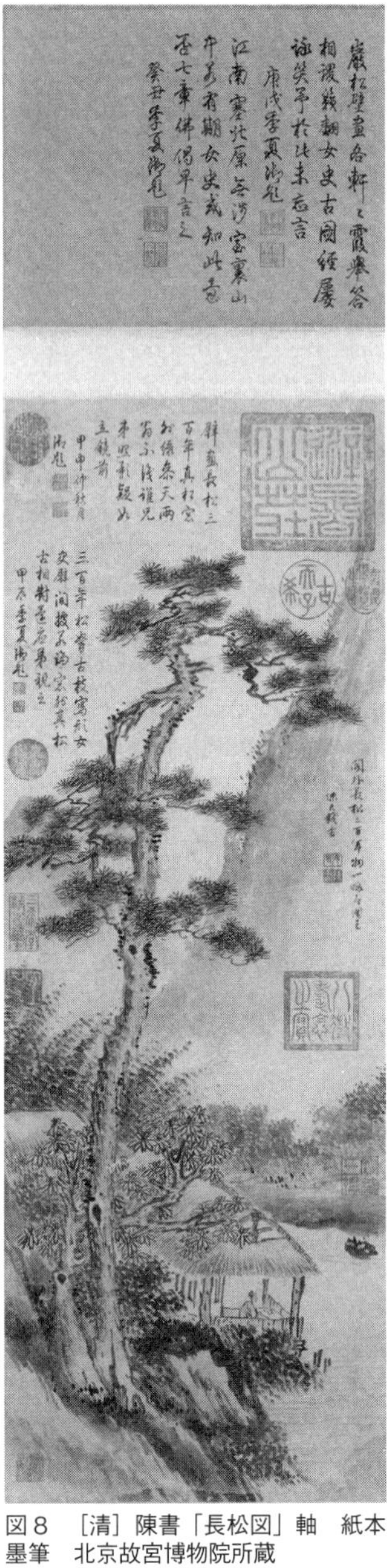

図８　［清］陳書「長松図」軸　紙本墨筆　北京故宮博物院所蔵
出所：赫俊紅論文『故宮学刊』総第一輯（注２)。

らず、資料として利用する価値も極めて高いものとなっている。また、画家の分類形式については『玉台書史』とはそれほど違いはないが、しかしこうした異なった身分階層別に羅列した女性の人数から、女性たちがそれぞれ持っている出身背景となる社会階級をより明確に峻別する意識が強く示されており、女性である著者の価値観が顕著に表れたものと言える。

具体的に、宋代には「宮掖」一〇人、「名媛」一七人、元代には「名媛」九人、明代には「名媛」五六人、「名妓」三二人、清代の康熙・雍正期（一六六二〜一七三五）には「名媛」一〇人、乾隆・嘉慶期（一七三六〜一八二〇）には「名媛」三六名となっている。この数字から見て、[19]宋代は宮廷と庶民社会においていずれも女性画家の階層が形成された時期であり、また明の後期から清の初期にかけて「名媛」と「名妓」の人数が最も多く、当時の活発な文人芸術活動のなかでの女性芸術家の活躍が隅々に及ぶことがわかる。このことは、近世大衆社会の到来に伴い、既存の伝統観念を脱却した動きのなかで、女性の普遍的価値を認めようとする新たな自我意識が表出したことを物語っている。これらのなかで、巻三・国朝の項で紹介された、張庚《ちょうこう》『国朝画徴録《こくちょうがちょうろく》』から輯録した多彩な画業で知られる陳書《ちんしょ》（一六六〇〜一七三六）が特に言及すべき人物であろう。それによると、

陳書、号上元弟子、晩年自号南楼老人、秀水（現在の浙江省嘉興）人。太学生堯勲長女、適海寧銭上舎綸光。善花鳥草虫、筆力老健、風神簡古（後略）。長陳群、康熙辛丑（一七二一年）進士、入翰林。次峯、廩生。次界。亦善花草。

とある。陳書は清初の画壇における職業的画家でありながら、良妻賢母であり、また高い教養を持つ女性である。詩名が高い太学生（清代国家教育機構の役人）の銭綸光《せんりんこう》に嫁ぎ、子供は三人とも清に仕える官僚であった。花鳥草虫を得意とし、明の陳道復《ちんどうふく》の画風を継承して、筆法は古拙で適逸な意趣を持つ画風を確立し、知的諧謔味を帯びた作品で広く人気を博した。また乾隆帝の寵愛を得て、皇帝の題画詩を受けた数点の伝存作品が残されているのがめずらしく、女性画家のなかでは唯一とも言える宦官と宮廷の場に同席できる女性であった[20]（図8）。

そのほかに、この書は巻末の「別録」に他書に見られない異民族の女性画家に関心を寄せた記述がある。それを引いてみると、次の通りである。

薩克達氏、雲貴總督謚荘恪、阿思哈公第四女、英煦齋協揆和配也。善写生、尤善以指頭書鷹、得其神俊（後略）。巴延珠、字仏圓、伊爾根覚羅氏都統謚勤敏莽鵠立女。勤敏工写真、其法本於西洋、不用墨骨、純以渲染皴擦而成、神情酷肖。仏圓親受指法、亦工人物。守貞不字、長齋繍仏以終。

この二人の女性はいずれも清朝満族皇族の公主であったが、薩克達氏は写生が巧みで、指画《しかく》で満族世襲皇族に好まれる鷹の画題を描き、冷徹な鷹の神韻を得た。また、巴延珠は、西洋画を会得した莽鵠立（勤敏）を父に持つ女性画家で、父の影響を受け、晩年に至って人物像や繍仏像《しゅうぶつぞう》を描いて名を上げた。このように清代の画壇に業績を残した清朝皇室、貴族の数少ない女性画家も現れた。

五　教養の源泉としての絵画

以上、中国歴代の美術史籍からみた女性画家と美術との関わりについて概観してきた。またこれを記録する際に、画史の撰述者らがいかなる目線で女性に注目してきたのかについて焦点をあてた。そこで、各時代の特殊な歴史背景において、とりわけ儒教的教養主義や道徳観に支えられた女性画家の精神表象の一端、それと女性絵画活動に対する社会的な受け止め方が、おおよそ理解できたのではないかと思われる。

古代中国の絵画史を振り返ってみれば、基本的に男性画家の事跡のみが残され、彼らを才能豊かな職業集団として讃える言説が繰り返されていたなか、女性画家の事跡は極めて限定的で、女性たちが常に男性画家を中心とした画壇の周縁に追いやられたことは確かである。それにもかかわらず今回、古代絵画史籍の文字資料から抽出した内容を見てみると、『玉台画史』に示されたように、宋代から明、清時代に至って女性画家の人数が二〇〇名以上にのぼり、しかも時代が進むにつれて徐々に増幅されていく傾向が見られたのである。この現象が、従来の中国美術史の枠組みにおいて、いわゆる「男性の価値観」という非対称的な構図のなかから改めて認識し、見直す際の鍵となるものではないかと思われる。すなわち、画史の著者らは彼女たちの芸術活動に対し、伝統的な男性社会において、身分、家族、容貌、嗜好など様々な価値判断によって注目し、彼女たちを教養人として一定の評価を常におこなったことが明らかとなったのである。その一方で、職業画家を独占した文人画世界において絵画を知的な聖域として絶対視するなか、女性たちが芸術の中枢に入り込むことが到底不可能であり、彼女たちの姿がその巨大な中心の傍らに「幻の存在」と位置されていた、という既存の思考の図式は終始変わることがなかった。しかし、確かに言えるのは、少なくとも画史の撰述者らがそれを十分に理解し、絵画に関わった女性たちの絵画を理想郷のように託した精神意向、社会的価値観にいたる様々な事柄について語っていることであり、それにもとづいて我々がその見落とされがちな女性絵画発展の諸相をうかがい知ることができたのである。
いずれにせよ、こうした激しい歴史変革に生き抜いた女性たちの芸術活動は人生そのものの精神的な支えとして、ときには社会的身分の上昇につながり、ときには物質的な富にかえる力となったことが、画史の記録によって見事に浮かび上がってきたのである。ここで「女性と美術」に関する中国美術史のさらなる課題を提起して本章を終えることにしたい。

注

（1）中国古代絵画史籍に関する文献学的考察について、筆者の次の論文を参照されたい。拙稿「中国絵画史籍文献分類序説」Ⅰ、Ⅱ、Ⅲ、Ⅳ（『日本文理大学太平洋地域研究所研究紀要』第三、四、五、六号、一九九二〜一九九六年）。
（2）中国古代の女性画家や女性絵画に関する近年の研究として、李湜「明清名媛与名妓画家比較」（『美術史論』一九九二年）、同氏『失落的歴史——中国女性絵画史』（湖南人民出版社、二〇〇〇年）、赫俊紅「晩明清初文人視野中的女性画家」（『故宮学刊』總第一輯、二〇〇四年）、同氏『丹青奇葩——晩明清初的女性絵画』（文物出版社、二〇〇八年）、宮崎法子「女性の消えた世界——中国山水画の内と外」（『美術とジェンダー——非対称の視線』、ブリュッケ、一九九七年）、同氏「中国における女性表現——宮中図を中心に」（『交差する視線——美術とジェンダー2』ブリュッケ、二〇〇五年）、同氏「中国における女性描写の展開」（仲町啓子編『仕女図から唐美人図へ』実践女子学園学術・教育研究叢書17、二〇〇九年）などがある。
（3）［唐］張彦遠『歴代名画記』（中国美術論著叢刊本、人民美術出版社、一九六三年）。
（4）『宣和画譜』（于安瀾編『画史叢書』第二冊、上海人民美術出版社、一九六三年）。
（5）［宋］鄧椿『画継』（中国美術論著叢刊本、人民美術出版社、一九六三年）。
（6）艶艶について、宋の佚名『総画録』（徽宗朝成書）に「瀟湘八景図冊」を著録しており、また明の張丑『清河書画舫』にも艶艶および伝称作品について若干の記事がある。
（7）［元］夏文彦『図繪宝鑑』（注（4）前掲書
（8）［明］王穉登『呉郡丹青志』（注（4）前掲書第四冊）
（9）［清］魚翼『海虞画苑略』、『海虞画苑略補遺』（注（4）前掲書第四冊）。なお、『画史叢書』では『海虞画苑録』と称する。

(10)［清］陶元藻『越画見聞』（注（4）前掲書）

(11)［明］朱謀垔『画史会要』（『中国書画全書』第四冊、上海書画出版社、一九九二年）。また［近代］余紹宋『書画書録解題』巻一（浙江人民出版社、一九八二年）には序文の抄録がある。

(12)馬守真について、注（1）前掲赫俊紅書に詳細な検討がある。

(13)［清］徐沁『明画録』（注（11）前掲書第一〇冊）。

(14)［清］馮仙湜『図絵宝鑑続纂』（注（4）前掲書第二冊）

(15)明代南京秦淮の妓院について、明の周暉『金陵瑣事』、余懐の『板橋雑記』には記述がある。また明清時期の妓女と文人の関係について、王鴻泰「青楼名妓与情芸生活――明清間的妓女与文人」（游鑑明主編『中国婦女史論集』九集、稲郷出版社、二〇一一年、台北）に詳細な検討がある。

(16)［清］王原祁等纂輯『佩文齋書画譜』（一～五冊、一九一九年掃葉山房影印本、北京市中国書店、一九八四年）。

(17)［清］厲鶚『玉台書史』（黄賓虹等編『芸術叢書』第三冊所収、江蘇古籍出版社、一九八六年）。

(18)湯漱玉『玉台画史』（注（4）前掲書第五冊）。

(19)注（2）前掲赫俊紅書に『玉台画史』にみる女性画家の統計数値を示す集計表があり、詳細はそれらに譲る。

(20)陳書の作品について、東京国立博物館が所蔵している清雍正一二年（一七三四年）、七五歳のときに完成した「倣陳淳水仙図巻」があり、充実した筆法と力が全巻を貫いており、晩年の代表作に挙げられる。

第七章

仏像の装いがあらわすもの
——興福寺東金堂維摩文殊像から考える

本章のキーワード
興福寺／維摩文殊像／服制／貞廣／治承の兵火／宋風彫刻

小林 裕子

一 維摩と文殊のすがた

興福寺伽藍東側に西面して立つ東金堂は、神亀三年（七二六年）に聖武天皇が元正太上天皇の病気平癒を願って造営したとされる堂宇である。度重なる火災により、現在の建物は一五世紀のものとなっている。ここには、中尊薬師如来坐像と左脇侍（中尊薬師の向かって右）日光菩薩立像との間に文殊菩薩坐像（図1）、右脇侍（同、向かって左）月光菩薩立像との間に維摩居士《ゆいまこじ》坐像（図2）などが安置されている。『維摩詰所説経』「文殊師利問疾品」に展開される

図１　（右）興福寺東金堂文殊菩薩像
図２　（左）興福寺東金堂維摩居士像
出所：いずれも『日本彫刻史基礎資料集成　鎌倉時代　造像銘記篇』一、中央公論美術出版、2003 年

名場面、病床の維摩が見舞いにきた文殊と問答を繰り広げるいわゆる維摩文殊像は、各地で造形化されてきた。石松日奈子氏の研究によれば(1)、インドには維摩の現存作例がみあたらず、中国炳霊寺《へいれいじ》石窟第一六九窟北壁一一号壁画にみられる西秦《せいしん》の維摩単独像が現存最古のようである。中国には各時代様々な維摩文殊像の作例がのこるが、日本の作例はきわめて少ない。本章で注目しようとする興福寺東金堂の作例は、維摩の深く皺を刻んだ老相と、文殊のはつらつとした若き風貌の見事な対比によって、広く知られる。両者肉体の対比のみならず、維摩は法衣をまとって頭巾を被る質素な姿、文殊は薄物の衣に甲と煌びやかな袈裟を重ねる絢爛たる姿、といったように服制も対照的である。

　こうした対比表現は、すでに石松氏が中国南北朝で流行した維摩文殊像が漢人の陰陽思想による造形であったと明らかにしている(2)。老若、俗聖、柔剛、方円などである。そのため東金堂でも、同じように対比表現が採用されたとみてよい。しかし、現存する東金堂の維摩文殊像は初代より数えて三代目となる。八、九世紀に初代が制作されてから、永承元年（一〇四六年）、治承四年（一一八〇年）と二回の焼失を経ているからである。ヒノキの寄木造、玉眼を嵌入《かんにゅう》する東金堂の維摩文殊の一対像は、どれほど初代の旧様が意識され、踏襲され、再興が繰り返されてきたのか。今回、『身体はだれのものか――比較史でみる装いとケア』と題する本書に従い、東金堂維摩文殊像の仏身や服制といった像容に注目し、その独創性、特殊性についていささか私見を述べてみたいと思う。

二　興福寺と維摩文殊の関係

日本における維摩文殊像の現存最古の作例は、法隆寺五重塔初層東面の維摩詰像土である。向かって右に文殊、左に維摩を配し、その周囲を諸像が取り巻く（図3）。これら法隆寺の塑像群は『法隆寺伽藍縁起幷流記資財帳』に和銅四年（七一一年）の紀年があることから、奈良時代の作例であることが判明している。法隆寺像も東金堂像と同様に維摩を老相に、文殊を若年につくり分けるが、法隆寺と東金堂では文殊の服制がかなり異なる。法隆寺の文殊は一般的な菩薩形で、髻《もとどり》を高く結い上げ、八角裳懸座《もかけざ》に趺坐《ふざ》している。細身の体軀に左肩から右脇腹にかけて条帛《じょうはく》をわたし、両肩に衣端をケープのように懸けるが、特段めずらしい着装ではない。一方、東金堂の文殊は、甲の上に袈裟をまとい、獅子を挟み込んだ蓮華座上に左足をはずして半跏坐《はんかざ》とする。頭頂に梵篋《ぼんきょう》（経箱）を置く。服制にしても、髪型にしても、台座にしても、よくある菩薩のイメージとは異なる像容である。もちろん東金堂維摩像の後屏と台座も唐獅子牡丹（牡丹後補）という宋代好みのモチーフを付加するが、仏身そのも

図3　法隆寺五重塔初層東面維摩詰像土
出所：『日本の国宝　1号　法隆寺』朝日新聞社、1997年

のが特異な表現である文殊の方はアレンジや付加の域を超えている。

現在の東金堂は応永二二年（一四一五年）の再建で、堂内諸尊の制作年代が各々異なる。中尊薬師如来坐像は応永再建時の再興像、両脇侍は諸説あるものの飛鳥山田寺からの移坐、そして四天王及び十二神将像は鎌倉再建時の再興像とされている。本章で取りあげる維摩文殊像も鎌倉再建時の制作である。そこでまずは、維摩文殊像が最初に東金堂に安置された時期について確認しておく。

東金堂に維摩文殊像が安置されたことを語る最古の史料は『興福寺流記』所収「山階流記」が引く「弘仁記加注云。維摩像一軀。文殊一軀」の部分である。「山階流記」は、沙門僊之が奈良時代から平安時代前期までの各時代の興福寺資財帳のごときものを引用しながら、寺内各堂宇の縁起や建築、仏像などについて編集した史料である。「山階流記」そのものは伝わらないが、後に成立した『興福寺流記』がその全文をおさめる。『興福寺流記』も「山階流記」も興福寺研究を進めるうえで非常に重要な史料で、各分野からの研究が進められてきた[3]。右に挙げた「弘仁記加注」は弘仁年間勘録の資財帳のごとき史料に付された注であろうことから、維摩文殊像が東金堂に安置されたのは東金堂創建後、弘仁年間までということになる。そして、この二軀こそが東金堂のみならず、興福寺で造像された最古の維摩文殊像であった。

東金堂の創建は神亀年間に遡る。「山階流記」東金堂条には、神亀三年（七二六年）に元正太上天皇病気平癒のため、聖武天皇が発願した薬師浄土縁起が記されている[4]。従来、これをもって東金堂発願とされてきたが、私見によれば、東金堂のみならず興福寺主要堂宇は藤原不比等在世時に絵図面つまりマスタープランが引かれていたと思われる。その根拠、経緯についてはかつて拙稿に詳述したため[5]、ここでは東金堂が神亀三年前後に造営されたことに注目しておく。

東金堂は、垂木や高欄を金銅製装飾で飾り付け、長押や梁にも文様が施された絢爛豪華な堂宇であった。そこに丈六薬師三尊像が安置された。神亀以降も仏像が逐次追加安置されていったようで、「山階流記」に拠りつつ創建期から弘仁年間までの安置仏を列挙すると、薬師三尊、涅槃仏、純銀弥勒仏、金銅阿弥陀三尊、弥勒三尊、維摩、文殊、観音、虚空蔵、梵釈、四天王、金剛力士、正了知神、羅睺羅、天女、菩提樹、鬼子母神、弁才天、毘摩天女、吉祥天、堅牢地神、であった。しかし、維摩文殊像が東金堂に造像安置された時期は「山階流記」からは読み取れない。浅湫毅氏は、その時期を東金堂創建時薬師三尊像安置とほぼ同時とみなしている[6]。その理由として、維摩会の創始が中臣（藤原賜姓は臨終の時）鎌足の病気平癒に端を発すること、東金堂自体は興福寺のマスタープラン上で造営が進行していたが、突発的に元正天皇の病があったことから維摩文殊像を病気平癒のために追加安置したとみられること、という二点を挙げている。また浅湫氏は、維摩文殊像の造像に光明皇后の関与を想定している。奈良時代の維摩文殊の造形化については詳らかでないが、玄昉が五台山で文殊の化現に接した所記が伝わるなど、鎌足を祖父にもつ光明皇后周辺で法相唯識研究が促進されていた可能性は大であろう。ともあれここで確認しておきたいのは、東金堂維摩文殊像の初代が制作されたのが奈良時代との見解が存在することである。

東金堂の維摩文殊像は永承元年（一〇四六年）焼失後に再興され[7]、さらに治承焼失によって現状と相成った。復興事業においては公家、寺家側の強い意志のもと、旧様の再現が目指されたが、旧様を再現したにしては、先に述べたように法隆寺五重塔初層東面の維摩文殊像と大きくかけ離れている。いうまでもなく興福寺にとっての維摩は、藤原氏始祖、維摩会創始者でもある鎌足にはじまる藤原氏、興福寺のルーツを示す存在である。しかも、維摩会は南都三会として国家的にも重要法会であったため、興福寺にとっての維摩文殊像再興は格別に腐心すべき案件のはずである。にもかかわらず、旧様に復すどころか到来したばかりの宋風モチーフ、最先端の意匠を凝らした像容で再興したのである。

初代の東金堂維摩文殊像は旧様で制作したであろうが、再興時に現状のような新様に変更された。となると、変更を主導したのは誰か、そして興福寺、藤原氏にとってのシンボル維摩文殊像を刷新して流行の最先端につくりかえた理由が何かが問題となる。とくに気になるのは、維摩と文殊は一対像でありながら、維摩は旧様であるのに[8]、文殊ばかりが甲冑や可憐な丸襟など洒落た服制、という過剰な変化が見てとれることである。

三　東金堂文殊と五台山文殊

東金堂維摩文殊像は初代の像容を踏襲せずに再興されており、とくに文殊の変化は顕著である。文殊の像容として特異な点を整理すると、つぎの五項目になろうか。①獅子と一体化した蓮華座に坐している、②薄物の衣に甲冑を重ねている、③袈裟を纏っている、④膝上左右にわたる細長い何かを執る、⑤頭頂に小箱を戴く、である。そこで本節では、これら五項目について順次検討を加えていきたい。

まず、①の獅子と一体化した蓮華座に坐す点である。獅子上に文殊が坐すのは騎獅文殊を想起させるが、先行研究によると、[9]白象に坐す騎象普賢がまず五世紀頃に『法華経』や『観普賢経』によって成立し、騎獅文殊はかなり遅れて七世紀頃に山西省東北部にある五台山で成立したらしい。五台山は文殊菩薩の住む霊山で、唐代には三〇〇以上の寺院が建立された聖地である。入唐した円仁も、五台山で騎獅文殊を拝した。[10]円仁曰く、五台山にみえる数多の文殊像はすべて山頂大華厳寺の騎獅文殊をモデルとしていたという。そして、金子啓明氏の文殊に関する包括的な研究によると、独尊、群像を問わず獅子にのる文殊菩薩はすべて五台山文殊と考えられていた。[11]となると、東金堂文殊の台座に獅子があらわされるのは、東金堂と五台山が交差する徴証となろう。

つづいて、②の薄物の衣と甲冑についてである。井上曙生氏[12]や金子氏[13]は、薄物の衣は貴族女性の上衣である「襤襠《がいとう》衣《い》」で、これを着ける菩薩の例として般若菩薩を挙げている。般若菩薩は密教的尊格で、『大般若経』の本尊であり、智恵と福徳を司るとされる。『陀羅尼集経《だらにじっきょう》』には般若菩薩の像容として、白色の肌に三つの眼、美しい刺繍の薄手の錦を纏い、下半身には朝霞の裙を着け、美しい天女のような姿で師子座に坐すとある。[14]『大毘盧遮那経広大儀軌《だいびるしゃなきょうこうだいぎき》』では、六臂の般若菩薩が甲冑を着けると記す。[15]つまり、般若菩薩は女性性の顕著な姿でありつつ、甲冑をも着けるのである。

金子氏が突き止めたところでは、般若菩薩と文殊菩薩は毘盧遮那仏の悟りの境地において互いに連関しており、観想して般若波羅蜜を成就した行者が灌頂の後に金剛の甲冑を着けるという。それゆえ文殊は、天女の相や仏母とされる般若菩薩と同体であり、文殊も般若菩薩も女性ものの衣である襹襠衣と甲冑を身に着けるのである。

襹襠衣を着す文殊がいつ頃出現したのかについてであるが、唐建中三年（七八二年）とされる山西省忻州市南禅寺の塑造騎獅文殊像が現存最古とみられているようである。皿井舞氏は「少なくとも五台山においては八世紀後半以降に新たな図像的特色を持つ文殊菩薩像の出現したことが窺える」と述べている。[16] 騎獅文殊の図像が七世紀頃の成立、襹襠衣と甲冑を着ける文殊の図像が八世紀頃の成立、と段階的に新たな図像的特色が採用されていく背景には、般若菩薩や文殊菩薩への信仰が深化していった時代性があったとみられよう。

つぎに、③の袈裟についてである。金子氏は、文殊が袈裟を着けるのは現世的性格を特色づけると述べている。[17] 円仁の『入唐求法巡礼行記』には、五台山の数多の文殊がモデルとしていた大華厳寺の騎獅文殊が霊験あらたかであったため、皇帝より下賜された袈裟を着せた説話が記される。金子氏はこれをもって、五台山文殊が僧侶の身につける袈裟を着せられたのは、眷属一万とともに山中に住むとされる、文殊の存在が生身《しょうじん》ととらえられていたことを示すとみているのである。

五台山大華厳寺の騎獅文殊が着ける袈裟について、より深く考察したのは住綾乃氏である。[18] 騎獅文殊が皇帝より下賜された袈裟を着けた説話は『巡礼行記』以外に、一〇世紀の敦煌文書、一一世紀の『広清涼伝』があるという。住氏はこれら三点の記述を丁寧に検討し、大華厳寺の騎獅文殊が八世紀初頭、文殊の真容をあらわす像として皇帝からも信仰を寄せられる存在であったこと、五台山における文殊信仰の隆盛に先立つ古像であることを主張する意図があったこと、を見抜いた。そのうえで、文殊の着ける袈裟には、釈迦から弥勒、そして文殊へという伝法の証としての意味が込められていたと解している。つまりは五台山文殊の服制は、自然発生的な逐次的展開によるものではなく、五台山という限定的な地域で意図的に成立したことになる。

図4　京都国立博物館蔵「春日興福寺曼荼羅図」（部分）
出所：『興福寺曼荼羅図』、京都国立博物館編、1995年

それでは④の膝上左右にわたる細長い何かを執る、についてみていきたい。山本氏の報告では、[19]明治期まで文殊に合致する如意が現存していたようだが、寛永一三年（一六三六年）銘のものであった。より遡る東金堂文殊が執る如意の形状は、鎌倉時代に描かれた京都国立博物館蔵「春日興福寺曼荼羅図」でおよそ確認できる（図4）。この曼荼羅は春日大社と興福寺を細密に描き込むが、堂宇や仏像の状況は治承の焼失前後の姿が混在するために解釈が難しいとされる作品である。[20]しかし東金堂維摩文殊像についていえば、文殊の頭頂にあきらかに箱状のものが描き込まれているので持物も参考になろう。石松日奈子氏は、文殊が如意を執り、維摩が麈尾《しゅび》を執るのも対比表現の一と述べている。[21]

東金堂文殊像の特異な点として、最後に⑤の頭頂の小箱について触れておく。従来、経箱である「梵篋」と説明されてきたものである。文殊の持物として、不空訳『金剛頂経瑜伽文殊師利菩薩供養儀軌』[22]には「右手持智剣左手執青蓮華。花上有般若波羅蜜経夾。身色如欝金」と、右手に智剣、左手に青蓮華を執り、青蓮華の花上には般若波羅蜜経が夾《ま》じるとある。金子氏の平安鎌倉の騎獅文殊の図像的整理では、持物に如意を執るタイプと、右手に剣、左手に経巻あるいは蓮華上に経巻を載せるタイプの二種があり、如意を執るタイプはわずか三件で、ほとんどが経巻あるいは蓮華上に経巻を載せるタイプであるという。また住氏は、如意を執ることが文殊の真容をあらわす五台山文殊の一番に重視された特徴と想定している。五台山文殊の真容が伝播する過程において、不空訳の経典を典拠にするならば、五台山文殊を実見せずとも持物を正しく造形化することができる。だからこそ経巻を執るタイプが多く、実見せずには造形化できない如意を執るタイプが少ないのかもしれない。

文殊が経巻を執ることは不空訳出の経典で一応確認できたので、東金堂文殊が梵篋をともなうことに典拠がないわけではない。しかし問題はその場所である。過去からの研究で中国や日本の作例を精査した報告にあっても、頭頂に梵篋を戴く文殊の作例はみあたらない。東金堂文殊は、木屎漆で成形された頭髪最上部、髻根元に蓮弁をめぐらせて蓮茎を屹立し、蓮華上に梵篋を戴く。したがってこの梵篋は、不空訳の蓮華上に経巻を載せるタイプを承けているこ とは間違いなかろう。それにしても、手には如意を執り、経巻を頭髪最上部に戴くのはあまりにも独創的である。先行研究では宋画の影響と説明する向きが多いが、その宋画は見つかっていない。この問題については、東金堂文殊の最大の特徴をいかに理解するかに関わるため、節をあらためて後述する。

さて、ここまで東金堂文殊像の特異な点を五項目にわたって先行研究を参考にしながら検討してきた。その結果、①獅子と一体化した蓮華座に坐している、②薄物の衣に甲冑を重ねている、③袈裟を纏っている、④膝上左右にわたる細長い何かを執る、⑤頭頂に小箱を戴く、のいずれも五台山文殊がキーワードとして登場することがわかった。しかし、東金堂文殊はあくまで維摩との一対像である。しかも、五台山文殊の図像成立以前に初代維摩文殊像が東金堂に安置されたことは間違いないわけであるから、東金堂文殊はそもそも五台山とは無関係のはずである。ここでいわゆる騎獅文殊像を思い出してみると、文殊はみな巨大な獅子の背に坐している（図5）。東金堂文殊の獅子は敷茄子《しきなす》と化して縮こまり、蓮華座に組み込まれて一体化している。いわば控えめな獅子の表現なのである。これはすなわち、東金堂文殊が維摩との一対像であるという存在意義、位置づけを優先させた結果とみられよう。とはいっても東金堂文殊の像容は、単に宋風モチーフをちりばめたとか新様を流行にのって付加した程度の改変でないことは前述のとお

図５　清凉寺釈迦如来像胎内納入品　騎獅文殊版画

出所：『日本彫刻史基礎資料集成　平安時代　造像銘記篇』一、中央公論美術出版、1966年

りで、維摩との一対という安置形式を優先しながらもまったく新しい文殊の姿を具現している。新たな像を造像するのではなく、再興像を新様とすることに何らかの意義があったのだろうか。

四　日本における五台山文殊の受容

ここでは、五台山文殊が日本に請来された経緯について概括してみたい。日本への五台山文殊請来は、円仁、奝然《ちょうねん》をして語られる。吉田靖雄氏の研究では、五台山に最初に訪れた日本僧は興福寺行賀であり、また円仁以前に最澄の時代から、天台宗では唐代の訳経僧不空（七〇五～七七四年）の文殊信仰を承知していたとされるが[23]、ここでは具体的に五台山文殊の像容に関わる事項を求める目的があるため、円仁から紐解いていく。円仁は唐開成五年（八四〇年）に入台、五月一七日に大華厳寺（現顕通寺）菩薩堂院で騎獅文殊を拝している。帰国後の貞観二年（八六〇年）に上奏、国家鎮護のために比叡山に文殊閣[24]を建立せんとしたが、翌年に文殊像は完成したものの建物が出来上がる前、貞観六年に入滅した。円仁の遺志は弟子たちに受け継がれ、貞観一八年の「太政官符」によって造営続行の勅許が下りた。

円仁生前に完成していた文殊像の像容は、いうまでもなく五台山文殊であったろう。貞観の「太政官符」には文殊閣安置仏が列挙されており、[25]正体文殊坐像一軀、化現文殊乗師子立像一軀、脇侍文殊立像四軀、侍者化現文殊童子立像、師子御者化現文殊丈夫立像があった。「太政官符」の記述から騎獅文殊つまり五台山文殊の像容はわからないが、元三大師伝である宝永二年（一七〇五年）の『慈慧大師伝』では、文殊が利剣と梵篋を執ることが語られている。円仁発願の文殊閣は入滅後に完成をみたが焼失し、天延三年（九七五年）に元三大師が虚空蔵峰に移建再興した。その再興にあたって元三大師が文殊の持物に言及しているのである。ここから想定するに、円仁造立の五台山文殊の持物は剣と梵篋であったことだろう。

つづいては奝然の五台山文殊請来についてであるが、治承の『梁塵秘抄』に「文殊は誰か迎へこし、奝然聖こそ迎へしか、迎へしかや」とうたわれたように、当時は奝然こそが文殊を請来したとされていた。奝然は入宋、帰国直後再び渡海したかったようであるが叶わず、五台山から「文殊の真容」を請来しようと弟子嘉因らを派遣した。この経緯は永延二年（九八八年）の「太政官符案」によって知ることができる。すなわち、嘉因に五台山文殊の真容を供養せしめんと重ねて派遣するとあるからである。そして奝然が切望した五台山文殊の像はとうとう正暦三年（九九一年）に日本に到来し、入京翌日に東三条殿へ、その後、長元四年（一〇三一年）時点で棲霞寺に安置された。延久三年（一〇七一年）の『平等院御経蔵目録』には、奝然入唐の際に皇帝が与えた「五台化現の像」を東三条殿に安置した後、平等院経蔵に伝えた旨が記される。[26]諸史料によると「五台化現の像」つまり五台山文殊到来翌日の東三条殿安置当時、藤氏長者は道隆、まさに正暦元年に父兼家から東三条殿を継承していた人物であった。その後、藤氏長者の由縁か奝然の五台山文殊は、東三条殿から巡りて平等院経蔵へと移安されることになった。

『平等院御経蔵目録』には、唐家本朝各名物が列挙され、愛染明王像は弘法大師、文殊菩薩像は奝然、『大般若経』は恵果、『瑜伽師地論』は行基、三鈷杵は金剛智、五鈷杵は鳩摩羅什、法螺は真如という具合に歴史的高僧所縁の宝物がずらりと並ぶ。経蔵というよりも宝物館のような体であるが、実際に平等院経蔵に係る記録は「経経蔵」と「宝蔵」と書き分けているので、経典安置空間と宝物安置空間に分けていたと考えられる。そこに多くの行幸や貴人の来訪があったが、田中貴子氏や藤本孝一氏らによると「宇治の経蔵」と呼ばれる平等院経蔵は、不入の域だったという。[27]経蔵は回廊に囲まれた一切経会を催す空間であり、年一回藤氏長者の開検により一門の権威を確認し、象徴する場でもあった。藤氏長者には一族の栄華を後世に伝える義務があるため、長者が宝物を独占せぬよう経蔵は不入とされていたのである。平等院経蔵の宝物は秘匿秘蔵され、しかも一四世紀に焼失しており、奝然の「五台化現の像」の像容を伝える史料もない。

奝然が請来させた五台山文殊の像容は不明であるが、手がかりはある。『長秋記』長承三年（一一三四年）八月六日条には、勝光明院（鳥羽離宮北殿）経蔵すなわち鳥羽経蔵は、宇治の経蔵（平等院経蔵）を模してつくられたとある。どうやら平等院経蔵は諸寺院経蔵の手本になっていたようで、仁平三年（一一五三年）に藤原忠実は、金剛心院（鳥羽離宮）経蔵のために奝然の五台山文殊を写させている。横内裕人氏はこうした経緯をもって、宇治の文化規範が摂関家のみの独占を超え、由緒やイメージの流出を通して経蔵が政治的機能を有していたことを論じている。[28]そして遠隔の地、中尊寺でも平等院経蔵を模していたうえ、経蔵に安置された文殊五尊像が現存する。この文殊五尊像は、騎獅文殊に善財童子、大聖老人、優填王、仏陀波利三蔵といった四人の侍者がしたがう群像で、金子啓明氏や奥健夫氏が詳細に論じられているので、[29]これらに拠りつつ簡単に述べておく。中尊寺経蔵は天治三年（一一二六年）の『供養願文』に「二階瓦葺経蔵」とあるもので、正和二年（一三一三年）『大衆訴状』では「本尊文殊　同四天　鳥羽之院御持仏堂御本尊也」とあり、一切経とともに文殊五尊像が安置されていた。その制作時期は一二世紀半ばから後半にかけてということで、延久三年時点で平等院経蔵に安置されていた五台山文殊を承けての造像とすれば、平泉の地からしてみるとかなり早い。しかし、中尊寺経蔵が平等院経蔵を手本にしているならば、平等院経蔵文殊が焼失していてもその像容を中尊寺経蔵の文殊五尊像で推定が可能となる。中尊寺経蔵文殊は襤褴衣を着け、如意を執る。如意を執るタイプの五台山文殊は文殊の真容を呈しているとみられるため、まさに中尊寺経蔵文殊は奝然の「五台化現の像」

を承けているとみられよう。金子氏によれば、中尊寺経蔵文殊は五台山文殊の図像としては鎌倉時代の流行を先駆ける「先駆的なもの」であったという。これまた平等院経蔵文殊を模したため、と考えられまいか。またいっそう重要なのは奥氏の指摘で、平等院経蔵以降、他寺においても五台山文殊安置が一般化したということである。唐招提寺や海住山寺ほか、諸寺の経蔵に文殊像が安置されたことからも奥氏の見解はきわめて妥当と思われる。

五　経蔵への五台山文殊安置

経蔵に文殊を安置することを直接説く経典は見当たらない。そこで本節では、経蔵と五台山文殊が結合した事情について述べておく。『陀羅尼集経』に般若菩薩が「出生無量無尽修多羅蔵」と一切経を司る存在として説かれ、また『覚禅鈔』般若菩薩法では「如高座上安置経蔵」と、般若菩薩が経蔵と結びついている。第三節で述べたように、般若菩薩と文殊菩薩は同体であり、文殊が経蔵安置されるにあたっては「般若菩薩イコール文殊菩薩」の思想を承知していなければ発生しない論理である。ここで思い出されるのは、不空が説いた文殊の持物である。不空は、文殊が右手に智剣、左手に青蓮華を執り、青蓮華の花上に般若波羅蜜経が夾じると説く。そうなると、経蔵と文殊が一体化したことも不空の思想の可能性がある。ここで不空・五台山・文殊・経蔵が一本のラインで結ばれる。

『三代実録』貞観一八年（八七六年）六月一五日条によると、円仁発願の比叡山文殊閣は、入台の際に文殊化現の奇瑞に遇ったことから発心し、五台山の土を文殊閣基壇下に埋めて「二重之高楼」をつくり始めたというものである。円仁が文殊閣造営にあたって何を手本にしたかといえば、当然五台山で見聞した建物や仏像となろう。入台後の円仁は大華厳寺で五台山文殊に拝しているが、ほかに南台金閣寺でも文殊を拝している。『巡礼行記』開元五年（八四〇年）七月二日条では、円仁は日中に金閣寺で文殊に拝し、その夜に文殊の奇瑞に遇っている。要するに文殊の奇瑞に遭遇した誘因は金閣寺にあるということになる。金閣寺は大暦元年（七六六年）に不空が代宗に上奏して創建した寺院で、[30]

不空の文殊信仰流布の幕開けの舞台であった。岩崎日出男氏は不空が代宗の意を承けて五台山文殊を護国の象徴として流布させたと明らかにしている。[31]この不空造営の金閣は九間三層建築で、初層に文殊、第二層に金剛頂瑜伽五仏、第三層に頂輪王瑜伽会五仏が安置されていた。そして金閣の下には蔵経閣があり、そこには大蔵経六〇〇〇余巻が収められていた。

三層建築の五台山金閣寺を実見した円仁が比叡山で造営した文殊閣は、単に文殊を安置する重層建築であったのか。文殊閣は、康保三年（九六六年）に最初の焼失に遭ってからというもの何度も焼けては再建を繰り返す。数度の再興のうち、安貞三年（一二二九年）の焼失ののちに寛喜四年（一二三二年）に再建供養がおこなわれた際、転読した『法華経』、『金光明経』、『仁王経』各一二〇〇部のうち三〇〇〇部を文殊楼におさめたという。円仁の時代からはくだるものの、文殊楼（文殊閣）に蔵経の機能があったことは見逃せない。

円仁の文殊閣以降、奝然の請来した五台山文殊は平等院経蔵へと安置されるに到った。平等院経蔵での五台山文殊は奝然という高僧所縁の宝物としての扱いともみられようが、[32]奥健夫氏は平等院経蔵以降、他寺経蔵においても五台山文殊安置が一般化したと述べている。[33]堀祥岳氏の経蔵研究では、[34]経蔵はその建築構造から単層か重層に分類でき、重層の場合は経楼と呼称されるという。現存するか、あるいは確実な資料がある経楼の例としては、古くは法隆寺、唐招提寺、薬師寺があり、平安時代に入ってから法成寺、法勝寺、中尊寺などがある。法成寺、法勝寺は、平等院経蔵やこれを模した鳥羽経蔵に先行するもので、両者重層建築だった。そしてこれらに後続する中尊寺も重層であったとなると、平等院経蔵、鳥羽経蔵も重層とみてよいのではないか。平等院経蔵の建物配置については福山敏男氏の研究があるが、経蔵自体が単層か重層かまでは述べていない。[35]それでも奈良時代以来の経楼は鐘楼と並び置かれる重層建築であり、後続の平安時代におけるランドマーク的な経蔵も重層建築であった。

そして重層建築の経蔵に五台山文殊を安置することも、唯々平等院経蔵の権威と存在を模倣しようとした政治的需要のみで一般化したわけではなく、不空に典拠を求めることができる。不空が代宗に請願して長安大興善寺に文殊閣を造営した際の史料として『代宗朝贈司空大辯正広智三蔵和上表制集』(円照編、八世紀末)大聖文殊鎮国之閣条には「聖人造閣。下置文殊菩薩、上安漢梵之経。為国福田、永代供養」とある。不空が護国のために造営した大興善寺文殊閣は重層建築で、初層に文殊を安置し、上層に漢梵経典を安置したというのである。円仁も会昌元年(八四一年)四月七日にこの文殊閣に登っている。岩崎氏が南台金閣寺の三層建築に安置された諸仏について述べる際、第二層、第三層に如来を安置したため、初層には菩薩である文殊を安置するに至ったとの解釈に加えて、不空が第三層安置の頂輪王瑜伽会五仏を最重要視していたとみなしている。このような見方にしたがえば、不空が長安大興善寺文殊閣において文殊の上層に経典を配したのは、漢梵経典を最重要視していたためと考えられる。すなわち、経蔵においては一切経こそが本尊であり、文殊の位置づけとしては本尊を守護する護持仏にごとき役割となろう。一切経と文殊の関係として、上層に経典、下層に文殊という構造をふまえて東金堂文殊を見直してみると、頭頂に梵篋を置くのはデザイン性を追求した結果ではなく、これこそ不空の思想を正当に具現化した像容と納得できる。上に経典、下に文殊という構成を仏身をもって表現しているのである。東金堂文殊は維摩との一対像でありながら、騎獅文殊という密教的な五台山文殊であり、しかも文殊の真容をあらわす如意を執り、経蔵文殊をあらわす梵篋を頭頂に戴く、さらには般若菩薩と同体であることを示す襠裲衣と甲冑を着けた、いわば文殊に想定できうる図像的特徴を悉く詰め込んだ濃密な像と解せよう。

六　東金堂維摩文殊像のすがたと解脱上人貞慶

鎌倉再興の東金堂維摩文殊像は三代目となるが、旧様が継承されたとは言い難い。興福寺にとって格別な存在である維摩文殊像がなぜ、自由な造形に任せて再興されたのか。本節では、像容の変更を主導したのは誰か、そして興福寺、藤原氏にとってのシンボル維摩文殊像を刷新して流行の最先端につくりかえた理由が何であったのか、この二点を読み解くことで維摩文殊像をより深く理解したい。加えて、維摩と文殊は一対像でありながら、維摩は旧様であるのに[36]、文殊ばかりが甲冑や可憐な丸襟など洒落た服制で過剰な変化が見てとれることについても言及したいと考えている。

まず確認しておきたいのは、興福寺内に東金堂の他にもう一具の維摩文殊像が存在したことである。「山階流記」講堂条には、東金堂に続く新たな維摩文殊像造像についてつぎのように記されている。

弘仁記云（中略）維摩会表白云、至延喜三年（九〇三年）癸亥　右大将大納言□下。奉造浄名文殊両大菩薩像。

ここには、延喜三年の維摩会にあたって「浄名文殊両大菩薩像」を講堂につくったとある。維摩会は鎌足創始と伝えられるが死後中断し、不比等が慶雲三年（七〇六年）に復活するも、奈良時代にあっては恒例でも国家的行事でも僧綱への道程でもなかった。その後も途切れがちだったのか、天平宝字元年（七五七年）に仲麻呂が復活を提唱し、不比等旧邸の元皇后宮法華寺など寺外で開催されていた。延暦二〇年（八〇一年）になって再び興福寺で実施することになり[37]、承和六年（八三九年）には南都三会の一となった。このような経緯を振り返ると、延暦になって興福寺内で維摩会を催行するにあたり、もっとも相応しい場である講堂に意気込み溢れる維摩文殊の大像を新造したのだろう。この講堂維摩文殊像こそが興福寺維摩会の本尊となり、藤原氏のルーツを周囲に知らしめる重要な存在となった。だからこそ治承の兵火後、東金堂維摩文殊像は再興に手間取るが、講堂維摩文殊像は治承五年（一一八一年）、いの一番に再興されているのである。京博蔵「春日興福寺曼荼羅図」にも講堂にはたしかに維摩文殊の一対像があらわされている（図6）。維摩頭部は剥落が激しく視認不可能であるが、文殊は金色に光り輝く三山形の宝冠、体軀にわたした条帛によって一般的な菩薩形であることがはっきりとわかる。講堂維摩文殊像は興福寺の象徴たる維摩会を体現するものであるから、旧様で再興する桎梏から逃れることはできない。しかし二具目の東金堂維摩文殊像には、こうした縛りはない。そこで自由な造形が許され、新様の文殊を選択するに至ったのではなかろうか。

つづいて、像容の変更を主導したのは誰かについて検討していく。東金堂を礼拝する人々は維摩文殊の一対像に相対し、ひとめで文殊の不可思議な像容に驚くことであろう。だからこそ東金堂維摩文殊像が『維摩詰所説経』に拠るばかりでなく、新様の文殊でもあると誰しもに容易に伝わるのである。では、東金堂文殊の像容に五台山文殊のディテールを加味した新様を採用したのは誰であったのか。

東金堂文殊の制作事情を示す資料は存在しないが、対とされる維摩の胎内には朱漆銘がある。[38] 建久五年（一一九四年）正月上旬、霊像維摩居士像をつくりたいが、治承の兵火からの復興のために余裕がなく、像を造立する人もいなかった。ようやく三月二二日になって良材を得、寺内庶務を司る堂司が像をつくらせ始め、五月一五日につくり終わった。出来あがるまでに五三日、それから彩色を五〇日でおこない、七月五日に供養するに至った。願文のあとに「ざっとした記録であるけれども、後のために記しておく」との一文がある。これに続けて、仏師定慶、彩色幸円、御衣木加持相誉、供養導師勝詮の名が連なり、建久七年七月五日の紀年がある。建久五年頃の興福寺は中金堂本尊再興中で、朱漆銘はその混乱の合間を縫って維摩居士像再興成ったことを伝えている。また銘にある「仏師法師定慶」とは運慶の父康慶の弟子とみられており、他作例としては東金堂旧在の梵天帝釈天像がある。これらも胎内銘があり、建仁二年（一二〇二年）に造立されたことが判っている。維摩朱漆銘は、紀年、関与した人物名など造像背景をしかと伝えるが、文殊については一言もない。従来の研究では、文殊の造像も対となる維摩の銘と重ね合わせることで、同時期に定慶かあるいは近しい仏師によりつくられたとみられてきた。文殊が定慶作と断定されない理由は、両者の構造が異なること、つまり文殊が前後二材矧ぎであるのに対して維摩は左右矧ぎであること、衣褶の表現や肉取りに異なる感覚があることが挙げられているが、定

図６　京都国立博物館蔵「春日興福寺曼荼羅図」（部分）
出所：図４に同じ

図7　法華寺維摩居士像
出所：『大和古寺大観』五、岩波書店、1978 年

慶作を大きく否定するものではない。ともかくも、東金堂維摩文殊像は建久年間に定慶とその周辺仏師によって制作されたことはみとめられよう。

ところで、維摩胎内朱漆銘には「供養導師権大僧都法印大和尚位勝詮」の名がある。勝詮は、貞慶著作の『最勝問答抄』に名を列ねる解脱上人貞慶同朋、ブレーンであった(39)。興福寺学侶であった貞慶が笠置寺に隠遁し、海住山寺で入滅したことは夙に知られるが、興福寺を出てからも寺内諸僧と交流を続け、治承の復興事業にも寺外から尽力していた。こうした貞慶隠遁後の活動については、すでに先学により明らかとなっている。隠遁後の貞慶は、南山城地域の諸寺復興に手を貸すなど精力的に活動したが、このうち西小田原浄瑠璃寺には貞慶同朋の勝詮も出入りしていた。浄瑠璃寺の隣寺、東小田原寺随願寺には貞慶の古くからの同朋瞻空も止住し、南山城地域を舞台とする貞慶と同朋のネットワークが垣間見える。こうした地域性に対して、藤岡穣氏が意義深い指摘をしている(40)。興福寺復興事業にあたり、東金堂梵天帝釈天に対して海住山寺五重塔扉絵、浄瑠璃寺吉祥天厨子扉絵との類似、東金堂十二神将に対して浄瑠璃寺十二神将との類似、といった具合に南山城地域の貞慶関与の遺品と東金堂再興像に一定の共通性がみられるというのである。南山城における造形活動に貞慶及び同朋が介在したことは明らかなため、東金堂維摩の朱漆銘に勝詮が名をのこすにあたっては当然背後に貞慶がいたに違いない。こうしてみてくると、東金堂維摩文殊像の像容変更には貞慶及び同朋の教導があったと想定できる。

最後に、興福寺、藤原氏にとってのシンボル維摩文殊像を刷新して流行の最先端につくりかえた理由について述べてみたい。東金堂維摩は、最近国宝指定を受けた八世紀後半の法華寺維摩居士像（図7）に非常に近しい相貌を呈している。東金堂維摩は後屏や台座には宋風の唐獅子牡丹があしらわれているが、維摩像身そのものは法華寺維摩と酷似している、つまりは旧様なのである。しかしその一方で、東金堂文殊は特殊な像容で、不空・五台山・文殊・経蔵というキーワードで結びつく五台山文殊を彷彿とさせる姿であった。東金堂維摩文殊像はあくまで『維摩詰所説経』による一対像であるから、文殊だけが新様にリニューアルしたことになる。

ここで東金堂維摩の朱漆銘に立ち戻りたい。銘によると、建久五年一月に維摩造立を発願、建久七年三月に御衣木加持と造像開始、五月に彫刻完成、その後彩色、七月に完成供養の流れであった。そして維摩発願当時、貞慶は笠置寺で般若台上棟を迎えていた。貞慶は笠置移住の直前に『大般若経』書写を完了し、移住後の建久六年にも『大般若理趣分』を写している。同年一一月には笠置寺般若台の供養、翌七年八月には重源より銅鐘、宋版『大般若経』、釈迦檀像の施入を受けた。そもそも笠置寺般若台とは、貞慶書写の『大般若経』六〇〇巻を収める黒漆塗の六角経台を安置する六角堂、鐘楼、僧房を含めた施設で、要は経蔵である。貞慶撰「般若台供養願文」には、六角堂厨子扉に諸仏を描き、正面中央に釈迦三尊像と仏舎利を安置したことを記す。この釈迦三尊像について貞慶は「抑此仏像者伝聞古先帝之所造也。大聖文殊自五台来刻彫開眼、再示霊異」と、釈迦については古の先帝がつくらせたもの、文殊については五台山から自ら来て開眼したものとあるため、五台山文殊と経蔵の関係性を承知していたことをうかがわせる。

杉崎貴英氏は般若台安置仏に言及するにあたり、大正時代に興福寺中金堂に安置されていた鎌倉時代の釈迦がそれであったとの伝承を紹介している[41]。杉崎氏曰く、この釈迦を貞慶の時代まで遡らせることは難しいとしながらも、頭髪が螺髪ではなく宋風の波状であると指摘する。入宋経験のない貞慶が宋風の造形に執心していたことは、藤岡氏ら先学により解明されている[42]。だからこそ東金堂諸仏に新来の宋風造形が色濃くあらわれているのだろう。その貞慶が梵篋を頭頂に戴く文殊画像をみたときの感慨たるや想像するに余りある。なぜなら、東金堂諸仏復興時期の貞慶は『大般若経』書写を完成させ、経蔵たる般若台を造営していたからである。また、貞慶撰『法華開示抄』には「諸成道之時、文殊菩薩、授般若梵篋[43]」と文殊が成道に際して般若の梵篋を授けることが記される。さらに、現存する東金堂文殊が維摩との一対像としてコンパクトにまとまっていることから、貞慶のみた新様文殊の宋画は、釈迦の脇侍として描かれたものだったのではないか。釈迦の脇侍として描かれた新様文殊の像容を取り出して造形化したからこそ、維摩のみが旧様になったと考えられるからである。憶測にはなろうが、笠置寺般若台本尊釈迦の脇侍文殊も東金堂文殊のような像容だったかもしれない。

七　新しい文殊のすがた

現在興福寺では中金堂再建を進め、平成三〇年（二〇一九年）の落慶を目前にしている。平城京外京に一三〇〇年以上前、その法灯を点してから幾多数多の歴史を経て、今も我々の前に存在する。平城京に開かれた興福寺は、中金堂、東金堂、西金堂、五重塔、北円堂といった諸堂宇が並び立つ大伽藍であったが、回禄復興を繰り返してきた。しかし多くの尽力によって古像が伝わり、奈良時代の乾漆像をはじめとして今もその姿を国宝館で拝することができる。そして国宝館南に位置する東金堂内陣は、ずらりと安置された仏像が静謐な空気を湛え、今も活発におこなわれている興福寺の法相教学研究を見守っているかのようである。しかしこうした静かな東金堂にも、繽紛たる歴史があった。

治承四年（一一八〇年）一二月末、平重衡南都焼き討ちにより、興福寺はほぼ全焼した。翌五年正月よりただちに復興が目指され、東金堂は寺家沙汰にてまずは建物が再建された。ところが造仏の方が進まずにいたところ、文治三年（一一八七年）に東金堂衆が飛鳥山田寺から丈六薬師三尊像を奪取、東金堂に安置したという事件があった。結局、山田寺の三尊をそのまま受け入れてから空白期間を置いて、建久の維摩文殊像再興に至るのである。山田寺の三尊は天武一四年（六八五年）に制作された金銅仏で、『玉葉』で兼実が感嘆しているように卓越した名像であった。しかしながら、興福寺復興を「旧《もと》のごとく」推進していた公家寺家の意向といかにしてもすり合わせ不可能な、時代も技法も像容も異なった像であったことも事実である。逆に言えば、東金堂内の他の安置仏再興にあたっては三尊を意識することなく、束縛のない自由な造形活動が展開できたわけである。

こうした状況下の東金堂安置仏再興の背景に貞慶がいたことについては、従来の研究で幾度か指摘されてきた。その根拠となる史料は二点で、三輪上人慶円の事蹟を弟子塔義が綴った『三輪上人行状』（建長七年＝一二五五年）に貞慶が「東金堂塔」の勧進造営をした旨が記されていること、応永二七年（一四二〇年）七月の「興福寺六万衆徒申状」にも東金堂塔婆を貞慶が勧進修造したことが記されていることであった。しかし今では「東金堂塔」あるいは「東金堂塔婆」の表記は、東金堂院五重塔の意味つまり五重塔のみを指すと解されるようになった。東金堂安置仏再興に貞慶が関与した物証が失われたわけだが、本章ではこの問題を再考し、維摩の朱漆銘の供養導師勝詮から読み解こうとしたものである。

今回、本書が「身体表現」をテーマにするとのことで、かねてより気になっていた東金堂文殊菩薩像の肉体、服制、装飾に注目し、右の維摩朱漆銘とともに興福寺鎌倉復興事業の一端をわずかに明らかにしようと検討してみた。貞慶や重源が新たな宋代の息吹を充満させて、精力的に宗教活動を推進していた時代にあって、新来の仏像にあしらわれたモチーフひとつひとつの深遠なる成立背景を彼らがどこまで斟酌しようとしていたか定かではない。が、入宋叶わなかった貞慶だからこそ、見慣れない文殊頭頂の梵篋の意味を解読しようと試みたと想像するものである。

［付記］二〇一七年二月八日、多大なる学恩をいただいた早稲田大学教授内田啓一先生がご逝去された。本章のテーマについてはかねてより内田先生にご教示賜り、最後にお会いした際に執筆を約束したものである。先生のご指導を正確にかたちにできたか不安ではあるが、深い感謝と今後の精進への決意を込めてここに記したい。

注

（1）　石松日奈子「維摩・文殊像の研究――中国南北朝期仏教美術における左右対置表現の一例として」『南都佛教』七一、一九九五年。

（2）石松日奈子、注1前掲論文。

（3）澁谷和貴子「『興福寺流記』について」『佛教藝術』一六〇、一九八五年。

松田和晃「興福寺の資財帳について」『史學』五六―四、一九八七年。

谷本啓「『興福寺流記』の基礎的研究」『鳳翔学叢』三、二〇〇七年。

松原智美「『興福寺流記』」大橋一章、片岡直樹編『興福寺――美術史研究のあゆみ』里文出版、二〇一一年。

（4）薬師浄土縁起者。神亀三年丙寅秋七月。今帝陛下私云聖武天皇。延暦記云感神天皇。奉爲太上天皇。私云元正天皇也。即飯高天皇也。寝膳不安。勅所司敬奉造立也。延暦記云。寝膳乖常。降勅所造之。

（5）拙稿「興福寺東金堂・五重塔・西金堂造営とその意義」『早稲田大学大学院文学研究科紀要　第三分冊』五二、二〇〇六年。のちに加筆修正のうえ、拙著『興福寺創建期の研究』中央公論美術出版、二〇一一年、に所収。

（6）淺湫毅「興福寺東金堂の維摩居士・文殊菩薩像をめぐって」林温編『仏教美術論集3　図像学Ⅱ――イメージの成立と伝承（浄土教・説話画）』竹林舎、二〇一四年。

（7）『扶桑略記』治暦三年（一〇六七年）二月二十五日条に記される再興像のなかに文殊が含まれていないため、永承の罹災で文殊が焼失したかどうか不明である。

（8）山本勉氏によれば、東金堂維摩像顎には植毛痕があるため、当初は法隆寺五重塔初層東面維摩詰像のように顎髭をたくわえていたという。

（9）山本勉「維摩居士像」『日本彫刻史資料集成　鎌倉時代　造像銘記篇』一、中央公論美術出版、二〇〇三年。

小島彩「騎象普賢と騎獅文殊の図像――中国における成立過程」『美術史』四四―一、一九九五年。

朴亨國「中国における騎獅文殊と騎象普賢の成立と一対化過程に関する一試論」『密教図像』二三、二〇〇四年。

（10）『入唐求法巡礼行記』円仁、八三六～八四七。

開成五年（八四〇年）五月十七日（中略）開堂礼拝大聖文殊菩薩像。容貌顒然、端厳无比。騎師子像、満五間殿在。其師子精霊。

（11）金子啓明『文殊菩薩像』日本の美術シリーズ　三一四、至文堂、一九九二年。

（12）井上曙生「経典と図像と仏像――襤襠衣を中心にして」『密教図像』五、一九八七年。

（13）金子啓明「文殊五尊像の成立と中尊寺経蔵文殊五尊像（序説）」『東京国立博物館紀要』一八、一九七八年。

（14）『陀羅尼集経』巻三、阿地瞿多訳、七世紀頃。

画大般若菩薩像。（中略）通身白色面有三眼。似天女相。形貌端正如菩薩形。師子座上結加趺坐。頭戴天冠作簸箕光。其耳中著真珠宝璫。於其項下著七宝瓔珞。両臂作屈。左臂屈肘側在胸上。其左手仰五指申展。掌中画作七宝経函。其中具有十二部経。即是般若波羅蜜多蔵。右手垂著右膝之上。五指舒展。即是菩薩施無畏手。菩薩身上著羅錦綺。繍作襜襠。其腰以下著朝霞裙。於上画作黄色花蘂。天衣籠絡絡於両臂。腋間交過出其両頭。倶向於上。微微屈曲如飛颺勢。其両手腕皆著環釧。

（15）『大毘盧遮那経広大儀軌（広大軌）』巻下（唐・善無畏訳）。

次当大日前、般若波羅蜜、明妃契六臂、三目皆円満、定羽掌梵夾、慧羽竪護印、次定仰臍輪、慧羽垂与願、二羽定慧手、各結根本契、身被堅甲冑、是名諸仏母、

（16）皿井舞「院政期における宋代美術の受容について――五台山騎獅文殊菩薩像を中心に」「美術に関する調査研究の助成」研究報告、二〇〇三年度助成、『鹿島美術財団年報』二三、二〇〇五年。

（17）金子啓明、注11前掲書。

（18）住綾乃「袈裟をつける文殊菩薩像について」『美術史研究』四九、二〇一一年。

（19）山本勉、注8前掲解説。

（20）『興福寺曼荼羅図』京都国立博物館編、一九九五年。森下和貴子「興福寺曼荼羅図」大橋一章・片岡直樹編『興福寺――美術史研究のあゆみ』里文出版、二〇一一年。

（21）石松日奈子、注1前掲論文。

（22）大正蔵二〇―一一七五。

（23）吉田靖雄「文殊信仰の展開――文殊会の成立まで」『南都佛教』三八、一九七七年。

（24）円仁が発願した文殊安置の建物は文殊閣や文殊楼との表記が混在するが、『慈覚大師伝』には「文殊閣」とあるので、円仁時代に言及するにあたり、これに従うこととする。

（25）同様の記述が『山門堂舎』・『三代実録』・『叡岳要記』にもある。

（26）「平等院御経蔵目録」延久三年（一〇七一年）・阪本龍門文庫。

文殊
法橋奝然入唐之時、彼時皇帝彫刻与之、遥渉万里溟渤之路、得迎五台化現之像、帰朝之後、感其妙匠、献故東三条禅定之仙院、相伝得遂安斯院

(27)田中貴子「宇治の宝蔵――中世における宝蔵の意味」ディヴィニタス叢書四『外法と愛法の中世』砂子屋書房、一九九三年。
(28)藤本孝一「平等院経蔵不入と氏長者渡領」『鳳翔学叢』一〇、二〇一四年。
横内裕人「中世前期の寺社巡礼と宝蔵――寺社重宝を介した縁の形成」中野玄三・加須屋誠・上川通夫編『方法としての仏教文化史　ヒト・モノ・イメージの歴史学』所収、勉誠出版、二〇一〇年。
(29)金子啓明、注13前掲論文。奥健夫「中尊寺経蔵の文殊五尊像について」『佛教藝術』二七七、二〇〇四年。
(30)実際には玄宗期に道義和尚が造営を始めたようだが、完成せずに放置されていたらしい。金閣の構想も道義時代に絵図面が存在していたという。岩崎日出男「五臺山・金閣寺の構造とその教理的背景について」『東洋の思想と宗教』三〇、二〇一三年。
(31)岩崎日出男「不空三蔵の五台山文殊信仰の宣布について」『密教文化』一八一、一九九三年。
(32)ちなみに平等院経蔵の宋版一切経も原本ではないが、奝然請来本であった。美川圭「後白河院政と文化・外交――蓮華王院宝蔵をめぐって」『立命館文學』六二四、二〇一二年。
(33)奥健夫、注29前掲論文。
(34)堀祥岳「《経蔵》再考――類型と機能」『臨済宗妙心寺派教学研究紀要』九、二〇一一年。
(35)福山敏男「宇治平等院の経蔵と納和歌集記」『史迹と美術』二一七・二一八、一九五一年。
(36)山本勉氏によれば、東金堂維摩像顎には植毛痕があるため、当初は法隆寺五重塔初層東面維摩詰像のように顎髭をたくわえていたという。山本勉「維摩居士像」『日本彫刻史基礎資料集成　鎌倉時代　造像銘記篇』一、中央公論美術出版、二〇〇三年。
(37)『元亨釈書』虎関師錬撰、元亨二年（一三二二年）。延暦二〇年（八〇一年）十月、維摩會復興寺、先或修長岡神足家或城法華寺、故有比此勅。
(38)明治三四年発見の朱漆銘であるが、現在は像底を閉じたために見られない。『奈良六大寺大観』や『日本彫刻史資料集成』に翻刻が示されている。
(39)冨村孝文「貞慶の同朋と弟子たち」『立正大学史学会創立五〇周年記念　宗教社会史研究』雄山閣出版、一九七七年。拙稿「浄瑠璃寺厨子入吉祥天像と解脱上人貞慶」『てらゆきめぐれ　大橋一章博士古稀記念美術史論集』中央公論美術出版、二〇一三年。
(40)藤岡穣「解脱房貞慶と興福寺の鎌倉復興」『京都国立博物館学叢』二四、二〇〇二年。
(41)杉崎貴英「貞慶上人をめぐる霊山浄土信仰の造形」『海住山寺解脱上人寄稿集』五一、海住山寺ホームページ。
(42)藤岡穣、注40前掲論文。
(43)大正蔵五六―二一九五、三五八b。

第Ⅲ部 身体ケアをめぐる学際的視点

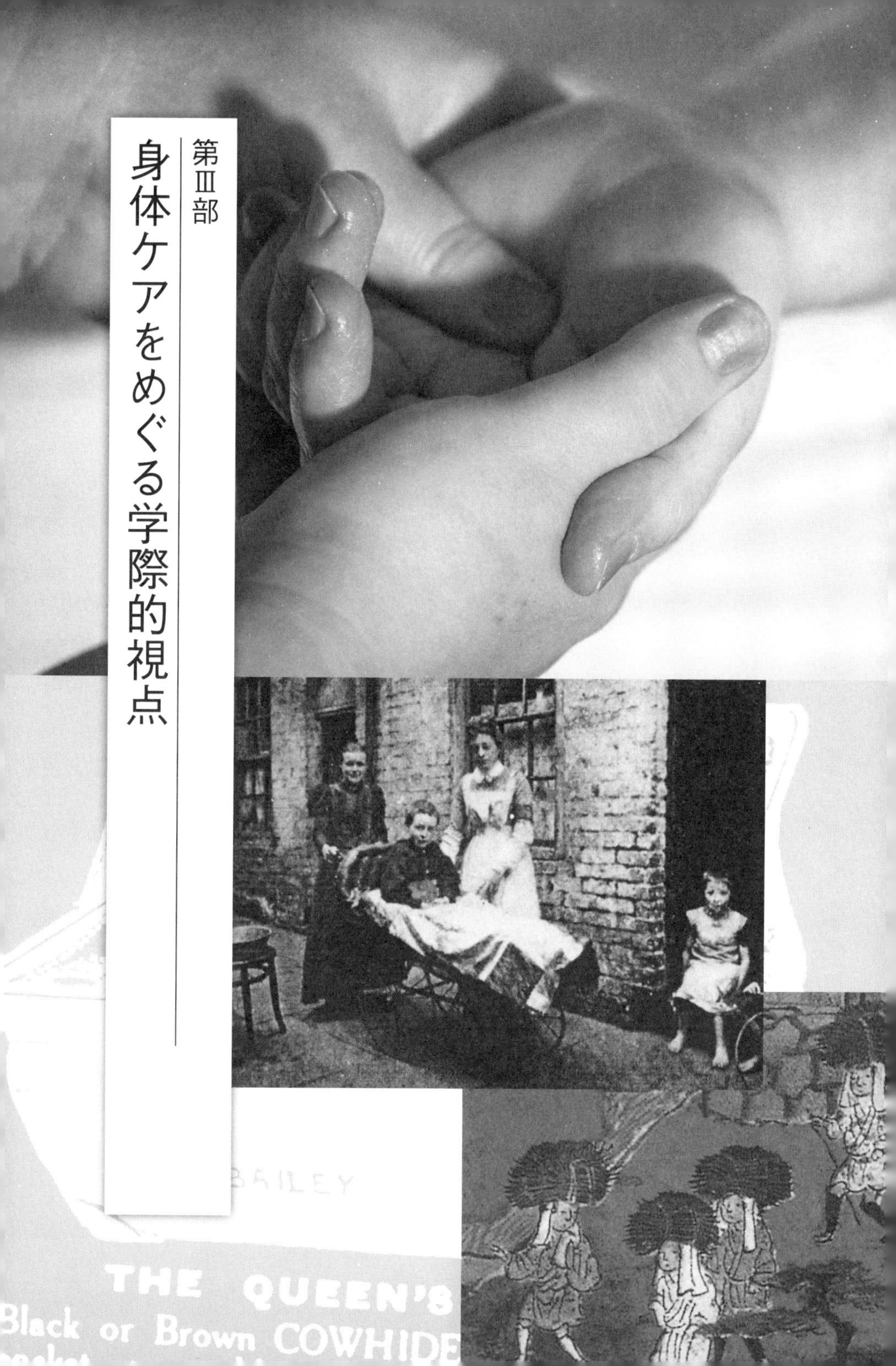

第八章

中世の湯屋と施浴
——入浴にみる中世の身体観の一様相

本章のキーワード
仏教／入浴思想／施浴／湯屋／触穢思想／光明皇后説話／阿閦仏／阿閦寺

米澤　洋子

一　仏教によりもたらされた入浴習慣

日本人が風呂好きだということに、異論はないだろう。「湯水のように使う」という言い回しは、浴槽に満ちた湯を惜しげもなく使う日常を前提にしている。たっぷりの湯に身を沈めて、思わず「極楽、極楽」と口にする老若男女も少なくない。湯は身体を愉悦の境地に導く力がある。これは何も日本人に限ったことではないだろう。入浴は心身を健全に保つ重要な生活習慣である。

現代の湯船につかる入浴法は江戸時代からのものである。それ以前の中世において風呂は蒸気浴を意味した。温室という狭い空間に充ちる蒸気で毛穴が開く。あとは皮膚に浮き出た垢を摺り、洗い流すだけである。温泉は別にして、直接湯に入ることはなかった。

さて、極楽という言葉に象徴されるように、日本の入浴習慣は仏教とともにもたらされた。風呂の歴史は古代寺院の温室（湯屋）から始まった(1)。

中世の湯屋への問題関心は阿部猛氏に始まり、その後、橋本初子、松永勝巳、高橋一樹各氏を経て、井原今朝男氏による総合的研究に至っている(2)。井原氏は中世寺院に暮らす僧侶の生活を具体的に描くという視点から、宗教儀礼としての入浴の作法や、湯屋の構造、経営、さらには入浴習慣が中世社会に普及する過程を詳細に論じた。本章もそれらの成果に負うところが多い。しかし湯屋という身体に直結した場の全容を論じることは紙幅上も、筆者の力量上でも及ぶところではない。

本章前半では、中世の湯屋の構造を概観するとともに、後半では施浴という視点から、光明皇后の湯施行譚を取り上げ、仏教が導入した入浴の思想が中世社会に与えた影響を考察したい。

二　中世の湯屋の存在形態

一　仏教と温室の功徳

仏教がもたらした入浴思想とはどういうものであったか、それに関わる経典や、その思想が日本でいかに享受されたかを示す史料を挙げてみよう。

①『妙法蓮華経』

大乗仏教の重要な経典である『妙法蓮華経』（『法華経』）の成立は二一〜三世紀ごろとされる。五世紀初頭の鳩摩羅《くまら》什《じゅう》漢訳が最も有名で、日本にも六世紀の仏教伝来とともにもたらされた。次は安楽行品第十四にある世尊（釈迦）の偈《げ》の一節である。上段は漢訳原文、下段は読み下しである。(3)

菩薩常楽　安穏説法　　菩薩は常に安穏ならしめんことを楽《ねが》って法を説け
於清浄地　而施牀座　　清浄の地において、牀座を施し
以油塗身　澡浴塵穢　　油をもって身に塗り、塵穢を澡浴《あら》い
著新浄衣　内外倶浄　　新浄の衣を著て、内外ともに浄くし
安處法座　随問為説　　法座に安処して、問いに随ってために説け

澡浴（沐浴）により身を清めることが、説法の重要な作法であることを説いている。この沐浴については、七世紀にインドに渡った唐の僧義浄が、那爛陀《なーらんだ》寺の僧徒は「洗浴随時」と澡浴の習慣を身につけていたことを記している。(4)

②『洗浴功徳経』と『仏説温室洗浴衆僧経』

義浄が漢訳した経典の一つに、『洗浴功徳経』がある。仏像を洗浴する作法とその功徳を説いたものである。(5)中国ではすでに、後漢の安世高《あんせいこう》による漢訳『仏説温室洗浴衆僧経』があり、衆僧が温室で洗浴することの功徳と洗浴の方法が説かれている。「洗浴の法」としては「七物」（然火・浄水・澡豆・蘇膏・淳灰・楊枝・内衣）を挙げ、洗浴が「除去七病」「七福」の果報をもたらすとしている。この経典は、洗浴の功徳を簡潔に記し、洗浴のための具体的な道具を挙げている点で重要視された。(6)天平七年（七三五年）、唐より帰国した玄昉《げんぼう》が将来した膨大な経典の中に、両部ともある。(7)

③　『三宝絵』（『三宝絵詞』）

永観二年（九八四年）に成立した仏教説話集『三宝絵』は本来、絵を伴っていたと思われるが、散逸して本文だけが現存する。そこでは「温室」の項を設け、『仏説温室洗浴衆僧経』をそのまま引用する。(8)「僧に湯をあむす」ための「七の物」「七の病を除く」「七の福をうること」の解説はもちろん、経典の中の逸話も紹介する。例えば、仏の肌が金色なのは諸々の僧に湯浴みをさせたことによる、僧のための湯は暁に沸かし、まず仏弟子の賓頭盧《びんずる》を請ずること、阿難《あなん》の肌が美しいのは、身に瘡ができた折に、僧の湯浴みの残り湯を身に浴びて癒したことによる、など「湯の功徳」を繰り返し説いている。

『三宝絵』を読めば、『仏説温室洗浴衆僧経』の内容がよくわかり、この経典が僧の入浴作法や「湯の功徳」の理解に多大な貢献をしたことがわかる。また、僧侶の入った後に俗衆にも湯をほどこすという「施浴」の普及にもつながった。

④　『正法眼蔵』

曹洞宗の開祖道元が仏法の根本真理を著した『正法眼蔵』（一二三一～五三年に成立）第五〇の「洗面」が注目される。道元もまた、法華経の説く「以油塗身　澡浴塵穢著新浄衣　内外倶浄」を引用し、仏法における澡浴の大切さを強調している。さらには「楊枝の法」（歯磨き）、「洗面の法」も提唱し、身を清潔に保つことこそ仏教の「正法」と説く。(9)

皮膚を洗い、清潔にすることは感染症の予防に不可欠である。また湯は身体の免疫力を高め、罹病の改善、治癒にもつながる。何より湯は精神の安定をもたらす。それゆえ、人は仏教以前も、水や湯あるいは自然の温泉などで洗浴はおこなってはいただろうが、仏教思想に取り入れられて以後、入浴は宗教儀礼となり、温室は仏の功徳に昇華されたのである。このように、遠くインドの地で生まれた衛生思想、洗浴作法は中国を経て、『法華経』『洗浴功徳経』『仏説温室洗浴衆僧経』などの教えとともに、「温室の功徳」として、中世寺院の生活習慣となり、一般社会にも徐々に

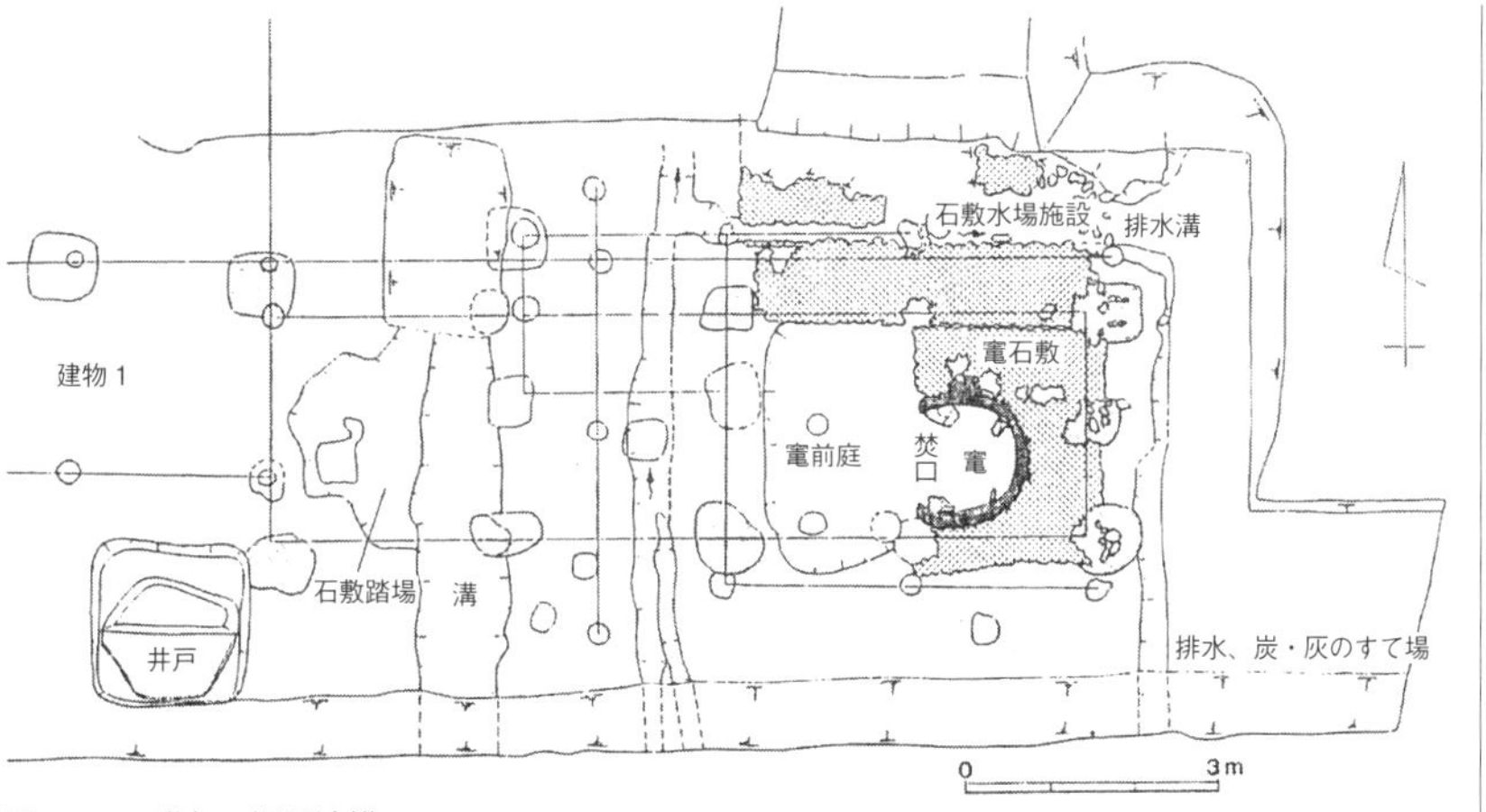

図１　10世紀の湯屋遺構
出所：注12、岩宮隆司論文より転載

浸透する。(10)

二　中世の湯屋の構造

この項では中世の湯屋（浴室）の構造や外観を文献、遺構図、絵巻などにより、確認したい。

①　古代寺院の資財帳に見る「温室」

奈良時代の入浴施設は現存しないが、天平一九年（七四七年）に作成された『法隆寺伽藍縁起并資財帳』『大安寺伽藍縁起并資財帳』(11)には「温室」分の資財（財産）が記されている。法隆寺では、「温室一口　長七丈八尺幅三丈三尺」「温室分銅一口　口径四尺五寸深三尺九寸」「温室分単帳伍帳　長各六尺二幅」「温室分雑物弐種　犀角一本小刀五柄」とある。これを見ると、法隆寺の温室は二三《メートル》×一〇《メートル》ほどの建物で、蒸気を浴すための直径約一・四《メートル》の銅の湯釜が一つ、入浴の際に着る湯帷子が五枚、道具として犀角一本と小刀五本があり、一度に五人が利用できる規模であった。また、入浴の際は、裸ではなく薄い衣を着ていたことや、垢を除く道具（犀角と小刀）を用いていたこともわかる。一方、大安寺には「合温室院室参口」として三か所の「葺檜皮」の温室が記されているが、湯釜の記載はない。

図２　東大寺大湯屋の鉄湯船
出所：2017 年、筆者撮影

② 平安時代の湯屋遺構

二〇〇二年から翌年にかけて、向日市埋蔵文化センターは長岡京跡調査で、宝菩提院廃寺湯屋遺構を発掘した。[12] 古代にさかのぼる国内最古の湯屋遺構である。以下、岩本隆司氏の報告と図１の遺構図に依拠し、平安期の寺院の湯屋の構造を見てみる。石敷きの焚口には、大竈が出土した。湯釜は内径一・三五メートルのものが想定される。図１右上の石敷の水場施設には排水溝が備わり、井戸の周辺には石敷きの踏場と溝が出土した。建物遺構は四間×二間の覆屋であった。なお、湯屋遺構の土からは一〇世紀を下る遺物が出土しないことから、九〇〇年前後に機能していたことがわかった。この発掘により、平安時代の湯屋の構造が基本的には中世に続く蒸気浴であることがわかった。

③ 現存最古の湯屋と湯釜

東大寺は治承四年（一一八〇年）に、平重衡の南都焼き討ちに遭い、大湯屋も焼失する。その後、大勧進・俊乗房《しゅんじょうぼう》重源《ちょうげん》により、建久八年（一一九七年）に再建される。現在の大湯屋は、室町時代の大改修を経て現在に至っているが、現存最古・最大の湯屋建築である。[13]

なお、焼失前の湯屋は『七大寺日記』『七大寺巡礼私記』にわずかながら記述がある。[14] 前者には「差鍋云釜アリ、大湯屋アリ」、後者には「大湯屋一宇、南向、差鍋一口、足鼎二口十五石納云、件屋在大佛殿之東鐘掛之北」とある。「差鍋（サスカナヘ）」は湯を沸かす釜、足鼎は蒸気浴用の湯船である。差鍋から足鼎へ大量の湯が供給された。

大湯屋の構造は六間×八間の柱間建築で、脱衣場である前室と鉄湯船（図２）が置かれている風呂屋形、湯を沸かす釜場に三分されている。鉄湯船には「建久八年」の銘が刻まれ、重源再建時のものである。内径二・三メートル、深さ

図３　「一遍聖絵」に描かれた湯屋。清浄光寺所蔵

七〇《センチメートル》と大きい。床に埋められた湯船の底には栓があり、床下の排水溝から、外に湯が排出される仕組みである。鎌倉期成立の『東大寺造立供養記』(15)には、「抑今度造営之初、大釜二口置大湯屋也、去建久八年夏鋳鐵湯船為永代不朽之寺物、大湯屋之宝物也、仍始千日之温室成諸人之快楽也」とあり、再興を祝して、「千日之温室」を諸人に施したようである。鉄湯船は大湯屋の宝物と讃えられている。「千日之温室」とはまさに功徳風呂のことである。東大寺の大湯屋の構造はその後の寺院の浴室の原型となった(16)。又現代の銭湯建築にも影響を与えている。

三　絵画史料に見る中世の湯屋

絵巻は本来の制作目的とは別に、当時の生活や風俗を反映している資料として有益である。ここでは、鎌倉、南北朝・室町時代の絵巻を取り上げて、湯屋の概観と構造を確認する。

①　「一遍聖絵(17)」

図４　「是害房絵巻」に描かれた湯屋。曼殊院所蔵

奥書に正安元年（一二九九年）とある「一遍聖絵」（「一遍上人絵伝」）は時宗開祖の一遍上人の伝記である。図3は絵巻中の二か所の場面であるが、上部が第三巻第三段、下部が第一巻第一段である。どちらの場面も、一遍上人が、筑紫国大宰府にある聖達上人の禅室を訪れた時であるが、上部は一遍三八才、下部は一三才、双方には二五年の開きがある。聖達上人は一遍の師であり、下部の左に描かれている禅室は若き日の一遍の修行の場であった。上部には、湯屋が描かれており、その概観を知ることができる。竈には湯を沸かす釜が据えられ、煙突からは煙が出ている。頭を剃った小僧が火の番をしている。彼の視線は井戸で水を汲む屈強な僧へ向けられている。中の様子は見えないが、丸窓の空間が浴室であろう。焚口には湯気を送り込む樋が描かれているので、蒸気浴だったことがわかる。焚口のすぐ横に井戸があることは、水汲みという重労働を軽減させる大切な条件だったのであろう。

上部第三巻の詞書にも、「聖上人の禅室におはしたりけれはなのめならす悦給てわさと風呂結構してた丶両人入り給て」とあるように、一遍との再会を喜んだ聖達上人が風呂を立ててもてなし、一緒に入り、語り合ったのである。

興味深いのは下部の手前にある建物である。絵巻の技法上、屋根には霞がかかっているが、上部の井戸の釣瓶の支柱や重しの石の形、漆喰の壁などとの一致から、第一巻に描かれたこの建造物は、上部第三巻に描かれた湯屋を回転させ、反対の方向から見たものであることが、近年の研究調査でわかってきた[18]。下部の建物には張り出した縁側も描かれ、上下両場面から、中世の湯屋の全容が立体的にわかるきわめて貴重な絵巻である。

②「是害房絵巻[19]」

この絵巻は、震旦より仏教障碍のために来日した天狗是害房《ぜがいぼう》が比叡山で敗北する様子を描いたもので、延慶元年（一三〇八年）に成立した。原話は、天台座主良源の法力を語る『今昔物語集』（二十―二）である。図4は、傷ついた是害房に湯治治療を施すために、本朝の天狗日羅房《にちらぼう》が賀茂河原に構えた温室である。大和絵の正式な画法から外れた、自由奔放な筆致であるが、鎌倉時代の湯屋の構造がわかる。外で沸かした大釜の湯は中の湯船に樋で流し込まれる。是害房が布に包まれ、湯船の上に吊るされている様子から、蒸気浴とわかる。稚拙な描写であるが、中世の風呂を単純かつ的確に描いている。

興味深いのは、詞書に「我朝に、出湯其数侍へリ」と、箱根、熊野、有馬温泉の霊験が語られていることであり、日羅房をして賀茂大明神の御手洗より流れ来る川の水を「煩悩ノ、ツモレル垢ヲ、ミタラヰノ、キヨキナカレニ、ス、キツルカナ」と言わしめている。温泉と湯屋は共に神仏の功徳がある聖なる場所であった。

図５　「慕帰絵」に描かれた湯屋。西本願寺所蔵

③「慕帰絵[20]」

「慕帰絵」（図５）は本願寺三世覚如の伝記絵巻で、観応二年（一三五一年）に成立した。室町期の湯屋を知る上で貴重な絵巻である。内部は見えないが、焚口が詳細に描かれている。一つの釜は蒸気の取口と連結しており、隣の湯釜

でも同時に湯が湧かされている。大量の蒸気を中へ送り込むためには、絶えず湯を補充する必要があったのだろう。下級の僧が燃料の薪を運び込み、割っている様子がわかる。火の番をしているのは乱髪の童である。これは寺社に隷属奉仕する身分であろう。風呂を焚くという重労働には、役割ごとに階級差があった。

以上、様々な文献史料や遺構図、あるいは絵画史料により、おもに中世の寺院の湯屋の外観や構造を見てきた。それらによると、仏教のもたらした入浴形態は蒸気浴であった。温室または浴室と呼ばれる狭い空間に蒸気を満たすためには、外部の釜で沸かした湯を浴室に据え付けられた湯船に直接流し込むか、釜で発生した蒸気を直接送り込む方法があり、入浴の際には湯帷子を着用する場合が多かったと思われる。浮き出た垢は浴室内の取湯で流された（後出の図6を参照）。

いずれにしても、風呂を沸かすことは、たくさんの燃料（薪・柴）と大量の水と重労働を要した。経済的にもかなりの負担であったので寺院か上層貴族くらいしか湯屋を備えることはできなかった。それゆえ、風呂はもてなしや語らいの場となると同時に、「湯の功徳」として一般の人々、或いは貧苦者への施しの対象となっていく。(21)続いては湯施行に焦点を当て、中世に生まれ、近世にまで語り継がれた光明皇后にまつわる説話を考察したい。

三　光明皇后の湯施行譚と施浴

光明皇后の湯施行譚とは、非人に身を変じた阿閦仏《あしゅくぶつ》を、皇后自ら湯浴みをさせることにより昇天させるという説話で、中世初頭には広く流布していたと考えられている。この説話は施浴による「湯の功徳」と光明皇后の慈悲救済を讃えており、「光明皇后の垢磨り伝説」として人口に膾炙していく。

一　施浴思想と非人

「施浴」とは寺院などにおいて僧以外の一般民衆、特に獄舎の囚人や、社会から疎外されて貧病苦に喘ぐ、いわゆる「非人」と呼ばれた人々などを対象に、浴室を解放し入浴を施すことである。「非人」とは、共同体から排除され、差別された身分の人々をさす呼称であり、その起源は古代律令制の解体過程において、種々の状況から自然発生した没落民に求められる。[22]中世の身分制を解明する上で、非人の問題は極めて重要な課題であり、一九七〇年以降さらに、様々な角度からの研究が蓄積されてきた。[23]それについて言及することは、紙幅上できないが概括すると、個別発生した非人は、都市や交通の要所などに流入し、坂や河原などに集住し始める。やがて彼らは宿を形成する集団として、身分的・職能的分化を遂げる。十一世紀から十二世紀には、清水坂や奈良坂に非人宿が成立していた。[24]彼らは慈悲救済の対象でもあった。

黒田日出男氏は、平安期の施行は、米・塩・魚・酒などの食物などであったが、中世に入ると、湯施行に移行すると指摘する。[25]東大寺でも大湯屋再建を祝して「千日温室」が営まれたことは前述した。黒田氏はこのように湯施行が盛んになる背景には、入浴習慣の広がりと非人宿の形成があると述べる。一方、横井清氏は、非人への卑賤視は、仏教思想の根底にある宿業観と因果応報論に加えて、浄土教の往生論による、現世を穢土とする触穢思想、さらには、日本で独自に形成された陰陽道が導く触穢忌避などが合わせて醸成され、社会に浸透したことにあると指摘する。[26]非人は前世の罪障を負う「宗教的穢れ」をもつ存在と位置付けられた。なかでも不具者と癩病者は、[27]「大乗誹謗（仏教の道理を信じないこと）」の罪によって不自由な身体や宿業の病の現報を受ける身とされた。彼らは最も穢れた存在として、非人の最下層に置かれ、乞食《カタイ》と呼ばれた。次の『法華経』の一節には、大乗誹謗の現報が記されている。

若し人ありて、これ（法華経・引用者）を軽しめ毀りて『汝は狂人なるのみ、空しくこの行を作して終に獲る所なからん』と言わば、かくの如き罪の報は、当に世世に眼《まなこ》なかるべし。若しこれを供養し賛歎する者あらば、当に今世において現《まのあたり》の果報を得べし。若し復《また》、この経を受持する者を見て、その過悪《あやまち》を出さば、若しくは実にもあれ、不実にもあれ、この人は現世に白癩《びゃくらい》の病を得ん、もしこれを軽笑せば、当に世世に牙・歯は疎《す》き欠《か》け、醜《みにく》き唇《くちびる》、平《ひら》める鼻ありて、手脚は繚《もつ》れ戻《まが》り、眼《まなこ》は角睞《すが》み、身体は臭《くさ》く穢《きたな》く、悪しき瘡《できもの》の膿血《うみち》あり、水腹《すいふく》・短気《たんけ》、諸の悪しき重病あるべし、この故に、普賢よ、若しこの経典を受持する者を見れば、当に起ちて遠くに迎うべきこと、当に仏を敬《うやも》うがごとくにすべし

（『妙法蓮華経』普賢菩薩勧発品　坂本幸男・岩本裕訳注）

先に引用した同じ法華経の、澡浴を説く「安楽行品」の対極にある過激な思想である。法華経を謗る者への究極の現報に「白癩の病」を挙げ、考えうる限りの身体の醜悪な状態と困難を列挙している。

九世紀初頭に成立した日本最古の仏教説話『日本霊異記』にも、法華経を読む乞食を嘲り口が歪んだ男の話（上―十九）がある。しかし、同じく全身の瘡に苦しむ女性（上―八）や、首の腫物に苦悩する女性（下―三十四）の話では、本人が宿業の病と自覚し仏に帰依することで病は癒える。触穢思想が浸透する以前の仏教説話には、癩者の話はまだ見出せない。法華経の霊験で業病は癒えるのである。[28]ところが、十二世紀初頭に成立した『今昔物語集』になると、嫉妬心の末に白癩を蒙った僧は、穢れた身として非人にさえ疎まれ死ぬ（二〇―三五）。触穢思想の歴史的形成を経て、癩者への差別が顕在化したことがわかる。それゆえ、現報の「罪の穢れ」「病の穢れ」を負った人々は、同時に救済されるべき存在でもあり、[29]「湯の功徳」により、浄化されるべき対象であった。非人への湯施行は寺院による大規模なものばかりでなく、個人の追善仏事などに際しても施された。[30]重要なことは、湯施行は施される者だけでなく、施す側にとっても、極楽往生の為の滅罪行為であり、湯屋は仏や菩薩の影向を見る神聖な場所であった。かかる中世の入口に、光明皇后湯施行の伝承が一つの物語として登場する。

二　光明皇后湯施行譚の成立と展開

光明皇后湯施行譚は、『建久御巡礼記』（以下『御巡礼記』）に姿を現す。[31] 同巡礼記は建久二年（一一九一年）、皇后の位にあったさる女性が、南都十四の寺社を巡礼した時の見聞記で、各寺社の縁起集といった体裁をとる。作成者は彼女に随行した興福寺の僧実叡である。また、さる女性とは藤原頼長の養女で、近衛天皇の后藤原多子が定説となっている。[32] この説話は、ほぼ同時期に成立した『宝物集』（平康頼著）にも収載されている。[33]

光明皇后の湯施行譚については、黒田日出男氏の問題提起を嚆矢として、[34] 説話文学の立場から、阿部泰郎氏による綿密な論述がある。[35] また太田有希子氏の、当説話を光明皇后の往生譚として読み解く、示唆に富む論考もある。[36] また近藤謙介氏は、『御巡礼記』が、治承四年（一一八〇年）の平重衡による南都焼き討ちで灰燼に帰した興福寺の再建事業に一区切りがついた時期に成立したものであると指摘する。[37] さらに氏は、同巡礼記は活字による南都再建と藤原氏の繁栄を企図したものであり、九条兼実が関係していたとの見解を述べるなど、国文学において研究成果が蓄積されている。[38]

光明皇后の湯施行譚は同巡礼記「法華寺」の項で、寺の由緒や沿革を記した後、阿閦寺の縁起として語られる。次にその部分を掲げる。

此寺ノ鳥居ノ東南幾不去、田中に松一本生ル所、是昔ノ阿閦寺ノ跡也、光明皇后、東大寺、法華寺、カヤウノ寺々作ラセ給ヒテ後、吾功徳皆作リ満《ミテ》ツト思召ケルニ、空ノ上雲ノ中ニ声有リテ、告て言ク、汝イマダ不満ト告けり、妃ノ宣ク、何功徳カ不作功候ト、答給ケレバ、温室ノ功徳也ト告ケリ、サテ、彼所ニ湯屋を建テ、湯ヲ沸サセ給ヒテ、今日《ケフ》始テ湯浴者《アムルモノ》有ラバ、吾自垢摺《ワレミヅカラアカスラムト》誓ハセ給ケリ、カヽル程ニ、清水坂ノ者ノ、ユヽシゲナル一人出来テ、ハヰヲリテ無左右浴《アミ》居タリ、カヽル無差ノ功徳ナレバ、イフベキナラデ見居程に、サテ早々《トク》后吾背摺《ワガセナカスラセ》給へと申ケレバ、皇后思召煩ケリ、サレバコレガ申ケル様ハ、若吾垢摺《ワガアカスラ》不ズバ給、后ノ御願は汗《ケガ》レナムズト申ケレバ、コトワリニ被責テ、マコトニ人ニヨルベカラズトテ、御手ヲ申《(伸カ)》テ、忝《カタジケ》ナク汗ラハシクキタナク煩《ワズラハシキ》を、念ジテ触《フレ》サセ給テ、仰セテ言ク、サルニテモ、吾レ自カク垢摺ツト、人ニ語ルナト、仰セケレバ、此ノ者、申ケル様ハ、吾阿閦仏また、コノ所ニ来リテ湯浴ツト云事、后チラサセ給フナトテ、光ヲ放、香《カウバ》シクテ空ヘノボラセ給ヒヌ、コノトキ、皇后ナゴリヲ、恋悲《コヒカナシミ》、タテマツラセ給ヒテ、其ノ湯屋ヲ寺トナシテ、阿閦寺と名ケラレキ、其ノ昔ノ跡ナリ、

光明皇后が、東大寺や法華寺を創建したことで自分の功徳は達成されたと思っていたところ、天の声は、最大の功徳である「温室の功徳」が足りないとたしなめる。そこで皇后は無遮（平等な）の湯屋を構え、最初に来た者の垢を自ら摺ろうと誓う。そこに来た清水坂の者の要求に応じ、願を守るために厭わしくもその垢を摺る。皇后は彼の者に、「私のしたことを人に漏らすな」という、するとその者も「吾は阿閦仏なり、ここに来て湯浴みしたことを人に告げるな」と返し、たちまち香気を放ち天に上った。これを惜しんだ皇后は湯屋を寺となし阿閦寺と名付けた。以上が大意であるが、「温室の功徳」はあくまで阿閦寺の縁起にかかるもので、法華寺のそれではない。

やがて、この説話は、法華寺の縁起に取り込まれる。嘉元二年（一三〇四年）に成立した『法華滅罪縁起』[39]には、「そのゆかま、ただいま法華寺にあり、かまの中に薬師の十二神をいつけたてまつれるなるべし」とあり、当時おこなわれていたであろう「三毒のやまひをいやし、衆病悉除して、身心安楽ならむこと、うたがひあるべからず」と法華寺の湯施行に帰結させ、西大寺流律宗により再興された当寺の縁起を飾る。ここでは、清水坂の「ユ、シケナル者」が「癩疾《らいしち》」と明記される。最も高貴な存在の皇后と最も不浄視された癩者の出会いが、湯を介して奇跡を起す、という説話の輪郭がより鮮明になっている。湯施行譚は典型的な仏教説話であるが、その典拠は未詳である。しかし、中世初頭の南都には、すでにこの伝承は流布していた。

永万元年（一一六五年）、僧珍慶は毎年七月七日の温室料として田二段を東大寺に寄進した。その「施入状」[40]にすで

に説話の片鱗が見える。珍慶は「温室洗浴之行者、得度成仏之謀也」と述べ、続いて「光明皇后浄十千之道俗、阿閦歓喜現光、是以決定往生之業因」と、光明皇后が千人に湯施行し、阿閦仏が降臨したという伝承を記す。これは、悲田院や施薬院を開いた光明皇后の慈善救済に仮託したものであろうが、東大寺や興福寺のような大寺院が営んだ湯施行の場などで、繰り返し唱道されてきたのであろう。湯施行は「往生之業因」のための「最尊第一作善」であった。珍慶自身も自己の往生の機縁を結ぶための寄進である。太田氏の「非人への湯施行は光明皇后の女人往生の機縁であった」との指摘も首肯できる。(41)

三　『元亨釈書』にみる光明皇后

その後、光明皇后の湯施行譚は、元亨二年（一三二二年）に成立した『元亨釈書』(42)に、一層の濃度を上げて記される。皇后が「千人垢」を去らんと建てた温室に来た最後の一人は、室に臭気が満ちるほどに、全身が疥癩《かいらい》に覆われた者であった。その者は「全ての膿を吸えば病が癒えると良医に言われた」と皇后に迫る。やむなく全身の膿を吸い舐る皇后。結末は同じく阿閦仏の化現であるから、『御巡礼記』を土台としていることは明らかである。しかし、疥癩者の臭気と膿を加え、皇后に隈なく吸わせる過激な展開は、『御巡礼記』には見られず、「清浄」と「穢れ」の落差が際立つ。阿部氏は、「光明皇后に関する伝承はここに定まった感がある」と述べ、後の縁起絵や聖者伝、参詣記、霊験記、温泉縁起、説教節などに展開する過程を論証している。(43)

さて、『元亨釈書』のこの描写は『今昔物語集』震旦巻六―六「玄奘三蔵、渡天竺傳法帰来語」と酷似する。(44)唐の玄奘《げんじょう》が、異様な臭気の漂う山中にて遭遇した女人は、「身ニ瘡ノ病有リテ、首ヨリ趺《アナウラ》ニ至ルマデヒマナク身爛レ鯹《ナマグサク》テ臭キ事ノ難堪キニ依リテ、我ガ父母モ不知ズシテカク深キ山ニステタル也」と身の上を語り、「醫師有テ云ク、首ヨリ趺ニ至ルマデ膿汁ヲ吸ヒ舐レラバ、即チ、癒サムト云ヒキ」と嘆く。玄奘は気絶するほどの臭気に耐えて、女人の全身の膿を吸い取る。すると瘡はたちまち癒え、観自在菩薩が出現する。『元亨釈書』と同じ膿を吸う描写は、『今昔物語集』の流布、展開を考える上で興味深い。しかし、虎関師錬は最後に自己の見解を述べている。

賛曰、或人ノ言、光明皇后去垢、可謂光前絶後乎、余曰、設温室者可也、去垢者不可也、曰、若不去垢、争感阿閦仏乎、曰、阿閦仏生堅誠也、苟有堅誠、造次顛沛、皆見阿閦仏、何必區區、去垢吸膿、始為得乎、又夫君君、臣臣、婦婦、人倫之大常也、我光明子、婦徳陰教、奉佛崇法、古来寡儔也、然去垢者、失常也矣、（後略）

虎関師錬は、「光明皇后が千人の垢を搯ったことは偉業だと絶賛されている。私に言わせれば、温室を営んだことはよい。しかし、垢を搯ったことはよくない。もしも垢を搯らなければ、阿閦仏が現れなかったというのか。阿閦仏は堅忍不抜の誓いを立てて生まれてきたのだから、その誓いがいやしくもにわかに転倒することはない、衆生は誰でも阿閦仏を見ることができるだろう。垢を搯り、膿を吸わなければ徳を得られないとでも云うのだろうか。君は君、臣は臣、婦は婦と、分相応が世の慣いである。わが光明子は、仏法を敬い、陰徳を積んだ古来たぐいなき婦人である。垢を搯る行為など常軌を逸している」と記すのである。

つまり、光明皇后の「去垢」に懐疑と批判の目を向けているのである。このことは、虎関師錬の手元にあった『御巡礼記』のテキストが、すでに玄奘の説話を借りて増補改竄されていたことを意味する。決して彼の脚色ではない。多分に揶揄の込められた過激な描写を、彼は批判しながら引き写したのであろう。同じく巻九「東大寺実忠」に記される光明皇后への眼差しも同様である。それは、若き実忠の身体を覗こうと温室を設け、夢の中で交わる光明皇后の著名な逸話である。光明皇后の湯施行譚から派生したであろう内容は、湯屋という密室の妖しさ、危うさを感じさせる。

『元亨釈書』に用いられたであろう『御巡礼記』のテキストがいつの段階で変化したのかは不明である。現在伝えられている諸本とは別の写本だった可能性もある。むろん、『今昔物語集』の描写とて、空想の産物ではなく、病の実

図６　「大仏縁起絵」の阿閦仏。東大寺所蔵

状を示しているのだと思えば、「疥癩者」を最も穢れた存在として差別する触穢思想が深化していたことがわかる。彼らは「聖なるもの」の対極に位置する存在であった。

珍慶の施入状にある伝承が皇后の「垢を搯る」行為を含んでいるのか、単に「千人温室」の場に阿閦仏が影向しただけなのかは不明である。何れにしても、『元亨釈書』は、光明皇后の湯施行譚が『建久御巡礼記』の制作意図を離れ、癩者への差別を伴った、普遍的な伝承として流布し出す分岐点だった。

四　光明皇后と阿閦寺・阿閦仏

一　石上宅嗣《いそのかみやかつぐ》との関連において

本節では、今まであまり言及されてこなかった、説話中の「阿閦仏」と「阿閦寺」について考察を加え、当説話の新たな一面を掘り起こしてみたい。

図６は東大寺に伝わる天文五年（一五三五年）制作の「大仏縁起絵」(45)の一場面で、光明皇后の湯施行が描かれている。画中の阿閦仏は光明皇后湯施行譚には欠かせない仏である。しかし、なぜ阿閦仏なのか、あまり馴染みのない仏に対し、素朴な疑問が湧く。

『建久御巡礼記』では、湯施行譚は皇后創建の阿閦寺の縁起として語られるが、もとより架空の寺である。しかし、実叡が指す一本の松が生える場所には、かつて同名の寺が存在した。これは紛れもない史実である。寺の主は石上宅嗣朝臣。聖武天皇、光明皇后そして娘の孝謙天皇と同じ八世紀を生きた宮廷官人である。彼は自宅を阿閦寺となし、一隅に漢籍を取り揃えた「芸亭《うんてい》」を設けたことで名高い文人でもある。宅嗣の阿閦寺の所在地は、現在の一条通に北面した左京二条三坊九・十・十五・十六坪辺りで法華寺の東南になる。まさに『御巡礼記』の「此ノ鳥居ノ東南」と一致するのであるが、天長五年(八二八年)には廃絶していた[46]。

なぜ『御巡礼記』の湯施行譚に阿閦寺が登場するのかについては、二通りの解釈があろう。①たまたま寺址が法華寺に隣接したということで阿閦寺が説話に取り込まれた。②宅嗣の阿閦寺は説話にとって意味がある。①は単純妥当な解釈で、通説である。この場合、阿閦仏にさほど意味はない。湯の功徳を説くのであれば、他の仏や菩薩でも代替できる[47]。しかしそうだとすれば、半世紀前の珍慶の施入状に見える、「阿閦歓喜現光」はどう理解するのか。②は宅嗣の阿閦寺を意図的に取り込んだことになるが、それを推す積極的な論拠はない。光明皇后の阿閦寺と宅嗣の阿閦寺は地理的には重なるものの、接点が曖昧なまま今日に至っている[48]。①、②いずれの場合でも、光明皇后の伝承と阿閦仏の関係を今一度検討すべきであろう。

それを解く鍵は、湯施行譚の前段で語られる、法華寺金堂の浄名居士像の由来にある[49]。浄名とは維摩のことである。内容は、「最初法華寺でおこなわれていた維摩会が興福寺に移されてより、金堂にある維摩居士像が恋しがって興福寺の方向を向く」というものである。維摩会は『維摩経』を講賛する法会で、藤原氏の始祖鎌足の病が『維摩経』問疾病品第五の読誦により治癒したことを濫觴に、ついで興福寺を建立した子の不比等の病、その娘光明皇后の病の折にも修せられた。その後天平宝字元年(七五七年)、孝謙天皇は、鎌足の命日に興福寺で修すべき勅会とした[50]。維摩会は鎌足以後四代を経て、藤原氏一族の病気回復のための個人的法会から、皇室繁栄の国家的法会となったのである。いわば『維摩経』は護国経典ともなったのである。

阿閦仏はその『維摩経』に登場するのである。維摩は経典の中で、在家信者として、釈迦や仏弟子と問答を交わしながら、大乗仏教の核心を説くのであるが、維摩は妙喜国から姿を消して、現世に生まれてきたと説明されている。その妙喜国の教主が阿閦仏なのである[51]。『維摩経』は藤原氏の基であり、阿閦仏は藤家繁栄の象徴でもある。藤原家を代表する光明皇后と阿閦仏は結びついて当然の仏であったと考える(52)。

石上宅嗣については、(1)『続日本紀』(53)天応元年(七八一年)六月の「甍伝」と(2)『延暦僧録』の「芸亭居士伝」(54)にまとまった事跡が記されている。山本幸男氏は最新の論考で、宅嗣が生きた時代の『維摩経』をめぐる様相を考察するとともに、前述の二伝を用いて、宅嗣が『維摩経』に傾倒していく過程を明らかにした(55)。以下、山本氏の研究に依拠しながら、宅嗣の事跡を確認したい。(1)から逆算すると、宅嗣は石上弟麻呂の子として、天平元年(七二九年)に生まれ、天応元年に五三才で没する。極位極官は大納言正三位であった。

やがて宅嗣二〇才の時に孝謙天皇が即位し、以後功臣としての官歴を重ねる。『続日本紀』によると、宅嗣は天平宝字五年(七六一年)に念願の遣唐副使に任じられながら、翌六年には罷免されている。このことで恵美押勝(藤原仲麻呂)への不満を高め、翌七年に、藤原良継、大友家持らとともに恵美押勝暗殺計画に加担し捕縛される。しかし、天平宝字八年(七六四年)に押勝が誅殺され、孝謙天皇が重祚すると復帰を果たし、引き続き政権を支える。神護景雲四年(七七〇年)に天皇が崩御すると、白壁王(弘仁天皇)の立太子を諮る。当時淡海三船《おうみのみふね》と並んで文人の首と称された石上宅嗣が、時の政権と決して無関係ではなかったことがわかる。

山本氏は、宅嗣の仏教への関心が深まる契機となったのは、天平勝宝六年(七五四年)の鑑真の来朝以来のことではではないかと推測する(56)。それについては行論上、深く立ち入ることはしないが、その後の遣唐副使罷免を重ねると、三十代宅嗣の政治的失意が仏教へ帰依する画期となったともいえるのではないか。次に(1)「甍伝」(2)「芸亭居士伝」から、彼の信仰生活を表す箇所を抜粋した史料イ・ロを見てみよう。

史料イ　捨其旧宅、以為阿閦寺、々寺内一隅、特置外典之院、名日芸亭、如有好学徒、欲就閲者恣聴之、(「甍伝」)

史料ロ　以宝字年勅遣唐大使、雲海万里、波濤億重、欲達王命、帰心妙覚、捨住宅為玄寺、造阿閦仏像一鋪、東西狭堅二幡竿、捨荘田入僧、放奴婢出賤、単持一鉢、手貫三衣、仰四真諦帰心三宝、(「芸亭居士伝」)

以上史料イ・ロから、宅嗣は唐に渡って王命を果たそうと願い、仏心に目覚め、自宅を喜捨して阿閦寺となし、阿閦仏を安置したこと、敷地東西に二本の幡を立てたこと、自分の荘田は僧に施入し、奴婢を解放し、托鉢のための鉢と、三枚の僧衣のみを所持し、三宝に帰依したことがわかる。また史料イによれば、住宅の一隅に設けた芸亭では、勉学の徒は自由に漢籍(外典)を学ぶことができた。特に史料ロは宅嗣の阿閦寺の具体的な姿を伝えており、何より彼が本尊として阿閦仏を安置したことは注目すべきである。

山本氏曰く「芸亭居士伝」には、①宅嗣の阿閦寺には、維摩が生まれた妙喜国の教主である阿閦仏が安置されていること②宅嗣の方丈は、『維摩経』問疾病品にある維摩の部屋を模して作られているかに見えること③現存はしないが、彼の著作と思われる「三蔵賛頌」が唐にもたらされ、現地の僧を「日本にも維摩がいるのか」と驚嘆させたことが記されていること、以上から、宅嗣が信仰したのは『維摩経』であると結論する。説得力のある根拠である。

以上、石上宅嗣の『維摩経』信仰を導き出すこと長きに渡ったが、宅嗣の信仰生活は自ら芸亭居士と称し、維摩居士に擬する一面があった。光明皇后は『維摩経』を介して阿閦仏とつながり、石上宅嗣もまた阿閦仏を介して光明皇后とつながるのである。無論、当該期、藤原氏によって展開されていた国家的水準の『維摩経』称揚や維摩会の催行と、非藤原流の個人の信仰を同次元で語ることはできないだろう。しかし、『続日本紀』に「薨伝」が収載され、在家でありながら、日本初の高僧伝「延暦僧録」にもその名を留めるほどの廷臣の事跡が、『建久御巡礼記』の光明皇后の説話の意図と無関係だとはいい切れない。むしろ、実在の阿閦寺址と阿閦仏こそ、取り込まれた要素だったのではないか。とすれば、巷間の光明皇后の伝承そのものが、藤原氏一族か、皇后御願の西金堂や維摩堂を有する氏寺興福寺、あるいは皇后発願の東大寺周辺において生成されたのではないかと考えたい。

二　阿閦仏について

最後の問題関心は阿閦仏である。

阿閦仏は、大乗仏教になってはじめて登場した。『阿閦仏国経』[57]によると、東方妙喜世界の教主とされる仏である。インド仏教の発展段階を女性解放の立場から見ると、紀元前五世紀、釈迦と仏弟子たちの根本仏教の時代は、男女とも等しく最高の位に上ることができた。しかし、釈迦の入滅後一世紀を経て、仏教教団が部派分裂する。その一つの小乗仏教が台頭すると、女性は往生が叶わず男性のみが可能だという考えができる。これは当時のインド社会の女性の地位の低さを反映していることはいうまでもない。ところが、紀元前後に登場した大乗仏教は、「空の思想」（すべての本質は空であり、男女の区別はない）と「阿弥陀の慈悲」によって女性を女性の身から解放しようとした。[58]『阿閦仏国経』は『阿弥陀経』と並んで、最も早く成立した原始大乗経典である。その後、紀元二〜三世紀にかけて初期大乗仏教の経典『維摩経』『法華経』『無量寿経』『華厳経』などが制作され、拡大する。『阿閦仏国経』も後漢時代には漢訳されている。[59]「法華経」は、それまでに教団内に定着していた女性の五障三従説（女性には五つの障りと三種の忍従が課せられている）を否定しきれず、妥協策として「変成男子」による女人成仏を説く。しかし『阿閦仏国経』には女性への差別はみられない。むしろ女性を現実の肉体的苦しみから解放しようとする。阿閦仏の住む妙喜国は女性にとって理想郷に等しい。その一節を記す。[60]

仏は、腹た舎利弗に語りてたまわく、阿閦仏刹の女人は妊身にして産する時、身に疲極せず、意《こころ》に疲極を念ぜず、但だ念は安穏にして、亦た苦有ること無し、其の女人は一切亦た諸の苦あること無く、亦た臭処・悪露も有ること無し、舎利弗よ、是れ、阿閦如来の昔時の願致す所を為《もっ》て、是の善法を得るなり。其の仏刹には能く及ぶ者有ること無し仏、賢者舎利弗に告げたまわく、若し善男子・善女子、意に念じて、殿舎に入るに足下に自然に蓮華を生ぜしめんと欲して、皆な蓮華をして一処に合聚せしむれば便ち合聚し、意に虚空中に上らしめんと欲せば、仏の威神を承け、其の蓮華は、人民を用ての故に、便ち虚空中に上り羅列して行を成さんと

（巻の上　阿閦仏刹善快品第二より抜粋）

前半は「女性は出産の苦しみを感じることなく、身も軽く、すべての苦から解放されている。女性に一切の苦はなく、嫌な臭いも何もない。それは阿閦仏が昔願を立てたからで、ここを上回る仏刹はない」のである。さらに、後半は「男女は等しく一処に集まり、同じ蓮華に乗ることができる。心が念じれば阿閦仏の威を受けて速やかに空中に上り、連なって修行ができる」ということであり、男女の区別は一切ない。欲しいものは全て願うだけで手に入り、心のままに何事もできる、そう説く『阿閦仏国経』はあまりに単純で、後発の複雑に編纂された諸経典に比べて妙味がなかったのか、徐々にすたれる。しかし、出産や月の障りなどの女性特有の身体苦が無条件に消えるというのは驚きである。

図７　阿閦如来：塔本四仏坐像。奈良西大寺所蔵

さて、日本の阿閦仏の彫像は、密教における金剛界の五智如来[61]として造像されたものがほとんどであり、一般的に密教の仏と理解されている。これは七世紀にインドで成立した密教が阿閦仏を組み込んだ結果である。それを九世紀に、空海が唐より将来したのである。しかし密教以前、阿閦仏は護国経の『金光明経』が説く四仏の内[62]、東方世界を守る仏と位置付けられていた。天平宝字八年（七六四年）、孝謙天皇によって建立された西大寺に安置される阿閦如

来像は、その数少ない例である（図7）。しかし、顕教、密教いずれの場合も、単独で信仰の対象になることはない。それゆえ宅嗣の阿閦寺は阿閦仏を単独で信仰した稀有な例といえる。彼にとって、維摩居士の故郷である妙喜国の教主は、単独で帰依すべき仏であった。『維摩経』もまた、「変成男子」説を退け、女人は女人のまま往生できると説いている。[63] 西大寺の阿閦如来を含む塔本四仏は、宝亀一一年（七八〇年）の資材帳にはなく、それ以後の造立あるいは移入と考えられているが、宅嗣安置の阿閦仏は、それより早く南都に存在していたことになる。

『建久御巡礼記』に話を戻すと、光明皇后の湯施行譚は、はからずも、阿閦仏を介して大乗仏教の最古層にある女性解放の教義を宿していたことになる。虎関師錬の見解通り、皇后自身、垢を揩らずとも、湯屋に阿閦仏は影向し、皇后も女人のまま往生できるはずである。仏教思想と触穢思想による女人差別が厳然とあった中世に、光明皇后の湯施行譚は、時代意識を超えて、すでに一つの奇跡と言えよう。

三　阿閦寺と北山十八間戸

光明皇后の湯施行譚は、江戸期に銭湯文化が普及すると、湯の霊験を説く機能は薄れ、川柳や浮世絵といった諧謔の世界に溶け込む。裏を返せばこの伝承が、江戸庶民の共通認識となるまでに敷衍していたということである。[64]しかし、南都においては、光明皇后の説話は長く記憶されるべきものであった。[65] そして、阿閦寺はどうだろうか。もとより、『建久御巡礼記』において法華寺を語る上で必要なこの架空の寺を、その後中世の史料に見出すことは困難である。しかし、享保二〇年（一七三五年）に前後して成立した地誌『大和名勝志』『奈良坊目拙解』のいずれにも、北山十八間戸という温室のある施設を阿閦寺と号しているとの記述があり、再び阿閦寺の名が浮上する。

北山十八間戸が史料に初めて登場するのは永禄六年（一五六三年）であり、「十八間癩人宅」という記述から、そこは救癩施設であったことがわかる。[66] 京街道沿いの般若坂の麓に位置する、その長方形の特異な建造物は、大正一〇年（一九二一年）に国の史跡指定を受け奈良県が管理しているが、江戸期以来、忍性由来の建造物であると認識されている。

忍性は一三世紀の奈良で、師の叡尊と共に般若寺を拠点に北山非人宿の非人救済に心血を注ぎ、その後鎌倉極楽坂に施療院や非人温室などを建てた、西大寺流律宗の僧である。(67) 叡尊・忍性の時代に、般若寺の北に存在した「疥癩屋舎」(68)と北山十八間戸を結びつけた移転説は、史料的根拠を見い出せないまま、明治期の調査報告により、北山十八間戸＝阿閦寺＝忍性創建説が定着し、現在に至る。

吉田栄治郎氏は、これに疑義を呈し、嘉暦三年（一三二八年）の東大寺文書(69)より、般若坂にあった東大寺の「今在家非人温室」の存在を明らかにし、その場所が現在の北山十八間戸と同位置であること、さらにはその温室を般若寺の北に移転しようとしていたこと、その後移転した形跡がないことなどを検証し、東大寺の「非人温室」こそが北山十八間戸の前身であるとの結論に至った。(70)

また奥村武裕氏は、弘化元年（一八四四年）の「和州奈良之図」以降、複数の奈良町絵図に「あしゆく寺・北山十八けん」と記されていることを確認しながら、幕末から大正期に至る北山十八間戸関係の史料を紹介した。北山十八間戸は明治維新後に救癩施設としての役目を終えるが、その後民間人によって、光明皇后の霊験を謳った「カラ風呂」が営業され、多くの湯治客が訪れたことも記録されている。国の史跡指定を受けるまでの段階で、北山十八間戸（＝阿閦寺）に安置されていた本尊阿閦仏如来三尊像、阿閦如来画像（宝暦四年東大寺上観上人作）、光明皇后施浴図屏風、阿閦寺額は散逸し、現在の所在は不明である。(71)

五　中世の湯屋の光と影

中世仏教のよって立つ身体観は、近代の西欧で成立したそれとは異質であると思われる。もちろん、そのなかには共通する課題や現代につながる多くの重要な問題が内包されていることは言うまでもない。

本章では、「身体にかかわる歴史」の一様相として、身体が見える場としての入浴に視点を定め、日本中世の湯屋について、若干の考察を試みてきた。

前半一〜二節では、はるかインドの地で生まれた、僧侶の身を清める作法「澡浴」が、仏教の伝来とともに日本の寺院へもたらされたことを起点にして、古代寺院の資財帳や遺構図などから、その規模や構造を、続く中世の絵画史料である絵巻からは、湯屋全体の概観や、釜の焚口、井戸の位置、燃料の薪や水の運搬などの労働の様子を具体的に確認した。その結果、中世の入浴法は、蒸気浴であり、直接湯に入る習慣は近世まで待たなければならなかったことがわかった。入浴は僧侶にとって修法のための身の潔斎であり、その教義は『法華経』を基盤に入浴の功徳を説いた『洗浴功徳経』『仏説温室洗浴衆僧経』などの経典を介して、寺院の生活習慣となり、やがては民衆への施浴という形で広まってゆく。

本来身体を洗い、清潔に保つことは肉体と精神を健康に保つための欠かせない行為である。しかし、仏教が創出した入浴思想は、清浄なる存在の対極に不浄の存在を置いた。不浄は、仏法を誹謗する現報であり、それによって蒙る身体の障害、可視的に醜悪な状態を呈す皮膚の疾患は「宿業の病」「病の穢れ」とされ、現実には、社会から疎外された非人、中でも癩者という貧病者を最も不浄なる存在として差別、排除した。同時に、前世の宿業、穢れを負わされた人々は、宗教的に救済されるべき存在ともなった。

後半三〜四節では、鎌倉初期に生成された「光明皇后湯施行譚」を取り上げ、湯屋という宗教的に清浄な場を舞台に、非人に身を変えた阿閦仏が高貴な女人光明皇后に垢を摺らせ、昇天するという奇瑞譚が、その後流布していく過程を考察した。当説話には藤原氏顕彰や女人往生の機縁という一面も含まれようが、施浴の対象である非人わけても癩者への差別を顕在化させ、固定化させる契機となったことは否定できない。中世において、清浄なる場である湯屋は、「湯の功徳」という光とともに「宿業観」という影も宿していた。特に近代以後、ハンセン病患者の人たちが、一九九六年の「らい予防法」の撤廃に至るまで歩んできた、長く苦難に満ちた歴史を考えるとき、湯屋という場で生まれた光明皇后の説話は、単なる伝承として看過できない重さで迫ってくる。やはり仏教の功罪は大きいと言えるだろう。[72]負の歴史に学ぶまなざしも忘れてはならない。

はるか中世の入り口の南都で生成された皇后光明の説話は、阿閦寺とともに近代まで語り継がれた。しかし、自らの身体に宿業の烙印、病の穢れを押された人々が救済されんと願った阿閦仏が、本来は無条件で人々をあらゆる苦しみから解放し、男女を区別することなく極楽へ導く誓願を立てた仏であったことを、どれほどの人が知っていたであろうか。はからずも、光明皇后の説話を読み解く過程で、大乗仏教の古層に位置した阿閦仏に出会えたことは、筆者のささやかな成果である。

注

(1) 日本の風呂文化についての一般書は、武田勝蔵『風呂と湯の話』(塙書房、一九六七年)、山田幸一監修・大場修『風呂のはなし——物語ものの建築史』(鹿島出版会、一九八六年)、江夏弘『お風呂考現学』(TOTO出版、一九九七年)などがある。
(2) 阿部猛「湯屋」『日本歴史』二六六、一九七〇年。橋本初子「大師信仰と東寺の湯」『中世東寺と弘法大師信仰』思文閣出版、一九九〇年。松永勝巳「湯屋の集会」『歴史学研究』七三二号、二〇〇〇年。高橋一樹「東大寺の湯屋料田を素材として」国立民俗博物館編『中世寺院の姿とくらし 密教・禅僧・湯屋』、山川出版社、二〇〇四年。井原今朝男『史実 中世仏教』第一巻、興山舎、二〇一一年。
(3) 坂本幸男・岩本裕訳注『法華経』中、二五八頁、岩波文庫、一九六二年。
(4) 義浄撰、宮林昭彦、加藤栄司訳『現代語訳南海寄帰内法伝——七世紀インド仏僧伽の日常生活』法蔵館、二〇〇四年。
(5) 寺崎敬道「七世紀のインドにおける浴仏供養について」(『駒沢大学仏教学研究会年報』二四号、一九九一年)を参照。日本では、天平宝字五年(七六一年)に、写経生大石毛人の最古の写本一巻がある。
(6) 神塚淑子「仏典『温室経』と道典『洗浴経』」(『名古屋大学文学部研究論集、二〇一四年)を参照。
(7) 山本幸男『奈良朝仏教史攷』(法蔵館、二〇一五年)の巻末の、玄昉将来経典の一覧表。その数千二百余部。
(8) 源為憲 出雲路修注『三宝絵』下、平凡社・東洋文庫、一九九〇年。
(9)『正法眼蔵』第五〇、『日本古典思想大系』一三、道元下、岩波書店、一九七二年。

(10)『今昔物語集』巻二〇、六―一七には、「東山ノ邊ニ湯沸シテ候所ニ」とあり、一般が湯浴みできる施設(寺院か)があったことがわかる。

(11)法隆寺、大安寺ともに『大日本古文書』二、『寧良遺文』中に所収。

(12)岩本隆司「京都府向日市の宝菩提院廃寺湯屋遺構について」『ヒストリア』一八五号、二〇〇三年。

(13)『奈良六大寺大観』東大寺一、岩波書店。

(14)藤田経世編『校刊美術史料』寺院篇上巻、中央公論美術出版、二〇〇八年。両方とも、大江親通が、嘉承元年(一一〇六年)と保延六年(一一四〇年)と二度南都七大寺を巡礼した時の日記である。

(15)『東大寺造立供養記』は『群書類聚』第二四輯釈家部に所収。

(16)「上醍醐谷風呂指図」(国立歴史民俗博物館所蔵)。永正十八年(一五二一年)作成の風呂設計図には、蒸し風呂用の「小風呂」と桶が複数置かれた湯船が描かれる。

(17)清浄光寺所蔵。現在『一遍聖絵』の維持管理は、寺内の遊行寺宝物館が行っている。二枚の画像は当館から直接ご提供いただいた。館長の遠山元浩氏のご厚意とご教示に感謝申し上げる。

(18)山村信榮「中央大宰府と『一遍聖絵』の世界――鎌倉時代の武士の館と原山」『考古学と中世史研究9・一遍聖絵を歩く――中世の景観を読む』高志書院、二〇一二年。

(19)曼殊院所蔵。『新修日本絵巻物全集』二七、角川書店。

(20)西本願寺所蔵。『新修日本絵巻物全集』二〇、角川書店。

(21)松尾恒一「中世寺院の浴室―響応・揺らい、芸能」一遍研究会編『一遍聖絵と中世の光景』ありな書房、一九九三年。

(22)細川涼一『中世の身分制と非人』日本エディタースクール出版部、一九九四年。

(23)黒田俊雄「中世の身分制と卑賤観念」『日本中世の国家と宗教』岩波書店、一九七五年。黒田氏は「非人」を荘園制社会の支配秩序から排除された「身分外身分」と規定した。以下主だった研究を挙げる。網野善彦『日本中世の非農業民と天皇』岩波書店、一九八四年。大山喬平「中世の身分制と国家」「奈良坂・清水坂両宿非人抗争雑考」『日本中世農村史の研究』、一九七八年。永原慶二「中世社会の展開と被差別身分制」部落問題研究所編『部落史の研究―前近代篇』部落問題研究所、一九七八年・脇田晴子「散所論」『室町戦国の社会』吉川弘文館、一九九二年。横井清『中世民衆の生活文化』東京大学出版会、一九七五年。山田洋子「中世大和の非人についての一考察」『年報中世史研究』四、一九七九年。なお、細川涼一氏は(22)前掲書で、自身の「非人論」を展開する中で、それまでの研究の動向や課題をまとめている。

(24)『尊卑文脈』の藤原頼長の項には、「自木津移入奈良坂小屋、於件所遂終焉、今夕葬般若野」との記述がある。また『今昔物語集』巻二〇―二五には、「清水坂本ノ庵」で死んだ僧心懐の話を載せる。

（25）黒田日出男『境界の中世象徴の中世』東京大学出版会、一九八六年。『小右記』長元四年（一〇三一年）三月一八日条は「清水坂之者」に塩を施行とある。『山塊記』保元三年（一一五八年）九月七日条は記主妣の仏事に「清水坂非人」が米を乞いに来たとあるが、『吉記』元暦元年（一一八四年）一一月一〇日条では、記主の父の仏事に、「左右獄舎」と「清水坂非人」に湯施行をおこなっている。
（26）横井清「中世の触穢思想」（前掲『中世民衆の生活文化』）
（27）中世の癩という病が、すべて現在のハンセン病であったとは断定できない。不衛生かつ栄養不良の環境により皮膚病（疥癩）が悪化した場合も多分に含まれていたと推測する。
（28）大塚千紗子『日本霊異記の罪業と救済の形象』笠間書院、二〇一七年。
（29）『御深草崩御記』嘉元二年八月条『鎌倉遺文』二一九五二号、泉涌寺知事の「注文」には、蓮台野、清水坂、安居院悲田院などの非人数百人以上に施行と湯施行をおこなっている。
（30）『吉記』元暦元年一一月一〇日条。
（31）刊本は藤田経世編『校刊美術史料　寺院篇上』（中央公論美術出版、二〇〇八年）所収
（32）大橋直義「建久度「御巡礼記」の位相――『建久御巡礼記』の「現在性」をめぐって」『説話文学研究』四〇、二〇〇五年。
（33）岩波書店『新日本古典文学大系』四〇。
（34）注（25）黒田日出男前掲書。
（35）阿部泰郎「湯屋の皇后――光明皇后湯施行の物語をめぐりて」『湯屋の皇后――中世の性と聖なるもの』名古屋大学出版会、一九九八年。
（36）太田有希子「光明皇后説話の位相――『建久御巡礼記』と湯施行譚」『巡礼記研究』第六集、二〇〇九年。
（37）近藤謙介「廃滅からの再生――南都における中世の到来」『日本文学』四九、二〇〇〇年、同「中世初頭における中世的言説形成に関する研究――南都再建をめぐる九条兼実と縁起」『日本古典文学の課題と方法――漢詩・和歌・物語から説話唱道へ』和泉書院、二〇〇四年。
（38）（32）大橋前掲論文。
（39）『奈良古寺大観』法華寺、岩波書店。
（40）「珍慶温室田施入状」平安遺文三三五九号。
（41）（36）前掲論文の中で、太田氏は同じ『建久御巡礼記』の興福寺の条で、光明皇后が「生身ノ観音」とされていることに対応していると指摘する。
（42）「元亨釈書」巻一八「尼女・光明皇后」『国史大系』三一所収。

(43)(35)阿部前掲書。
(44)震旦巻六―一六『日本古典文学大系』「今昔物語集」二、岩波書店。
(45)『社寺縁起絵』(奈良国立博物館編、角川書店、一九七五年)。
(46)『国史大辞典』第一巻一九五頁。
(47)同じく東大寺に伝わる「東大寺縁起絵」にも光明皇后の湯施行が描かれているが、昇天するのは文殊菩薩である。(13)阿部前掲書によると、この絵軸は鎌倉末期から南北朝期に製作されたとされ、眉間寺にあったものが、東大寺に伝来した。眉間寺は聖武天皇・光明皇后の陵墓がある佐保山麓に位置する律宗寺院であった。西大寺流叡尊の系譜に連なる律宗寺院は菩薩信仰なので、阿閦仏を意図的に文殊菩薩に置き換えたと思われる。また室町時代の仏教説話『三国伝記』の「光明皇后ノ事」(巻二―二一)も文殊菩薩が昇天する。
(48)新村出「石上宅嗣の芸亭につきて」『新村出全集』八巻、筑摩書房、一九七二年。新村氏は、光明皇后説話との関係を否定している。また、注(36)太田論文も、冒頭で石上宅嗣の阿閦寺について言及している。
(49)「此ノ金堂ニテ、昔維摩会ヲ行ケルヲ、砌狭シトテ、興福寺ニ遷シ行ハルベキノ宣旨、下サルルノ後、会式ヲ彼寺ニ遷サルルノ後、西ニ向キテ作リ据タリシ浄名居士、巽ノ方ヘ向きテ、山階寺ノ方ヲ恋給ヘリ、今ニカクテ興福寺ノ方ヘ向ヒ給ヘり、アハレナルコトナリ」
(50)維摩会の経緯は、『扶桑略記』(『国史大系』十二に所収)にまとまった記述がある。また、『七大寺巡礼私記』にも同様の維摩会の縁起についての記述がある。
(51)『維摩経』見阿閦仏品第十二、植木雅俊訳『維摩経』岩波書店、二〇一一年。
(52)『玉葉』建久三年、正月十日条において、九条兼実は再建半ばの興福寺中金堂に安置予定の吉祥天像を修して、「今為中宮御沙汰、被奉造立、尤珍重也、此事濫觴、光明皇后御願也、我氏繁花之起、以彼皇后為始」と記す。
(53)新訂増補『国史大系』、『新古典文学大系』岩波書店。
(54)「日本高僧伝要文抄」に収載。新訂増補『国史大系』三一。
(55)「石上宅嗣と『維摩経』――仏教、老荘思想との交渉」『奈良朝仏教史攷』第十章、法藏館書店、二〇一五年。
(56)淡海三船が著した「唐和上東征伝」の末尾には宅嗣作の五言詩「傷大和上」が収載される(前掲山本書、三五〇頁)。
(57)『新国訳大蔵経浄土部3 阿閦仏国経他』大蔵出版、二〇〇七年。
(58)梶山雄一『空の思想――仏教における言葉と沈黙』人文書院、一九八四年。
(59)梶山雄一・上山春平『仏教の思想3 空の論理〈中観〉』角川書店、一九六六年。

(60)(57)前掲書二三頁、二四頁。
(61)大日如来・阿閦如来・宝生如来・阿弥陀如来・不空成就如来（『岩波　仏教辞典』）
(62)阿閦仏・宝生・阿弥陀・釈迦如来（『岩波　仏教辞典』）
(63)『維摩経』観衆生品第七「天女」、注（51）植木前掲書
(64)歌川国芳「木曽街道六十九次之内」（中山道広重美術館所蔵）の「赤坂宿」の浮世絵は光明皇后の垢摺りの場面である。これは「赤坂」と「垢すり」を掛けたというレトリックである。古川柳では『柳田樽』に「垢摺りをかせとりきんでみことのり」「千人目目鼻つまんで湯を浴びせ」（『柳樽』）が収載されている。『日本架空伝承人名事典』平凡社、一九八六年。
(65)『大乗院寺社雑事記録』寛正五年六月七日条、大乗院門跡尋尊は、皇后の御忌に法華寺に参り大湯屋に入っている。同文明十八年六月七日条では、興福寺で修される光明皇后追善法会を「天平宝字五年辛丑以来不退転法会也」と記す。
(66)『多聞院日記』同年八月一六日条に「十八間癩人ノ宅焼了、不便至極、并穢多カ所モ焼払、」とある。
(67)叡尊、忍性の事跡については『西大寺叡尊伝記集成』奈良国立文化財研究所監修、一九七七年、「性公大徳譜」によって知ることができる。また細川涼一「叡尊・忍性の慈善救済」を所収する『中世の身分制と非人』（(22)前掲書）の一五九頁、同論文の注（8）に参考文献がまとめられている。
(68)「叡尊願文」『鎌倉遺文』一〇四〇四号。
(69)嘉暦三年一〇月五日付「東大寺衆徒評定事書土台」『東大寺文書』第二部第五号、東大寺図書館蔵。
(70)吉田栄治郎「救癩施設・北山十八間戸移転論の隘路をめぐって」奈良県立同和問題関係史料センター『紀要』第九号、二〇〇三年。
(71)奥本武裕「その後の北山十八間戸」奈良県立同和問題関係資料センター『紀要』第一九号、二〇一五年。
(72)藤野豊編『歴史のなかの「癩者」』ゆみる出版、一九九六年。

第九章

在宅看護活動の先駆者たち
――一九世紀末イギリスにおける地区看護師

本章のキーワード
巡回訪問看護／ディストリクト・ナース／看護の専門職化／フローレンス・ナイティンゲール／中流階級女性の慈善活動／ヴィジティング／クィーンズ・ナース

松浦　京子

一　巡回訪問看護の開始

一九世紀半ばに始まったイギリスにおける巡回訪問看護（すなわち在宅看護）の活動は、慈善事業として誕生し、一九世紀末の全国的統括組織の誕生を経て、世紀転換期から二〇世紀前半にかけて民間篤志組織である地区看護協会（District Nursing Association　以下、ＤＮＡ）による活動として全国各地に拡大し、そして、一九四八年に開始された国民保健サービス（National Health Service　以下、ＮＨＳ）に組み込まれ、現在に至るという長い歴史を経てきている。

別稿「一九世紀後半のイギリスにおける巡回訪問看護――リバプール・スキームとランヤード・ミッションの活動を中心に」[1]（以下の別稿も同様）で述べたように、一九世紀における巡回訪問看護活動の誕生とその初期の発展において注目すべきは、現在の巡回訪問看護の系譜の直接的源泉とされるリバプールの実業家ラスボーン William Rathbone による取り組み（いわゆるリバプール・スキーム）と、貧民宅への定期的恒常的家庭訪問を通じて宗教的教化や生活改善を図ろうとするヴィジティング活動で知られた女性慈善組織であるランヤード・ミッションの活動である。それらの活動はまさに、当時「貧民（the poor）」と呼ばれた人々に対する、在宅のままでの無償の看護の提供であり、怪我、火傷の手当から、肺炎や気管支炎、インフルエンザなどの急性疾患患者、浮腫や四肢の麻痺などの症状を伴う慢性疾患者への看護、そして老齢者や末期の癌、肺結核患者の看取り、加えて出産後の母子ケアなど多岐にわたる看護者としての技能の提供であった。そして同時に、単なる傷病の看護にとどまらず、困窮状況にある患者への食事の提供をはじめとする生活支援、また、患者自身と家族、友人への療養上の注意から始まる保健衛生教育、習慣改善指導といった側面も見られた。このように巡回訪問看護は、貧しい労働者階級の人々の緊急、窮迫事態に看護と介護の手を差し伸べ援助を与える存在であり、なおかつ、生活改善のための指導という機能を有するものであった。

組織活動として見るならば、一九世紀半ばに誕生した活動は、レディと呼ばれた富裕な中流階級の女性たちによる慈善博愛活動と、有給の訪問看護従事者の二つの軸をもっていた点が特徴として指摘できる。すなわち、慈善事業として巡回訪問看護を始めるにあたって、ランヤード・ミッションもリバプールやその他の各地の篤志型訪問看護組織も、ナースの活動を経済的に支え、また、活動自体を側面から支援し監督管理するレディ監督と呼ばれる無償奉仕の女性の存在を絶対的前提条件としていたのである。ラスボーンが貧民への無償の巡回訪問看護の組織化を想起したとき、女性たちによる慈善博愛目的のヴィジティング活動は活発な動きを見せて社会に定着しており、ランヤード・ミッションのように有給職としての訪問者とそれを監督し、また経済面で支えるレディの協力体制も存在していた。[2] それゆえ、富裕女性に協力を求めるのは当然であり、かつまた不可欠なものと認識されていたのである。

一方、協力体制のもう一つの柱である訪問看護従事者、すなわち担当地区の対象家庭を週に数回定期的に巡回訪問していく地区看護師であるディストリクト（district）・ナースはその能力・資質が大きな意味をもつ存在であった。それゆえ、いかに相応しい看護者を養成し確保するかが当然ながら重要課題であった。たとえば、ランヤード・ミッションにおいて聖書を携えながら訪問看護に従事したバイブル・ナースの養成は、活動の始まった当初、人格の優れた労働者階級からの養成に意味を見出し、ミッション活動の有給訪問者であったバイブルウーマンから選抜し短期とはいえ病院での訓練を経させる独自の手法を採った。一方、リバプール・スキームは、まず病院に付属する看護師養成所（インスティテュート）を開設することからはじめるなど十分な病院訓練を経た（教養ある女性の）トレインド・ナース（正規訓練看護師）の活用に着手した。このように初期のディストリクト・ナースの養成は均質なものではなかった。しかし、バイブル・ナースも宗教性の要素が残るという点で異なるものの、訓練期間は徐々に長くなり二〇世紀初頭には二年の病院訓練を必須とするなどトレインド・ナースというべき存在となっており[3]、巡回訪問看護は看護専門職の活動分野として確立されていったといえる。

この方向性は、看護職自体の一九世紀後半の発展（専門職化）と軌を一にするものであったといえる。しかし、巡回訪問看護においては、独自に大きな意味を持った動きが存在した。ディストリクト・ナース養成の専門訓練をおこなうと同時に、全国統括の役割を果たす組織が一八八九年に誕生したのである。この組織「ヴィクトリア女王在位記念看護師インスティテュート（Queen Victoria's Jubilee Institute for Nurses　以下ＱＩ）」[4]は、ラスボーン、そして一九世紀看護改革の推進者ナイティンゲール Florence Nightingale などの尽力により女王在位記念基金を用いることで設立され、養成した看護師を名簿に登録したうえで各地の訪問看護組織に赴任させるなどして、全国の巡回訪問看護の水準の均質化を進める役割を担い、同時に、ディストリクト・ナースの質的向上をはかることで専門職化を確実なものとしていった。そして、ＱＩによる登録名簿管理は未だ看護職自体の登録制度が存在せず、その資質や技能がバラバラであった時期においては、質保証という意味でも画期的であったのである。

それでは、こうして養成されるトレインド・ディストリクト・ナースによる貧民看護とはいかなるものであったのだろうか。また、その活動において「身体」はいかにとらえられていたのか。本章では、一九世紀末以降のディストリクト・ナースの活動やその水準に大きな影響を及ぼしたと考えられるＱＩの設立前後に注目して考察を試みたい。

二　ナイティンゲールと女王在位記念看護師インスティテュート

近代看護の母とも呼ばれるナイティンゲールは、病院で厳格に訓練された教養ある女性から成るトレインド・ナース（正規訓練看護師）の育成をめざし、宗教性ではなく衛生、看護に関する知識や専門性を重要視し、専門職としての看護師を生み出そうとしたことで一般的に知られているが、巡回訪問看護の組織化にも当初から関わっていた。それは、ナイティンゲール自身が「訪問看護師こそが看護活動のすべての究極の目的であることに同意する。（中略）病院は深刻な外科的症例を除けば、病気の貧民にとっては最良の場ではない、という結論にたどり着く」と言明するなど、貧民看護の究極の形態としての巡回訪問看護の重要性を認めていたからである。それだけに、理想の看護としての緻密な在宅看護を実現させるべくディストリクト・ナースに求められる資質や能力は病院看護師よりも高いものでなければならないとの認識をたびたび示してもいる(5)。

実際、ナイティンゲールは、リバプールにおけるラスボーンの試みに協力し、それ以降も、「高度な専門性と知性教養を備えたトレインド・ナース」による訪問看護の実現に尽力しており、たとえば一八七五年の「貧民患者へのトレインド・ナース提供のための首都ならびに全国協会（Metropolitan and National Association for Providing Trained Nurses for the Sick Poor　以下、ＭＮＡ）」の設立にも重要な役割を果たした(6)。この時、彼女の推薦によって、聖トマス病院付属看護学校（いわゆるナイティンゲール看護学校）の修了生であったリー Florence Sarah Lees が準備段階から関わることとなるのであるが、医師の娘として生まれたリーはヨーロッパ各地の病院で研鑽を積んできており、まさに「高度な専門性と知性教養を備えたトレインド・ナース」であった。その彼女が設立のための事前調査に当たり、ＭＮＡの発足後は看護活動指導の総監督に就任したのである。リーの指揮の下ＭＮＡは、訓練拠点兼ホームをブルームズベリに開設し、ディストリクト・ナースの専門訓練課程と看護活動の査察・指導を提供する体制をロンドンにおいて発足させた。(7) 後に全国組織として設立されるＱＩに受け継がれる体制の先鞭となったのである。

そして、ヴィクトリア女王の在位五〇周年に際して女性のみの寄付によって四〇万ポンドもの基金が集まり、女王の要望で記念の宝飾品購入費以外の残額を慈善（社会）事業に充てることとなったとき、下院議員となっていたラスボーンとともにナイティンゲールも基金獲得に動いたのである。この結果、巡回訪問看護活動が最大の受益事業となり、一八八九年、ロイヤル・チャーター（王室許可の特許状）を女王より与えられてＱＩが正式に発足するにいたった。(8) ＱＩは、活動資金として在位記念基金から毎年一定額の支給（設立初年次は二〇四九ポンド、支給額は在位六〇周年記念の一八九七年と一九〇一年の女王逝去後にも増額された）を受け、また、中央の執行機関として、ラスボーンや三人の王女を含む総計二二名の著名人から構成される女王指名のカウンシルが置かれた。一八九〇年には、ロザリンド・パジェ（ラスボーンの姪にあたり、助産師の登録制度の発足にも尽力したことでも知られる、いわゆるレディ・ナースのレジェンドの一人）が、初代の総監督に就任した。そして、一定の規約の下、各地に存在する巡回訪問看護組織（地区看護協会ＤＮＡ）を下部組織として加盟させるという形態を採り、これらの組織にＱＩから看護師を提供し、査察員を派遣して監督指導にあたったのである。たとえば、ラスボーンによって創設されたリバプールの組織も加盟し「リバプールヴィクトリア女王記念地区看護協会（Liverpool Queen Victoria District Nursing Association）」となっている（図1）。

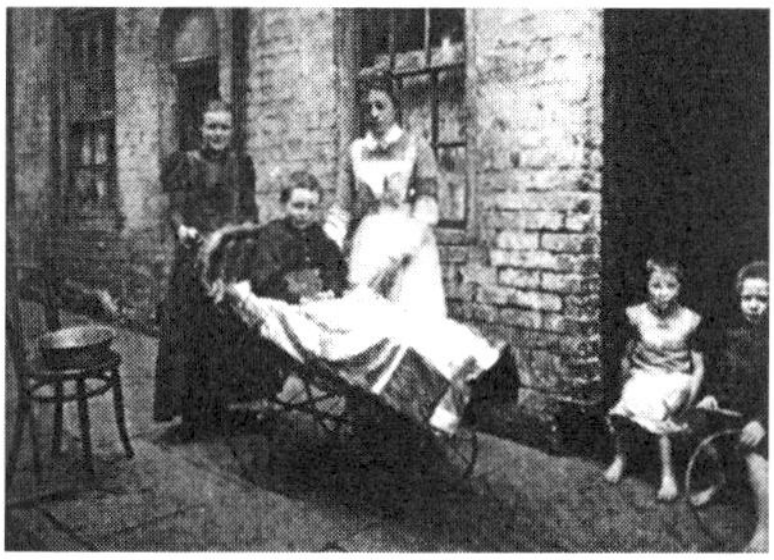

図1　QI傘下のリバプールヴィクトリア女王記念地区看護協会のディストリクト・ナース（1905年ごろ）
出所：Cohen, Susan, *The District Nurse*, Oxford, 2012, p.26

ＱＩの重要な目的は巡回訪問看護に従事するにふさわしい看護師、すなわち高度な専門性と知性を備えたトレインド・ディストリクト・ナースを養成し各地に提供することであった。それゆえ、まずなにより養成訓練課程を有するインスティテュートであり、同時に、養成したディストリクト・ナースを監督し支援しつづけるホーム（下部組織となったMNAのブルームズベリのホームがそれに当てられた）として機能した。QIの養成課程に入るには、すでにトレインド・ナースとして一年以上の病院勤務の経験を持っていることが条件であり、入所を認められた後は、六か月間ディストリクト・ナースとしての実地訓練と一連の講義課程（講師は著名な医師が務め、たとえば、女性医師のパイオニアとしてQIの設立に関わったスカーリーブ Mary Scharlieb もその任にあたっている）を修め、また、郡部に派遣されることを想定して助産師資格を取得することも要件となっていた。そして、彼女たちは、養成課程修了後にロンドン内でディストリクト・ナースとして六か月間活動し、ようやくQIの登録簿に記載されるに至るのである(9)。

QIの登録簿に記載された看護師は、クィーンズ・ナース（以下、QN）（図2、図3）と呼ばれることとなるのだが、

図２　クィーンズ・ナースに制服とともに支給されたナース・バッグ
出 所：Howse, Carrie, *Rural District Nursing in Gloucestershire 1880-1925*, Cheltenham, 2008, p.50

図３　ロンドンの貧民街で活動するクィーンズ・ナースたち（1900年ごろ）
出所：Lewis,Jane(ed.), *Labour and Love: Women's Experience of Home and Family, 1850-1940*, Oxford, 1986, p.98

それは、巡回訪問看護の専門家としての技量の高さや女王からロイヤル・チャーターを授けられた組織に属しているという矜持が相まって自他ともに認識される一つのステータスを得ることでもあった。そしてこの時点でようやく彼女たちは、一定水準の技量と経験を保証されたディストリクト・ナースとして各地の巡回訪問看護組織と雇用契約を結び、その地へ赴任することとなるのである。任期はまちまちであるが、報酬や就労条件などに関してはＱＩによって一定の基準が定められており、これを遵守できることが各ＤＮＡのＱＩ加盟の条件であった。地方に赴いたＱＮたちは、雇用先のＤＮＡの指示のもとに訪問看護をおこなうことになるが、同時にＱＩもしくは州看護協会（州単位の看護協会、後述のとおり一八九七年以降加盟を認められた）から派遣される査察員の監督と支援を受ける義務と権利を持っていた。つまり、ＱＮは査察員と共に担当地区を巡回し、活動ぶりが評価されると同時に、助言と実際的援助を得るという仕組みであった(10)。

この監督指導のための査察員の派遣こそが全国統轄組織としてのＱＩの眼目であり、巡回訪問看護の質の均質化、そして維持・向上が図られたのである。一九世紀半ばの巡回訪問看護活動の揺籃期にはディストリクト・ナースの監督は富裕な中流階級女性の無償奉仕活動の一環であったが、ようやく看護活動そのものの監督指導が専門家によって担われることとなったのである。また、あくまで巡回訪問看護は篤志組織による活動であったから、ＱＩが巡回訪問看護の全国拡大を図ろうとすれば、各地の富裕層を対象にＤＮＡ結成の勧誘奨励もおこなわねばならなかったし、ＱＩから派遣される査察員は、各地ＤＮＡの運営者である無償奉仕の女性とＱＮ双方の調整役を務めてもいたのである(11)。

ただ、郡部ではＱＩ規約にもとづいてＱＮを雇用するだけの財政基盤をもつＤＮＡの結成維持は難しかったことも事実である。また、それらの地域ではＱＮの高度な看護技能を必要とする活動事例は少なく、圧倒的に必要とされていたのが助産行為であった。そこで一八九七年に、ＤＮＡに加えて州看護協会（County Nursing Association　以下、ＣＮＡ）の結成加盟を認めるべく規約改正をおこない、このＣＮＡの傘下に、人口が少なくそれゆえに寄付などの財政基盤の脆弱な地域のＤＮＡを置くというかたちでの加盟を促す体制を整えるに至った。これにより、ＣＮＡに赴任し

図４　郡部におけるディストリクト・ナース
出　所：Howse,Carrie, *Rural Nursing in Gloucestershire 1880-1925*, Cheltenham, 2008, p.131

たＱＮがＣＮＡ傘下の郡部ＤＮＡの活動を監督・支援することとなり、また、郡部ＤＮＡは、ＱＩ登録のＱＮではなく、その財政力や需要に応じた看護助産師（助産師の資格に加えてＣＮＡが独自に設けた看護師養成課程を修めたディストリクト・ナース、Village Nurse Midwife 以下、ＶＮＭ）を雇用することで活動を維持することが可能となったのである。そして、地方の保健衛生当局と連携してＱＮやＶＮＭが保健活動をする動きも始まり、これにより各地のＤＮＡが公的な財政支援をうける基盤が整えられていった。こうした規約変更は巡回訪問看護において二種類のランクの看護師の併存を容認し、看護以外の領域への進出を促すものとなったが、これにより一九世紀末以降、郡部、農村部にまでＱＩの管轄下にある巡回訪問看護の拡大が進んだことは確かであり、その後、一九一八年の看護師登録制度の発足によって徐々に全てのディストリクト・ナースが正規登録ナースとなっていくなかで、ＱＮではなくともＣＮＡ管轄のディストリクト・ナースが存在することで郡部での活動は支えられたのである[12]（図４）。

このようにしてＱＩは、一九四八年のＮＨＳの発足までの半世紀以上もの間、全国の巡回訪問看護の中核的存在となったのであり、その登録看護師、すなわちトレインド・ディストリクト・ナースたるＱＮの活動は全国に広がっていったのである。以下では、彼女たちの看護活動の内容に目を向けたい。

三　看護実践者としてのディストリクト・ナースと「身体」——クレイヴン夫人の『手引き書』より

この時期（一九世紀末）のディストリクト・ナース自身による記録としては、別稿で検証したランヤード・ミッションの機関誌に掲載されたバイブル・ナースの報告があるが、それ以外では、MNAの監督指導者であり、後にQIの訓練アドバイザーとなったリー〔クレイヴン師（the Rev. Dacre Craven）との結婚後はクレイヴン夫人と呼ばれた〕が残した指導書が注目される。

リー（クレイヴン夫人）（図5）は、先に触れたようにナイティンゲールの信任の厚かった女性で、MNAの発足に際しては全国の訪問看護の実態調査をおこない、発足後は総監督としてディストリクト・ナースや訓練生とともに患者宅に出向き実際に訪問看護に従事している。この間に彼女は季刊レポートを書いており、その一部が後に『ナーシング・ミラー』誌上の評伝で引用されている。それによれば「ディストリクト・ナースとともに、とある老女（の訪問看護）に取り掛かった際には、十年余も入浴をしていない老女が暮らしてきていて、思い出したくもないほどの惨状をしめす部屋を目の当たりにして、いったんは二人とも吐き気を抑えるために通路に退避したものの、この状況に徹底的に対処して、リーお気に入りの言葉でもある「ナーシング・オーダー（看護的秩序ある状態 nursing order）」に

図5　クレイヴン夫人（フローレンス・S・リー）の肖像
出所：Stocks, Mary, *A Hundred Years of District Nursing*, London, 1960, facing p.64

部屋も患者も変えるまで決して立ち去らなかった」という。[13] こうした姿からは、彼女が貧民を対象とする訪問看護の実際の困難を知り尽くし、なおかつ、ナイティンゲールの理想とするトレインド・ディストリクト・ナースによる訪問看護を実践的に追求していたことがうかがわれよう。

このようにトレインド・ディストリクト・ナースの一つの模範として著名であった彼女が、QIの発足にあたって自身の活動および指導経験をもとに巡回訪問看護の指導書として発表したのが『ディストリクト・ナースのための手引き（A Guide to District Nurses and Home Nursing　以下、手引き書）』[14] である。したがって、この書を検証することで、当時のQNたち（およびディストリクト・ナース全般）が求められていた活動内容や活動意識を明らかにすることができ、また「身体」認識も推測できると考えられる。

『手引き書』は、全一一章構成で、訪問看護活動の概要をかなり具体的に語り、加えて、「総監督のレポート」、「ディストリクト・ナースの月例報告書」、日々の活動の記録である「デイ・ブック」そして患者の症例記録である「ケース・ブック」の形式を紹介しており、まさに実践的活動案内となっている。[15] 最初に、「貧民のための看護師に求められる人としての資質について」の章が置かれ、続いて「病室を整えること」、そして、それに関わって「自然換気について」という表題のもと、換気、室温調整、寝具や医療用具についての諸注意がつづき、次に「清潔について」と題された章が置かれている。[16] これらの四章によって、貧しい人々の自宅で看護するがゆえの課題が浮かび上がってくる。すなわち、患者の静穏や清潔（すなわち、リー（クレイヴン夫人）の言うところの「ナーシング・オーダー」）を保つためには、ディストリクト・ナース自身がいかに環境整備から用具の調達にいたるまで努めなければならないかについて述べられており、部屋の清掃からはじまって、時には日よけの工夫など大工仕事や細工師のようなことまでするように指示されている。周辺環境への対処から始めなければならないという、訪問看護ならではは特徴を示す内容であり、本質を語っている部分でもある。

つづく、「ディストリクト・ナースの義務」、「身体を温めること」、「患者の観察」、「死に瀕する患者への最良の対応」、

「病人食」、「産後看護」、「猩紅熱患者看護時の看護師規則、感染拡大防止心得」と題された七つの章は、ディストリクト・ナースが担うべき具体的看護・介護を説明したものである。看護記録、症例の記録の重要性が説かれるのは当然として、病人食の準備や瀕死の患者へのなぐさめなどが詳述されているのは、やはり訪問看護ならではというところである。「患者の観察」の章は、症例観察という看護師にとって本質的で重要な看護行為についての解説であるが、「医師などの質問に対して正確に答えられるようにすべき項目を具体的に列記する」との説明があり、全体観察からはじまり、患者の呼吸、横臥時の姿勢、咳、痰、痛みの種別の見分け、分泌物の確認、唇や歯、舌、そして腸や膀胱、子宮、精神状況について詳細な観察を要求するものとなっている。[17] 医師の診察を常に受けられるわけではない在宅療養患者を看護することの重みが示される内容である。以上のような看護、介護行為の説明は、ディストリクト・ナースが、まさに看護専門職者としての技量と能力を持っていなければ務まらないことを示すものである。ラスボーンの試みから始まった篤志慈善組織による巡回訪問看護の方向性の成果といえよう。

とりわけ症例観察は、患者の身体上に現れる変化に対する繊細な注視といえるものである。「まずは全身観察。頭、首、胸、腹部、手足の状態に注意せよ。発疹、むくみ（浮腫）の有無、色つや、形状などに注意すべし。続いて、体位。呼吸時、横臥時の体位、不完全直立になっていないかなどにも注意。往々にして患者の体位は、苦しんでいる病気を示すインディケーターである」[18] とあり、以下、上述の各項目の観察についての注意がつづく。すなわち、ディストリクト・ナースにとって、患者の「身体」とは、外見もそしてその諸器官も含めて医学知識にもとづいて注視して対峙すべき対象であったことが示されている。

また、上述の各章には、看護の対象となる患者の「身体」に対する直接的処置に関わる記述が出てくるが、やはり貧民宅での看護であることを強く意識したものとなっている。たとえば、「身体を温めること」という章は、温めるための用具として「温めたネル」に加えて専用の湯たんぽの代わりの「熱湯を満たした缶や瓶」「熱した乾いた煉瓦」「熱した砂やぬかを入れた袋」などが挙げられている。そして、温めるという処置が、身体の特定部分の温度を上げることでけいれんの緩和、抑止もしくは痛みを和らげるために必要であることが説かれ、たとえば、胃痙攣の場合胃の部分に当てると、直接的効果あり、もしくは、他の部分に熱を伝える器官としてもこの手当は重要であると特記されている。(19) ディストリクト・ナースとしての看護活動は大きな制約を受けており為しうることは多くないのであるが、やはり、このような「身体」への直接的処置の重要性が強調されているといえよう。

以上の例は、医療に関わる専門職者としての「身体」対処といえるものであった。その一方、患者宅に赴き、患者と向き合い一時を共にする近しい存在となるのがディストリクト・ナースであった。以下の内容は、そうあるために為すべきことが語られた部分である。

貧民の自宅での看護の本質は、真の看護サービスをするためのマネージメントと、そして気配りと、患者本位に考えることである。(中略)

ナースが赴いたときに、患者がしばし気分転換ができて、「母が今朝洗ってくれたし、介護もしてくれてベッドも整えてくれた。だから、あなたがすることは何もない」と患者は告げることがある。(それに対して)ナースは機嫌良く、「良かったわね。顔はもう一回洗う必要はないみたい。でも、私たちはあなたに床ずれをおこさせるわけにはいかないの。わかるでしょう、これからあなたの背中をちゃんと整えますね。あるべき看護状態にあなたをおくつもりよ」と、答えるべきである。

その際には当然のこととしてシャツを取り替えシーツをはずす。患者の身体は威勢良く洗われ、乾布摩擦され、酒精剤が背中に擦り込まれる。そして、ベッドは患者を寝かしたままで徹底的に整えられるのである。患者が一日のうちで唯一得られる熟睡は、しばしばこのいわゆるスポンジングのあとにやってくる。私は、患者が「今とっても気持ちがよい。これならよく眠れそうだ。でも、ナースさん、あなたがやってきた時、私は疲れはてていて、触られたり動かされたりしてほしくなかったんだ」と言うのをしばしば聞いたことがある。

つまり、ディストリクト・ナースの仕事の本質は、看護技術だけでなく、たとえ患者の気持ちにさからうことであっても患者にとって最良のことをしてあげようとする気配りを持っていることである。それは、最も弱って最もイライラしている人を扱う方法を知り、かつ彼ら患者にはわからないままに彼らにとって必要なことを全てするということである。

ディストリクト・ナースは病める貧民の奉仕者である。このことを彼らに相対しているときに常に覚えていなければならないし、彼らの痛みや身体の不快という苦しみを緩和するために、患者宅を訪れた時にはいつも悲しい単調な生活を明るくするために、どれほどの事が出来るかに努めなければならない[20]。

全ての看護者にとって、患者の苦痛の緩和は重要事であったことはいうまでもないことであるが、特に患者宅に赴くディストリクト・ナースにとっては、患者の気分転換が「身体」の慰撫のためにも重視されるべきことが示されているといえる。

別稿において一九世紀半ばの訪問看護の先駆的存在として触れた聖ヨハネ・ハウスの規則では、医療における身体の癒しと精神の癒しの両面の必要が説かれ、それゆえに心身の健全なバランスをもたらすものとして神への帰依（信仰）による心の平安が想起されていた。しかし、以上見てきたように、こうした宗教性と結びついた精神の癒しは一九世紀末の看護専門職者たるディストリクト・ナースに対しては強調されることはなくなっていた。もちろん身体と心（精神）の一体不可分の認識、感覚は保持されていただろう。しかし、この時期のディストリクト・ナースにとって、患者の「身体」こそが優先されるものであったと考えられる。「身体」とは、医療の専門職者として客観的に向き合う対象であり、同時に患者の気分、ひいては精神（心）をも左右する重要な「器」として、絶対的なものであったといえるだろう。

リー（クレイヴン夫人）の『手引き書』は、ディストリクト・ナースの第一人者が、後身のナースたちのために書いた具体的実践的な指導書でもあったが、同時に、ディストリクト・ナースがそなえるべき資質、心構えを熱く説き、巡回訪問看護の理念を明確に提示するものでもあった。そして、それゆえに、その理念はこの時期に巡回訪問看護に従事した彼女たちの意識に沁み込み、訪問看護活動への気概、思いとなっていたとも考えられるのである。

四　教導者としてのディストリクト・ナース

たとえば、『手引き書』は、「ディストリクト・ナースには、病院看護師もしくは病院の看護師長より高い教育と女性としての高い資質が必要とされる。ディストリクト・ナースは、貧民に対する真の愛情と、彼らが置かれている悲惨な状況を和らげたいと心から思う気持ちを持っていなければならない。これがなければ、彼女が対象とする人々の辛さや悲しみに共感することなど決して出来ないし、また、良き影響力を彼らに及ぼすことなど出来ないのである」という一文で始まる。これは、ディストリクト・ナースたろうとする者に対しての心構えの言葉であり、そして同時に、貧民（病気や怪我に苦しむことになってしまえば、たちどころに貧苦にあえぐことになる労働者階級の大半の人々が該当する）を相手とする慈善事業にほかならない一九世紀の巡回訪問看護の本質を示す部分といえる。

そして、その後には「ディストリクト・ナースはジェントルウーマンにとってもっとも相応しい職業である、なぜなら、相手の気持ちを傷つけることなく衛生改善を勧めるためには機転と思慮分別と育ちの良さが必要とされるから」という表現が続く[21]。この中流階級出身の教養のある女性（すなわちジェントルウーマン）の従事を求める発想は、ナイティンゲールの望む看護職の専門職化にとって、中流階級出身という側面が当時において必要な要素と考えられていたからともいえるが、それだけでなかったであろう。この文言は、実はレディ・ヴィジターと呼ばれたヴィジティング活動を行う中流階級女性に関して語られていたのと同一である。巡回訪問看護の源泉の一つに中流階級女性のヴィジティング活動があることを考えれば、その近似性は当然と言えようが、言い換えれば、ディストリクト・ナースに求められていたものは、ヴィジティング活動の伝統を受け継いで、看護専門職者としての活動に加えて、レディ・ヴィジターたちが果たそうとしていた役割、すなわち社会的上位者による物理的救済活動、そして精神および生活の改良をめざす有用知識・情報、価値規範の伝達、教化活動でもあったということである。[22]

実際、『手引き書』のなかでは、「ディストリクト・ナースはしばしば患者とその友人たちに個人衛生の必要性を教えねばならないし、皮膚の穴がうまく開いているよう身体のあらゆる部分は洗うべきである理由を教えなければならない」とし、また「ナーシング・オーダー」を保持するために患者の家族や友人を教育し、指示に従わせなければならないことを指摘するなど、「教えること」を求める文言は随所にみられる。そのうえで、このような教化教育行為について、究極的に「その目的は、病気の治療、痛みの緩和のために役立たせることばかりでなく、患者の病気療養を通して家族全体を向上させるための良き影響を獲得させることなのである」と語り、「相手の気持ちを傷つけることなく変化による恩恵を受け入れさせるために、絶対的に欠かせないものはマネージメント能力、機転、そして患者のために考えること（力）である」と、この影響を与え教育するための能力が繰り返し強調されている。[23]

看護師が身に着けている衛生そして身体に関する知識は、当時の貧民にとって未知の情報であった。それだけに、訪問看護は、衛生や身体に関わる知識・情報の伝達による教化・教導に当たる仕事であり、その教化・教導によって対象とする貧民の生活向上をもめざす活動であるという理念が明示されているのである。

そして、上述の理念に呼応したからであろう、ディストリクト・ナースの職務内容は激務であるにもかかわらず、この時期、その職には、リー（クレイヴン夫人）のような「レディ・ナース」と言える育ちのよい中流階級出身の女性が従事することは珍しくなかった。[24] たとえば、二〇世紀初頭、QNとしての経験をもとにした社会評論を次々に発表して評判を得たローン M. Loane もその一人である。そして、彼女もまた、教化・教育による影響の行使、すなわちディストリクト・ナースの果たす教導の重要性を強く認識していたのであり、それゆえに著作を発表することでその思いを世に発信したといえるのである。

ローンの評論は、一九〇五年刊行の『女王陛下の貧民たち』を皮切りに、一九〇〇年代初頭に『イギリス人の城』『一つおいて次の通り』『彼らの視点から』など六作品が刊行され、貧民層の生活実態を語るものとして当時のみならず社会史研究の重要な史料としても名高い。[25] また、著者についてはながらく詳細不明であったが、一九九七年にスーザン・コーエンの調査研究によって、マーサ・ジェイン・ローン Martha Jane Loane が該当することが明らかにされた。マーサは、一八五二年に海軍将校の長女として生まれ、一八歳まで軍関係者の女子のための学校で教育を受け、父のリタイア後の一八八六年、三四歳のとき、看護師を目指してチャリング・クロス病院で訓練に入り、病棟看護師や看護師長としての経験を積んだ後、一八九三年の九月、QIのディストリクト・ナース養成課程に入所している。一八九四年にQNとして登録されて、まずダービーシアのバクストンでの巡回訪問看護に従事した後、九七年から一九〇五年に健康問題で辞職するまでの間、ポーツマス地区看護協会の監督（査察員）となり、看護協会の運営や当地でのディストリクト・ナースの養成に手腕を発揮し高い評価を得た。[26] こうした彼女の出自や経歴は、ナイティンゲールやリー（クレイヴン夫人）が理想としたQNのそれといってよいであろう。

ただ、コーエンの指摘によれば、著作自体はマーサがQNとして経験、見聞きした事柄や知見について記録していたものを元に、異母妹のアリス・エディス・ローンが執筆するという形で発表されたという。とはいえ、コーエンも明言しているように、その伝える内容の価値には変わりはないと考えられる。[27] たとえば、完全なドキュメンタリーというより匿名で逸話風の描写の「読み物」という側面は否めないのであるが、「QNは、一日のどんな時間にでも（貧民の）家を訪問し、かつ彼らから一人の職業婦人と認識されるのだから、常識や共感力を欠かない限り、医者や牧師、ディストリクト・ヴィジターなどの様々な施し手よりも、はるかに正確に彼ら貧民の生活ぶりや気質、要望といったものを知れないわけがないのである」と述べているように、QNとしての経験をもとに貧民の生活状況を、ある種の問題告発といったかたちで描き出したという自信にあふれているのである。そして何より全体を通してQNの矜持の高さを感じさせ、かつ、巡回訪問看護活動の実態を世間に周知させたいという強い思いが見受けられる内容である。とりわけ『女王陛下の貧民たち』のなかの、監督として査察のためにディストリクト・ナースの一日の巡回訪問に随行した様子を描いた「あるディストリクト・ナースとの一日」や、地方のDNAに派遣されて巡回訪問看護に従事するうえで看護師が直面する困りごとを具体的に描写した「ディストリクト・ナースにとっての試練」は、QN（およびVNM）の活動をかなり詳細に示すものとなっている。[28]貧民の家庭のなかに入り込むことになるトレインド・ディストリクト・ナースであるがゆえの見解、思念が全面に語られているのである。

そして、ローンの著作は、巡回訪問看護の目的や従事する者の思いについて、そこには「……保健衛生の法則や病気予防の合理的な手法について貧民を無知なままにしておいてはならないというものがある」と書くなど、[29]訪問看護とは、貧民を教化し向上（改良）させようとする試みなのであると明言している。すなわち、対象となった貧民たちの生活向上を願うという上位者目線からの思いを垣間見せつつ、まさに、巡回訪問看護の特質の一つとしてリー（クレイヴン夫人）が挙げた教化・教導を実践する者としての矜持を明確にみせているのである。

以上みてきたように、この時期のディストリクト・ナースは、看護専門職者としての確かな技能の実践者であり、加えて、貧民の看護に携わるという自覚と自負を持つ救護者的存在であり、それゆえに教導者としての役割をも担うことをも期待されていたのである。そして、実際にそれを果たしていた、いや、すくなくとも果たそうとしていた者たちであったといえるだろう。

五　共感に満ちた支援のために

本章を結ぶにあたって、トレインド・ディストリクト・ナースによる巡回訪問看護の発展に影響を与え、また、著作などで、その重要性に言及していたナイティンゲールの言葉を示したい。

一八九〇年、ラスボーンは自らが先鞭をつけた巡回訪問看護の歩みについて著作をまとめた。それに対してナイティンゲールは序文を贈り、そのなかで、以下のような思いを示していた。

病院や施療院にはあらゆるものが準備されていて、清潔で、新鮮な空気が流れる、神聖ともいうべき状況をつくることは容易であるが、自宅に居る病人はそうではないのである。そんなところに、ディストリクト・ナースは踏み込んでいくのである。そこで、彼女は（中略）患者を看護するだけでなく、自宅という自分の本拠に居る家族に、看護の手助けとなる方法を、清潔で静穏である方法を、衛生上の公的支援を受ける方法を、家の備品を改良する方法を教え、そして、ひいては家族家庭がどうすれば壊れずに済むかを示すのである。（中略）

大半の人々の目には、巡回訪問看護のような少数の貧民患者に肉体的な救済をもたらすだけのほんの些細なことを、救貧を必要とするような貧困の撲滅という大課題に結びつけることは大げさで馬鹿げたことと見えるだろう。

実際、ディストリクト・ナースは非常に小さな存在で、「地平に浮かぶ一片の雲のようなもの」である。しかし、この小さな雲も乾いた大地に雨を先導することは可能だったのである。ディストリクト・ナースは「今なお小さな呼び声」でしかないが、おそらくは神の摂理の一つを我々に示すはずなのである。その他の、莫大な寄付や協同活動、ストライキ、立法政策などとも異なって――ディストリクト・ナースは、静かな個人的影響力によって、「貧民や病人、そして悩める者」への、訓練され熟達した、共感に満ちた支援によって、その職責を果たすことだけで、（貧困の撲滅への）新たな取り組みに踏み出す可能性を、その中に秘めているはずなのである。(30)

ディストリクト・ナースによる看護、そして教化、影響が、貧民にとっての生活改良を、ひいては貧困撲滅という社会改良をもたらす重要な手法になるという、ナイティンゲールの自信と期待が示されている一文である。同時に、そうあることが組織的巡回訪問看護の一つの本質とならねばならないという認識の提示でもある。そして、こうしたナイティンゲールよって表明される認識は、巡回訪問看護活動の関係者たちによって共有されるものであり、とりわけディストリクト・ナースたち自身によって意識されていたといえるだろう。

一九世紀末のディストリクト・ナースは、専門職者ならではの看護のすべを提供し、なおかつ生活改善のための指導をおこなう存在であった。現在の国民保健サービスにおける在宅看護の役割、すなわちプライマリケアの中心的存在という要素をすでに担っていたともいえる。しかし、それだけでなく、この時期のディストリクト・ナースは、貧民の居宅に「ナーシング・オーダー」を実現するべく、「衛生」や「身体」についての知識、考え方（観念）、時には物を、まさに持ち込むことになる存在であった。それは、まさに、何も「ない」ところに、「何か」をもたらすことにほかならなかった。そして、こうした要素を持っていたがゆえに、当時のディストリクト・ナースはまさに社会改良の一翼を担う存在であらねばならなかったのである。

注

（1）松浦京子「一九世紀後半のイギリスにおける巡回訪問看護――リバプール・スキームとランヤード・ミッションの活動を中心に」『女性歴史文化研究所紀要』二三号、二〇一五年、四五～六六頁。

（2）特に郡部における富裕な地域の女性たちの貢献に着目した研究に、Howse,Carrie, *Rural District Nursing in Gloucestershire 1880-1925*, Cheltenham, 2008 がある。

（3）Platt,Elspeth, *The Story of the Ranyard Mission,1957-1937*, London, 1937, 67, 69-70. 彼女たちは、後には最高の水準の看護を提供しているとＱＩに評価される存在となり、単独では最大規模の巡回訪問看護集団として二つの世界大戦を越えて一九六五年まで活動をつづけた〔イギリス国立文書館のウェブサイト（http://www.nationalarchives.gov.uk/）内の London Metropolitan Archives: City of London, Catalogue description: Records of The Ranyard Mission and Ranyard Nurses の頁参照〕。

（4）訪問看護の専門職化開始一五〇年を記念して開設されたウェブサイト（http://www.districtnursing150.org.uk/）によれば、ＱＩは、一九二八年に巡回訪問看護クィーンズ・インスティテュートQueen's Institute of District Nursingへと改称した後、一九七三年から現在の名称のクィーンズ看護インスティテュートQueen's Nursing Instituteとなっている。

（5）A Member of the Committee of the Home & Training School, *Organization of Nursing. an Account of the Liverpool Nurses' Training School, its Foundation, Progress, and Operation in Hospital, District, and Private Nursing*, Liverpool & Lonodon, 1865, 44; ex.,Nightingale, Florence, 'Introduction', in William Rathbone, *Sketch of the History and Progress of District Nursing*', London, 1890, ix-xxii,（*Florence Nightingale and the Birth of Professional Nursing*, ed.by Lori Williamson,Vol.6, Bristol, 1999）.

（6）たとえば、一八七六年四月の『タイムズ』紙に掲載された「貧民患者のためのトレインド・ナース」と題された記事は、ナイティンゲールの巡回訪問看護に寄せる期待を広く世間に知らしめたものであるが、それはＭＮＡの設立を支援するために寄稿した小論であった（rf., 'Trained Nursing for the Sick Poor : Extr. Florence Nightingale', *Queens' Nurses Magazine*, 20, 1923, 165-166）。

（7）The Metropolitan and National Nursing Association for Providing Trained Nurses for the Sick Poor, *Report of the Sub-Committee of Reference and Enquiry on District Nursing in London*, London, 1875, preface, 5-13; Stocks, Mary, *A Hundred Years of District Nusing*, London, 1960, 42-60.

（8）ＱＩ設立の概要については、上記注４に挙げたウェブサイト、ならびに後にＱＩの総監督となるエイミー・ヒューズが一八九四年にシカゴ万博に合わせて開かれた慈善博愛活動に関する国際会議でおこなった概要報告（Hughes,Amy, 'The Origin and Present Work of Queen Victoria's Jubilee Institute for Nurses', *Papers and Discussions in the International Congress of Charities, Correction and Philanthropy, Section III, Chicago, June 12th to 17th,1893*,（ed.by John S. Billing & Henry M. Hurd）, Baltimore, 1894,（*Hospitals, Dispensaries, and Nursing, Historical Sources of Modern Nursing in America*,Vol.1-2, Tokyo, 2010）を参照のこと。

（9）Baly, Monica, *A History of the Queen's Nursing Institute : 100 years 1887-1987*, Beckenham,1987, 27-34; Howse, op.cit., 24-25.

（10）Fox, Enid, 'An Honourable Calling or a Despised Occupation: Licensed Midwifery and its Relationship to District Nursing in England and Wales before 1948（以下、Honourable Callingと略）', *Social History of Medicine*, 6-2, 1993, 239-240. ただし、バイブル・ナースを運営したランヤード・ミッションのように、ＱＩに加盟せず独自に活動する訪問看護組織も存在した。一九三四年の調査によれば、それら独自組織に属するディストリクト・ナースは全体の一三％程度であった（Do., 'District Nursing in England and Wales before the National Health Service: the Neglected Evidence（以下、District Nursingと略）', *Medical History* , 38, 1994, 303-315）。

（11）Challis, G. J., ' On Starting a District Nursing Association', *Queens' Nurses Magazine*, 19, 1922, 3-4, & '（continued）, Suggesions as to Annual Subcriptions', *Queens' Nurses Magazine*, 19, 1922, 34-35 ; Miss C. du Sautoy（ex-superintendent of the Somerset County Nursing Association）, 'Glimpses from the Past Queen's Institute of District Nursing London : Miss du Sautoy's Letter at January 1907 ', *District*

Nursing, 1963, 5, 11, 260.

(12) Fox, ' Honourable Calling', 237-259 ; Do., 'District Nursing', 305-306.
フォックスによれば、加盟DNA、CNA数が明示されるようになるのが一九〇二年からであるが、たとえば、一九〇二年には、加盟DNAが三四八、CNAは九であったのが、一九一五年には、DNAが六二七、CNAは二七というように着実な拡大が確認されるのである。また、ウェールズの辺境地で第一次大戦直後から一九六〇年代までディストリクト・ナースとして活躍したハンナ・ミルズ・エヴァンズの評伝により、郡部にまで及んだQI加盟のCNA管轄下の巡回訪問看護の様子を知ることができる（rf., David Mills Evans（ed, by Dr. W. T. R. Pryce）, *A District Nurse in rural Wales before the National Health Service*, Llanrwst,Wales,2003.）。また、この評伝からも分かるように、二〇世紀前半中には、DNAの経済的基盤は、寄付や教会献金に加えて、地方公共団体からの助成金や地域保健活動費と受益者会員によって支払われるDNA年会費や非会員が支払う看護費用によって賄われていくことになるが、それらを管理し運営にあたるのは、依然として地域の無償奉仕のレディであった（Fox,Enid, 'Universal Health Care and Selp-help : Paying for District Nursing before the National Health Service', *Twentieth Century British History*, 7-1, 1996, 83-109; Do., 'District Nursing', 315-318 ）。

(13) Quoted from Hallowes, R. M.,' Distinguished British Nurses: 8. Mrs Dacre Craven（Florence Lees）: An Organiser of District Nursing.', *Nursing Mirror*,（23 December 1955）in Sweet, Helen M. with Dougall, Rona, *Community Nursing and Primary Healthcare in Twentieth-Century Britain*, Abingdon, 2008, 28.

(14) 'Preface', by the Rev. Dacre Craven, in Mrs.Craven（nee Lees,Florence Sarah）, *A Guide to District Nurses*, London, 1889, vii-xiii（*Florence Nightingale and the Birth of Professional Nursing*, ed. by Lori Williamson,Vol.6, Bristol,1999）.

(15) *Ibid*., specialy Appendix, 131-137.

(16) *Ibid*., 'Introductory Remarks on the Personal Qualifications Required for a Nurse to the Sick Poor', ' Arrangement of the Sickroom', 'on Natural Ventilation', 'Cleanliness', 6-70.

(17) *Ibid*., 'Duties of District Nurses' ,'On Dry and Moist Heat', 'Observations on the Sick', 'The Best Positions for the Dying, According to their Ailment', 'Sick Cookery, etc.', 'Obstetric Nursing', 'Rules for Nurses on Scarlet-Fever Duty : Precautions against Spread of Infection', 71-130(specialy 87-97).

(18) *Ibid*., 87.

(19) *Ibid*., 78-80.

(20) *Ibid*., 6-8.

(21) *Ibid.*, 4, 5-6.

(22) 松浦京子「妻たちのオーラル・コミュニケーション世界——前世紀転換期イギリスにおける労働者階級女性の情報伝達」川北稔・藤川隆男編『空間のイギリス史』山川出版社、二〇〇五年、四六～五〇頁、同「一九世紀イギリスにおけるディストリクト・ヴィジティング——女性文化としてのホスピタリティ」『女性歴史文化研究所紀要』一六号、二〇〇七年、三七～四九頁。

(23) Mrs. Craven, *op.cit.*, 2-3, 13,58, passim.

(24) Ex., Hedderman, B. N., *Glimpses of my life in Aran : some experiences of a district nurse in these remote islands off the west coast of Irland*, Bristol, 1917. この手記には、「育ちのよい女性」が周囲から反対されながらも、理念に呼応してQNに志願した心情を語るところがある。

(25) Loane, M., *The Queen's Poor, London*,1905 ; Do., *The Next Street but One*, London,1907 ; Do., *From Their Point of View*, London, 1908 ; Do., *An Englishman's Castle, London,1909* ; *Do., Neighbours and Friends*, London,1910 ; Do., *The Common Growth*, London, 1911 ; rf., McKibbin, 'Social Class and Social Observation in Edwardian England', *Transaction of the Royal Historical Society*, 5th series, 28, 1977, 176; Behlmer, George, *Friends of the Family : The English Home and its Guardians, 1850-1940*, Stanford, 1998, 52-56.

(26) Cohen, Susan, 'The life and works of M. Loane', 1997, MA Thesis for Middlesex University London ; Do., 'Miss Loane, Florence Nightingale, and District Nursing in Late Victorian Britain', *Nursing History Review*, 5, 1997, 83-89 ; 'Introduction', by Cohen, Susan and Fleay, Clive, in Reprint of Loane, M., *THE QUEEN'S POOR : Life as They Find It in Town and Country*, London, 1998, vii-xxix.

(27) *Ibid.*, xv-xx, xxix.

(28) Loane, *An Englishman's Castle*, 212; Do., *The Queens' Poor*, chaps. I, VII. & VIII.

(29) Loane, *An Englishman's Castle*, 208.

(30) Nightingale, 'Introduction', in Rathbone, *op.cit.*, xi-xii.

Column

看護学における身体——ふれる、うごかす、いやす

河原 宣子

他者の身体に触れる職業は数多くある。美容師、理容師、医師、歯科医師、エステティシャン、理学療法士、作業療法士……等々思いつくだけでも多種多様である。看護職（看護師・保健師・助産師）も、他者の身体のあらゆる部位に触れる職業であり、その人の痛みや苦しみを癒す技（＝看護技術）を持つ。清拭であったり、洗髪であったり、体位変換であったりと看護技術の種類もたくさんある。そしてそれは、看護職自身の身体ツールをよりどころにした看護本来のありようでもある。さらに、看護技術を提供する場面や場所は多岐にわたり、日常生活においてはもちろん、災害等の非常時においても発揮される。

本コラムでは、筆者が二〇一〇年夏にある訪問看護ステーションで研究活動をしていた際に出会い、観察し、記述した看護技術について紹介する（個人情報に関する部分は改変している）。

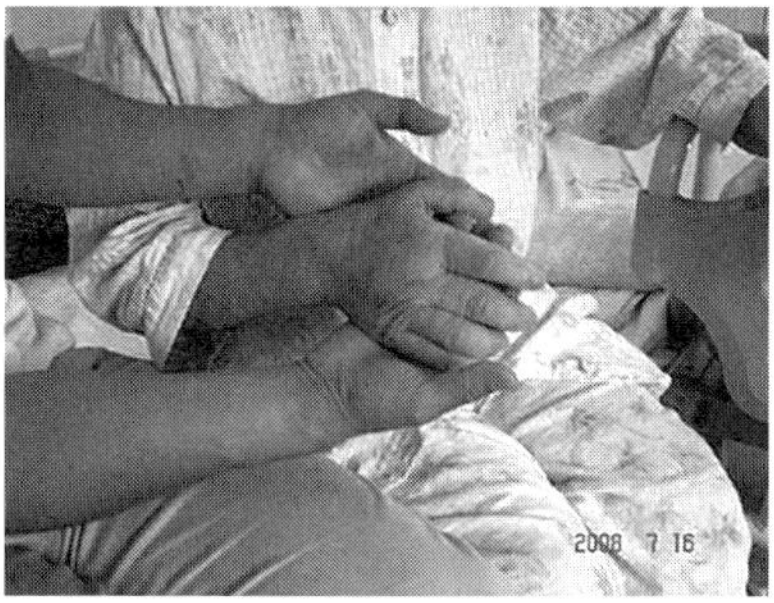

写真　訪問看護活動の一場面
手浴の準備中に手の観察と機能訓練をしている。
出所：筆者撮影

ある日の訪問看護活動で……

七〇代のA氏は数年前に妻に先立たれた。かねてから患っていた糖尿病が原因で、退職してから脳梗塞を発症した。後遺症により左足に麻痺は残ったが、入院治療や外来での加療により、症状が安定した現在は、身の回りの日常生活動作は何とか自分でおこなえており、アパートで一人暮らしをしている。家事全般は訪問介護を、訪問看護は週に二回利用している。

「Aさん、こんにちは、訪問看護です」「どうぞ」。部屋の奥から太い声が返ってきた。

「今日の体調はどうでしょうか」

「いつもどおりやね。昨日のヘルパーの作ってくれた食事は美味しかったわ。あと、この前。外来で医者に最近調子イイネと言われたヨ」

「そうやったんですか」

自然に会話が進む。「熱を測りましょうか」。訪問看護師は、さりげなく部屋の様子を観察しながら椅子に座ったA氏に電子体温計を手渡して腋窩に挟んでもらう。次に何をするかわかっているA氏は体温計を挟んでいない方の右手を訪問看護師の前に差し出す。「脈測りますね」とA氏の顔と胸、時計の秒針を交互に確認しながら呼吸数と脈拍数を測る。一分後、「もう、ぴぴっと鳴ったかな?」、脈拍を測り終えて、体温計をA氏から受け取る。「熱は三六・五度、脈は七八ですよ」と測定値をA氏に伝えて、やはり次に何をするかを了解して右腕を訪問看護師に差し出したA氏の血圧測定をおこなう。シューっと減圧するタイミングで「朝の血圧の薬飲まれましたか?」と訪問看護師。「うん、飲んだよ。ちゃんとカレンダーに印つけた。血圧高い?」「一二八/七二、いつも通りですね。気分が悪いこともないですか?」「うん」「酸素も測っときましょうか」と血圧計を外してサチュレーション（酸素飽和度）モニターを指先に装着する。「九九%ですね」……基本的なバイタルサインズの測定をおこないながら、食生活をはじめとする日常生活の状況と身体症状をA氏から聴いていく。話を聴きながら、表情や顔色、声の調子や話し方、手の温感や乾燥の具合、爪の色、胸の動きなど、A氏の身体と身体から発するサインを五感で観察する。訪問看護師の声はゆっくりと穏やかでやや低め。会話の中で不快を一切感じない。そして、訪問看護師は絶対にA氏を見下ろすような姿勢はとらない。視線の高さは常にA氏に合わせている。さらに、訪問看護師の視線はA氏から外れることはない。凝視しているわけではなく自然ではあるが、常にA氏を観察している。

A氏の全身状態が落ち着いていることを確認した訪問看護師は、A氏に洗面所と風呂場を使う了解を得て足浴のための準備を始める。入浴介助は訪問介護士が実施しているが、疾患と関連させて足病変のサインを観察し、予防のために毎回足浴を実施している。足浴は（シャワーも使えるため）風呂場でおこなうときもあるのだが、「今日はリビングで座りながらやりたい」とA氏が希望した。A氏は「タライとシャワーボトルと石鹸、風呂場と脱衣所に出しといたよ」と嬉しそうに訪問看護師に声をかける。「ありがとうございます」と笑顔でお礼を言いながら訪問看護師はA氏の足元に新聞紙と防水シーツを広げ、やはりすでにA氏が準備してくれていたタオルを配置する。A氏は椅子に座ったまま、新聞紙の上でスリッパと靴下を脱ぐ。靴下を脱いだ後、新聞紙の上には落屑《らくせつ》が散らばる。「家の中はつたい歩きやし、外に行くときは杖をついてボチボチ歩くし、そーんなに動いてないのに垢は出るねえ」と溜息をつくA氏。ズボンの裾を膝までたくし上げ、水を一口飲む。訪問看護師は、適温の湯をタライに張り、タライに張ったお湯より少し高めの温度の湯をシャワーボトルに入れて洗面所から戻ってくる。「お待たせしましたー」。

訪問看護師はタライの上でA氏の右足（脳梗塞後遺症で左足に少し麻痺が残っているため、麻痺の認められない健側で温度を確認する）の踵をしっかりと支えて持ち上げ、タライの上で把持し、タライの湯を足の甲にかける。「熱くないですか?温度はどうですか?」と尋ねるとA氏は「大丈夫、大丈夫」。

ゆっくりと湯に足を浸していく。もう一度、「温度は大丈夫ですか?」「うん、気持ちいい」。訪問看護師は左足も同じように湯に浸す。しばらく両足を湯に浸した後、訪問看護師は、石鹸をしっかり泡立てて、皮膚の状態はどうか、爪の長さはどうか、傷はないか等を観察しながら、足の甲、足の裏、足の指と指間を一本一本、丁寧に洗っていく。強すぎず弱すぎず、適度な圧をかけながら洗う。A氏は気持ちよさそうな表情で笑いながら訪問看護師と話す。息子のこと、昔の仕事のこと、行きつけの居酒屋のこと……訪問看護師は洗い終わった足を片方ずつ、しっかりと支えて持ち上げ、シャワーボトルに入って適温になった新しい湯をかけて石鹸の残りがないように丁寧に足を洗う。そのあと、そっとバスタオルの上に足を片方ずつ乗せてタオルでくるみ、水分を拭きとる。その間に、新聞紙と防水シーツ、そしてタライを静かに横にどける。かけ湯もタライの湯も新聞紙の上の落屑も床にはこぼれない。タオルでしっかりと水分を拭いた後、ガーゼを使ってさらに指と指の間を一本一本丁寧に拭き取っていく。流れるような手付きで、決してA氏に不快を与えず、的確な観察を実施しながら。

すっかり水分を拭きとり、観察を終えるとA氏お気に入りの乾燥防止のクリームを塗り、準備してあった新しい靴下を履いてもらう。A氏にとって靴下を履く行為は脱ぐことよりもはるかに難しいために時間がかかるが、訪問看護師は、根気よく見守る。現在のA氏の持てる力をできる限り維持したい。入院なんか二度としない、と豪語しているA氏に、ずっと在宅で療養してもらうために。A氏が靴下を履き終わった。「さあ、もう一杯水を飲みましょう」。

足浴に使用したタライなどの物品を片付け、使用済みのタオルを所定の洗濯カゴに入れ（洗濯は翌日、訪問介護士がおこなってくれる）、他の専門職やご家族も確認できる訪問ノートに今日の状況を記載する。必要があれば、他職種への依頼等も記入しておく。「Aさん、ここに今日のこと書いときましたからね」「はいよー、ありがとう」。

服薬等の確認を終え、「それじゃあ、これで失礼しますね」。

A氏は玄関まで伝い歩きをして靴を履こうとする。「夕涼みがてらそこまで送っていくわ、リハビリ、リハビリ」。

「じゃあ、公園を少し歩きますか。帽子、被りましょう」。

アパートに隣接する公園で、A氏は杖を突きながら、訪問看護師と共にしばらく歩く。訪問看護師はA氏の歩行を横で見守る。足の運び、杖の付き方、姿勢……「疲れたね」「そろそろ戻りましょう」。A氏と一緒にアパートに戻る。靴の脱ぎ方、スリッパの履き方、段差の乗り越え方、ゆっくりと行動するA氏を、安全を確認しながら見守る。A氏が椅子に座ると「水を飲みましょうか」と声をかけ、コップの水を飲み干すのを確認してから「それでは失礼します。次は○月○日の○時に伺いますが、よろしいですか？」「うん、大丈夫」。「じゃあ、また来ますね！」玄関のドアを閉め、車に乗り込む。

傍で見ていると、阿吽の呼吸で二人の動作が進む印象を受ける。看護は人と人との相互作用なのだと再認識する。そこには、精神的な相互作用だけではなく、身体的な相互作用もあることに気付く。これらの相互作用を基盤とした看護師の丁寧な観察と決して相手の生命力を消耗させない看護技術は、見ていて美しい。

看護学にとって「身体」は大変重要な意味を持つ。
世界に目を拡げると、看護の歴史は長く、宗教や戦争など含め、その時代における社会の影響を大きく受けながら変遷してきた。現在の看護職の仕事内容や専門分野は最近になって築かれたものである。わが国においても、もちろん、戦前においても看護は存在したが、現在の看護の職業や専門分野等は第二次世界大戦後に確立した。
しかし、看護において、古代から現代まで一貫しているのは、他者をケアすること。このケアという言葉には、世話、保護、気づかいなど多様な意味が含まれている。そして、必ずそこには「身体」が存在する。よく「心のケア」と言われるが、「心」も「身体」と同一であると思う（心は脳の働きに依拠しているのだから）。さらに、看護は、食べる、排泄する、歩く、寝る……すべての日常生活動作に関わり、普段は人前では決して見せることのない身体の部位まで網羅する。

日本看護科学学会が二〇〇五年に出版した『看護行為用語分類』がある。その中で、看護行為の領域には次の六つが挙げられている。「観察・モニタリング」「基本的生活行動の援助」「身体機能への直接的働きかけ」「情動・認知・行動への働きかけ」「環境への働きかけ」「医療処置の実施・管理」である。本コラムで紹介した事例においても、訪問看護師はこれら六つの領域すべてにおける看護行為をおこなっている。病に影響される身体反応への観察や対応はもちろん、A氏の日常生活における力を最大限に発揮してもらえるように身体を整える。今回紹介した事例の訪問看護の時間は約三〇分。詳細に観察し、分析すると、短時間にA氏の生活過程を整え、生命力を維持するための看護技術は何十個も存在していることがわかる。

現在、日常的にあらゆる場所で提供されている看護技術を一つひとつ取り上げたら、いったいどれだけの数になるのだろうか。身体のあらゆる場所に触れて、看て、動かして、癒す。このような看護技術は、人が生まれる前から命が尽きた後まで提供される。看護学で追究すべき本質は、ここに存在していると考える。

参考文献

日本看護歴史学会編『日本の看護のあゆみ——歴史をつくるあなたへ』、日本看護協会出版会、二〇一四年、五頁、十六〜二一頁（川島みどり）。

日本看護科学学会編『看護行為用語分類』日本看護協会出版会、二〇〇五年。

クリスティン・ハレット著、中村哲也監修、小林政子訳『ヴィジュアル版看護師の歴史』、国書刊行会、二〇一四年。

Column

ウィメンズ・ヘルス（Women's Health）と理学療法

横山 茂樹

「ウィメンズ・ヘルス」は、女性が生き生きと人生を送るために、「生涯にわたっていかに健康であり続けるか」をテーマとした取り組みであり、近年、大きな注目を集めている。女性特有の健康問題として、乳ガンや子宮ガンなどの病気・疾患はもとより、妊娠・出産というライフイベントに伴う腰痛や尿失禁、ライフステージにおける更年期障害や肥満、骨粗鬆症などのさまざまな弊害が挙げられる。

本コラムでは、「ウィメンズ・ヘルス」の観点から女性を取り巻く健康問題と、その予防・再発防止に向けた理学療法について紹介する。

一　ライフイベントおよびライフステージにおける健康問題

1　妊娠・出産期

（1）腰痛・骨盤帯痛

腰痛・骨盤帯痛は、妊婦の約四〇〜八〇%が経験し、産後一年時に腰痛を訴える者が約二〇%という報告もある。[1][2]

その疼痛部位も腰椎から仙腸関節、恥骨結合までと広範囲にわたり、疼痛の発生機序もさまざまである。これらの疼痛の原因として、内分泌系の変化による関節弛緩性や、胎児の成長に伴う体型の変化、授乳時の座位姿勢などが挙げられる。さらには腰痛・骨盤帯痛は、心理的にも孤独感や疲労感を引き起こし、日常生活にも影響する可能性が報告されている。(3)

（2）尿失禁

尿失禁は、四〇歳以上の女性で約四〇％が経験している。なかでも腹圧性尿失禁は、尿失禁の五〇～七〇％を占めると予測されている。(4) 腹圧性尿失禁とは、くしゃみや咳嗽などの腹圧が加わった際に生じる不随意な尿失禁と定義されており、その主な原因として分娩、骨盤内手術、加齢などが挙げられている。(5) 特に分娩後に生じる尿失禁は、骨盤底筋群の弛緩、会陰裂傷や会陰切開の創などの影響により、骨盤底筋群を機能不全に陥った状態となることが原因と考えられている。

2　更年期

（1）骨粗鬆症

一般的に更年期とは閉経を挟んだ前後五年程度の期間をいい、日本人女性が閉経を迎える年齢は四五～五〇歳といわれている。閉経後の内分泌バランスの変化によって、女性は男性よりも骨粗鬆症になりやすい。また、閉経後に骨粗鬆症は無症候で進行し、脊椎圧迫骨折を引き起こして腰背部痛の原因ともなり得る。

（2）肥満と運動不足による生活習慣病

女性における運動習慣のある者は、五〇歳代でも二五％に満たない状況にあり、その割合は男性より低い。特に出産直後や閉経後では、肥満や運動不足に陥りやすく、動脈硬化や脂質異常症といった生活習慣病の発症にも繋がりやすい。

二　今日からはじめる身体ケア

女性特有の健康問題として、①妊娠時の体型変化や更年期の骨粗鬆症に伴う腰背部痛・骨盤帯痛、②骨盤底筋群の機能低下による腹圧性尿失禁、③妊娠時や更年期に限らず各ライフステージにおける肥満や運動不足が挙げられる。これらに対する身体ケアとして、運動や体操を中心としたエクササイズを紹介する。

1　コアエクササイズ

腹圧性尿失禁の改善策の一つとして、骨盤底筋群のエクササイズは注目されており、また腰痛症に対しても、腹横筋をはじめとする腹部周囲筋群のエクササイズが広く実践されている。腹部周囲筋には、腹直筋や腹斜筋といったグローバル筋と骨盤底筋群や腹横筋といったローカル筋群に分類され（図1）、ローカル筋群に対する運動は「コアエクササイズ」として紹介されている。

ローカル筋の特性として、腹直筋や腹斜筋群のように身体運動におけるパワーを発揮するグローバル筋とは異なり、筋長の短く深部に存在して、腹腔内圧の上昇と関節運動の安定化に関与することが挙げられる。これらの筋群に対してエクササイズを実施する上で、①脊柱や骨盤を中間位（ニュートラルポジション）とすること。②最大努力下による収縮を行なわず、「筋を収縮させるコツ」をつかむようにおこなうことが重要である。

コアエクササイズの進め方として、まずは第一段階ではグローバル筋の筋緊張を緩めて、脊椎間のアライメント（背骨のならび方）がニュートラルポジションとなりやすい状態を整える。次に第二段階では、ニュートラルとなった脊

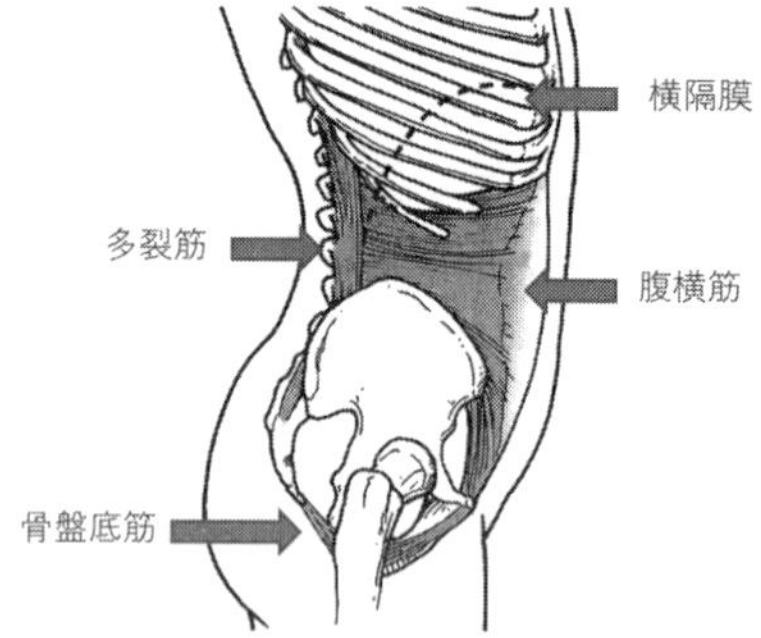

図1　ローカル筋を構成する群
出所：筆者作成

椎間アライメントを保持するために腹部の奥にあるローカル筋の収縮を促す。そして第三段階では、脊柱をはじめ体幹全体を安定させたまま運動ができるスキルを身につける。この三段階に沿ってアプローチする。

具体的には、第一段階においてフォームローラーを利用した体操を紹介する(6)。フォームローラーとは、発砲スチロールを材料とした円柱状（長さ約一メートル、直径一五センチメートル）の棒であり、この上に背臥位となることによって、胸椎後彎・腰椎前彎を減少させ、仙骨を後傾させるといった作用がある（図2）。エクササイズの方法として、（a）床磨き運動、（b）肩甲骨内・外転運動、（c）肩関節外・内転運動、（d）股関節内・外転運動、⑤膝関節軽度屈曲運動、⑥左右への揺らぎ運動がある(7)（図3）。次に第二段階として、腹横筋をはじめローカル筋の収縮を促すことを目的としたエクササイズを実施する。腹横筋に対するエクササイズでは、まず「ドローイン」を身につける。「ドローイン」とは、息を吐く時（安静呼気時）に下腹部の引き込みを行うことで、選択的に腹横筋を収縮させるエクササイズである。実際には膝を曲げた背臥位となった状態から、臍部（おへそ）から左右外側へ四横指の部分に対象者自身の第二～三指の指腹を当てる（図4ａ）。この際、腹直筋外側縁の外側を目安とする。次に、ゆっくりと息を吐きながら、腹壁深部がゆっくり緊張して腹圧の高まりを感じ取る。息を吐く時（呼気時）に腹圧を高めることができれば、続いて息を吸う卯時にも持続して腹圧を高めたまま、腹横筋の収縮を持続できるように練習する。

第三段階として、膝立て背臥位にて腹横筋の収縮により腹圧を高めた状態から足踏み運動などをおこなう（図4ｂ）ことにより、手足を動かす際にも体幹を安定させるコツを習得する。この際、フォームローラー上でおこなうことも有効である。

骨盤底筋群のエクササイズをおこなっていく上で骨盤底筋群の正しい収縮方法の習得が重要である。椅座位にて、リラックスした状態で「肛門を閉じるように」、「おならを我慢するときのように」など、具体的なイメージを持ちながら筋収縮させる。この際、座面に手のひら（手掌）を向けた状態で、左右の手の甲（手背）が坐骨結節に当たるように、両手を殿部と座面の間に置く（図4c）。そして骨盤底筋群の筋収縮をおこなった際に、左右の坐骨結節が殿裂に近づく方向に動くことを左右の手背で感じ取る。殿筋群や内転筋群の過剰な収縮が起こらないように注意する。

2　全身運動（有酸素運動）

骨粗鬆症や肥満の対策として全身運動（有酸素運動）が推奨されている。一般的にはウォーキングやエアロビクス、

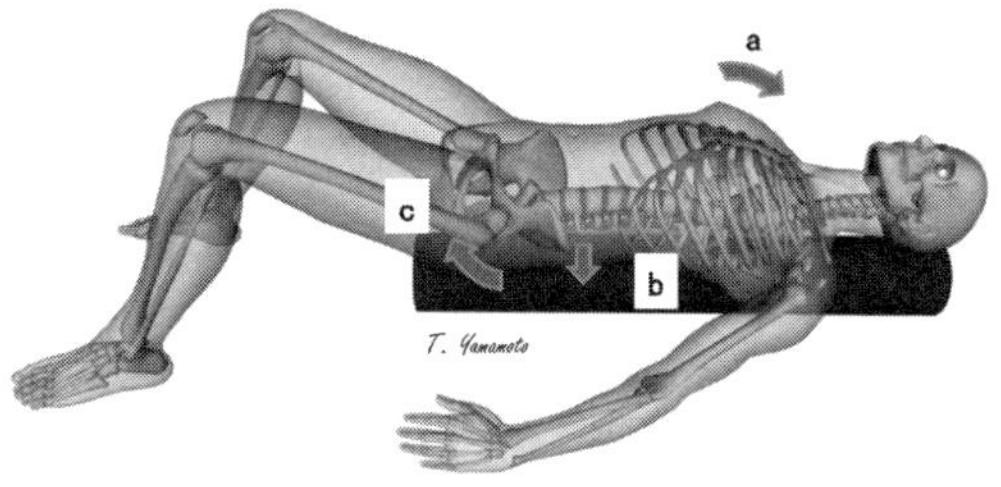

a. 胸椎後弯が減少し、胸郭が挙上する。
b. 腰椎前弯が減少し、脊椎が直列化する。
c. 仙骨を後傾させる。

図2　フォームローラーが身体に与える影響

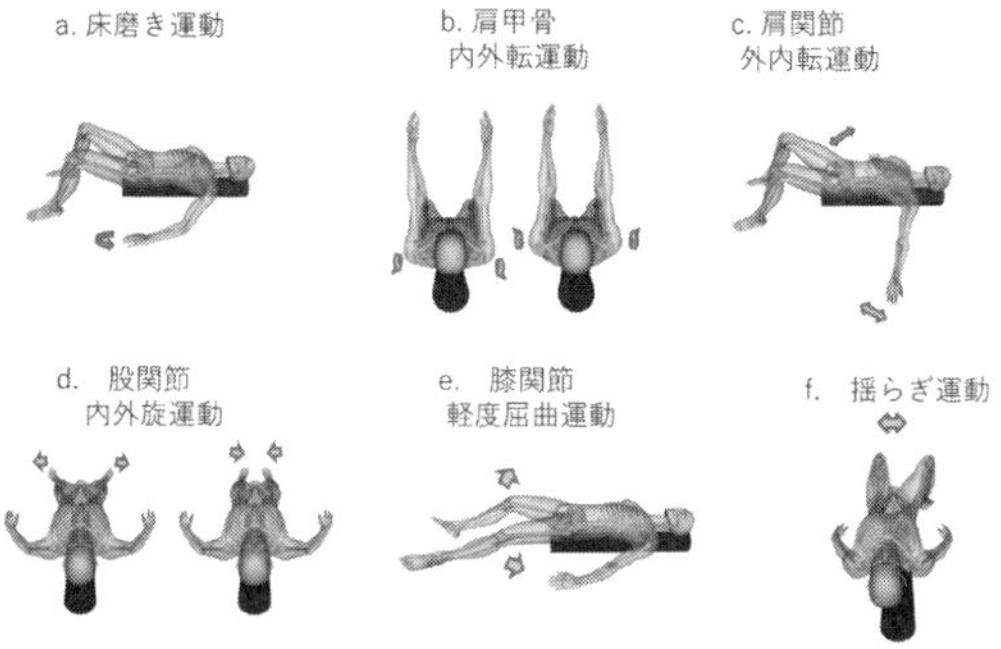

図3　フォームローラー上のエクササイズ

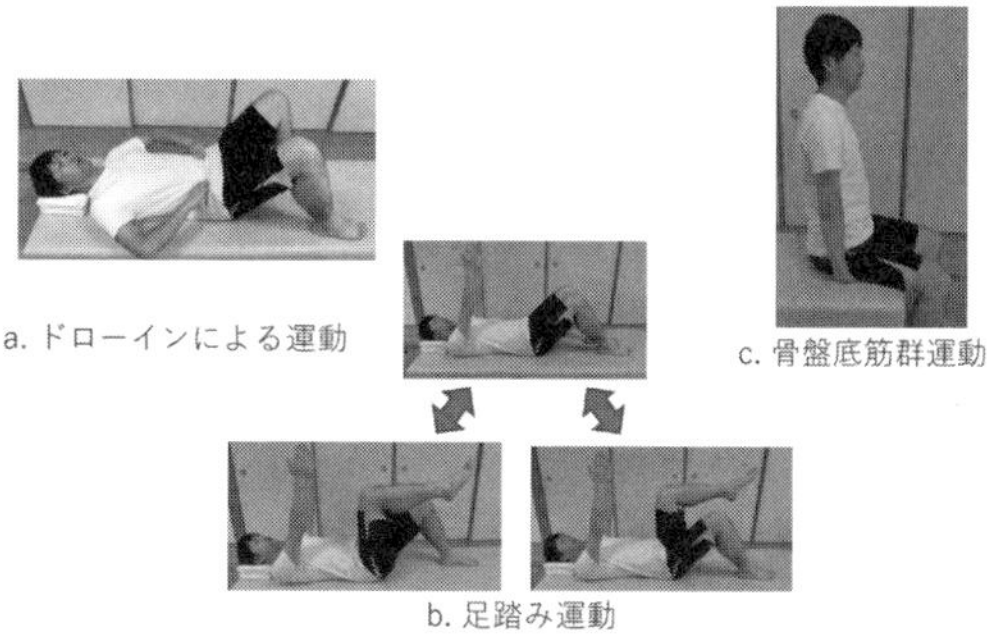

図4　ローカル筋に対する運動
出所：いずれも、筆者作成

トレッドミルや自転車エルゴメータを利用した運動が普及している。また妊娠に対する水中運動エクササイズやノルディックウォーキングといった有酸素運動も紹介されている。ここでは、いつでもどこでもおこなえるウォーキングを取り上げる。

ウォーキングの実践にあたって、①歩き方（フォーム）と②運動量の確保に配慮する必要がある。歩き方について、一般的には①背筋を伸ばすこと、②踵からしっかりと地面に着くこと、③肘を曲げて、腕をしっかりと振ること、④そして歩幅を広めにすること、がポイントとなる。

ウォーキングの歩数目標値は、高齢女性で六千歩とされている。「一〇分で千歩」として換算すると、一日六〇分程度となる。また米国スポーツ医学会では糖尿病を対象とした有酸素運動の目安として、「中強度の運動を一日三〇分、週五回、高強度の有酸素運動であれば一日二〇分、週三回」を推奨している(8)。

いずれにしても運動時間の確保とその継続課題である。近年では、日常生活の中で消費しているエネルギーとして、非運動性熱産生が注目されており、日常生活の中でいかに運動量を増やすのか工夫することも必要となる。

女性における健康問題として、妊娠・出産というライフイベントや更年期というライフステージに着目して取り上げた。そして尿失禁や腰痛に対するコアエクササイズ、骨粗鬆症や肥満に対するウォーキングの実践のポイントについて説明した。この他にも若年者や妊婦における「痩せ」、スポーツ選手における「無月経」などの問題もあるが、いずれも「運動」のみではなく、「食事（栄養）」や「睡眠（休養）」面も考慮して健康維持・増進することが肝要である。

注

（1）松谷綾子「理学療法におけるウィメンズヘルスの現状」『理学療法学』四一巻一号、二〇一四年、二八〜三三頁。
（2）平元奈津子「妊婦に対する理学療法」『理学療法学』四一巻三号、二〇一四年、一六五〜一六九頁。
（3）Elden, H., I. Lundgren and E. Robertson "Life's pregnant pause of pain: Pregnant women's experiences of pelvic girdle pain related to daily life: A Swedish interview study" Official Journal of the Swedish Association of Midwives.4 (1), 2013, 29-34.
（4）平川倫恵・野村昌良・鈴木重行・清水幸子「腹圧性尿失禁に対する理学療法のエビデンス」『理学療法学』四一巻五号、二〇一四年、三一二〜三一九頁。
（5）平元奈津子「成人期にみられる男女の身体変化と症状」『理学療法学』四一巻八号、二〇一四年、五一一〜五一五頁。
（6）渡辺なおみ・岩下智之（平沼憲治・岩崎由純監修）「コアリラクゼーション」『コアコンディショニングとコアセラピー』講談社サイエンティフィック、二〇〇八年。
（7）Nascimento SL, Surita FG, et al. "Physical exercise during pregnancy：asystematic revie" Curr Opin Obstet Gynecol, 24, 2012, 387-394.
（8）北川淳「骨粗鬆症の現状と対策」『理学療法学』四一巻七号、二〇一四年、四五五〜四六一頁。

第一〇章

「きもの」の原型小袖の普及とその背景
——中世武士と庶民の衣料を素材として

田端 泰子

本章のキーワード
小袖の登場／庶民女性の日常着／武士階級の採用と公認／小袖の特徴／贈答品としての小袖／座り方と住環境

一 はじめに

中世に生きた人々は、古代以来政権を担当してきた天皇以下の皇族、貴族、そして「百姓」と呼ばれた農耕民、漁民、手工業者や奴婢《ぬひ》に加えて、院政期から新たに武士が仲間入りしたことにより、百姓の生活形態や活動範囲が古代よりも大きく広まった。たとえば田畠についても中世前期には開発が進み、「開発領主」と呼ばれる在地領主層が、百姓を動員して農業を振興するための方策「勧農《かんのう》」を精力的に展開したことにより、耕作地は大きく増大した。また荘園村落の中や流通路の結節点には市が立ち、それは次第に町場へ発展したり、定期市同士が六斎市《ろくさいいち》市場圏を構成することもあった。

こうした中世において、一般の人々が着用した着物が小袖である。身幅が広く、着丈は短くて、幅の狭い袖の付いた小袖の上着は、貴族女性の内衣《ないえ》の簡略化したものであるとも、一般庶民の一枚着の筒袖の衣の発展形態であるとも言われる。(1) 起源はいずれであれ、その後室町期には、多くの階層の人々が、しかも男女ともに小袖を着用するようになる。そして小袖は江戸時代以後日本人の着衣の基本となり、様々な階層でバリエーションが工夫され、晴着、喪服、日常着として様々な場面で着用される。近代に至り西洋から洋服が導入されて以後、日本人の着物は「和服」と称されて、日本の伝統衣装と考えられた着物の原型は、この「小袖」なのである。

以下、本章では、小袖はどの階層にどのような形で着用されはじめ、そこからどの階層に広がっていったのか、階層ごとにどのような着方をされたのかを、絵画史料を通じて考察し、次になぜ中世において小袖は多くの人々に愛されるようになったのかを、各階層の人々の働き方、生活の実態や住居の様相から考え、小袖普及の背景を探ってみたいと思う。

二　平安期から院政期（中世成立期）の人々の着衣

平安後期の絵画史料として著名なのが『扇面法華経冊子』（「扇面古写経」とも言われる）である。この冊子は鳥羽天皇の皇后となった高陽院《かやのいん》藤原泰子が企画して四天王寺に造進したものであるとの説があるように、中世成立期である院政期三上皇の時代、すなわち一〇八六～一一九二年までに作られた冊子である。十帖の冊子のうち五帖分が四天王寺に、巻八が東京国立博物館に残っているほか、藤田美術館、法隆寺などに断簡があるという。扇面に描かれた絵は、昭和二九年（一九五四年）頃、画家によって翻刻され、大変見やすくなった。

その絵に登場する人物の着衣に注目すると、貴族の男性は衣冠束帯《いかんそくたい》姿か直衣《のうし》姿であり、女性は袿《うちぎ》姿であって、町歩きや旅の装束でも、袖の大きな着衣つまり袿を付けていることがわかる。また洗濯のあと干されている貴族女性の上着も袖が大きい。よって貴族は男女ともにまだ小袖を着用する風習には至っていなかったことがわかる。戸外で遊んでいる子供たちも、中小貴族の子供であると思われるが、大きな袖の着物を着ている。

これらに対して「賤女《しずのめ》」と呼ばれた一般女性は、筒袖の着物あるいは下着姿か、「手無し」と呼ばれる袖無しの着物姿であることがわかる。栗を拾う場面や、井戸端に集まったり、そこで洗濯をしている姿で登場する一般女性にのみ、小袖・筒袖や袖無しの着衣が見られることに注意したい。

鐘を突く老僧の法衣も袖の幅は広く、大きかった。

こうした姿から、小袖は、まず一般民衆のなかでも特に女性の着衣から、日常生活や働くときに動きやすい着衣として採用され始めたと言える。

図１　七条辺の借上の女性。福岡市美術館蔵『病草紙』 恰幅のいい中央の女性は借上をいとなむ。
出所：『日本中世の社会と女性』吉川弘文館、1998 年、324 頁

同じく平安末期（院政期）に成立したとされる『粉河寺縁起』（和歌山県紀の川市、粉河寺蔵）のなかで、一般庶民の男女が多数登場する第五段には、粉河へ旅立つ人々を見送る長者一家の侍女たちや子供たちが描かれているが、板敷の縁側に座る女性や、庭先から室内を注視する男女、子供は、すべて小袖か筒袖の着物で描かれている。

さらに平安末期から鎌倉初期にかけての成立とされる『病《やまい》草紙』[2]に登場する七条あたりで「借上《かしあげ》」（土倉）を営む恰幅のいい女性とその側に描かれる二人の友人か知人、またその使用人（侍女）と思われる女性たちを見ると、前列の借上やその友人・知人たちが大きな袖の着物（袿）を着ているのに、後で荷物を持つ侍女は筒袖の着物（小袖）であることがわかる（図1）。

これらの史料から、中世成立期（平安後期から院政期）に、小袖はまず庶民女性の着衣として好んで用いられ始め、庶民のなかでも侍女や百姓階層の人々など、下層の人々の日常着・働き着として普及しはじめたと結論づけることができよう。

三　室町・戦国期（中世後期）の庶民の衣服

室町・戦国期になると、一般庶民の労働の場は広がり、特に商業や運搬業、外国との交易など、古代・中世前期にはなかった様々な職業が登場する。たとえば扇は平安時代以来、貴族や僧侶、神官が行事の際に身につける小道具（檜扇《ひおうぎ》）であったが、夏用の蝙蝠《かわほり》扇は、中世に入ると武士や庶民層にも用いられ、さらに輸出用の重要品目にもなるほど普及した。そのため扇面を持参して、注文主の要望に添ってその場で扇を作って売る扇売という職種が登場するのである。

このように広がった庶民の職業や、それぞれの職種の特徴、衣服の様相、被り物、履き物、労働の形態などが知られる史料として貴重なものに、『七十一番職人歌合』がある。この史料は七十一番（番はつがいを表す）つまり百四十二種類の職人の姿の絵とその職人の口上（せりふ）を左右に並べ、その二職種の職人それぞれについて和歌を一首ずつ作り、その和歌の優劣を判者が判定するという、「歌合」のために作られた史料である。ただし「職人」と呼ばれたこの史料に登場する人々は、商人、職人、芸能者から鉱山労働者、通事（通訳のこと）、禅宗・律家などの僧までを含んでいる。武家と公家を除いた庶民がここに集約されていると理解できる。またここに描かれた職人の姿とそのせりふ（「画中詞」と呼ばれる）は、文字史料には残っていないものが多く、他には見られない職人の生活実態を示す資料であるため、中世後期の庶民の生活や職業を知る重要史料といえるのである。

『七十一番職人歌合』は明応九年（一五〇〇年）末の成立と言われる。(3) この見解に従えば、職人の姿・衣服・髪型やせりふなどは、室町期から戦国初期のものであり、それを写し取った史料であるといえよう。特に「画中詞」は、多くが口語体で記されているので、職人たちの日常の会話や宣伝文句、また労働の厳しさや喜びなどが直接現代の私たちに届けられる点でも、貴重な史料であると思う。

この「画中詞」を作成したのは三条西実隆《さねたか》である。室町・戦国期の公家で文芸に優れ、古今伝授も受けた実隆の眼差しが、多様な職人層に向けられていたことは、心温まる事実といえよう。また職人の絵は土佐光信が描いた。この人も実隆とほぼ同時代の人で、文明元年（一四六七年）宮廷絵所預《えどころあずかり》、文亀三年（一五〇三年）従四位下《じゅしいげ》となって土佐派を確立した画家である。歌を詠んだ人の中には公家の飛鳥井雅康もいるとされる。ただ歌の題は「月」と「恋」であり、その題のもとに左右の歌が並べられていて、判定が記されているので、歌の優劣や判定の正確さについては、職人の姿や生活実態に関心がある筆者には興味が湧かないが、稀に職人の出身地や市の位置が読み込まれている場合があるので、そのような歌にはひきつけられた。

以下の表に番ごとの職人の名前、性別、着衣の一覧を挙げてみよう。上段には左、下段には右に描かれた職人を表示している。

①	番匠	男	直垂・袴	鍛冶	男	直垂・袴
②	壁塗	男	直垂・袴	檜皮葺	男	直垂・袴
③	研	男	小袖・袴	塗士	男	小袖・袴
④	紺掻	女	筒袖	機織	女	手無
⑤	檜物師	男	袴	車作	男	小袖・袴
⑥	鍋売	男	直垂・袴	酒作	女	小袖・打掛
⑦	油売	男	小袖・袴	餅売	女	小袖
⑧	筆結	男	法体	筵打	男	小袖・袴

⑨	炭焼	男	短袖	小原女	女二人	小袖
⑩	馬買はふ	男	腰切	皮買はふ	男	小袖・四幅袴
⑪	山人	男	小袖・袴	浦人	男	短袖
⑫	木伐	男	腰切	草刈	男	腰切
⑬	烏帽子折	男	小袖・袴	扇売	女二人	小袖・袿
⑭	帯売	女	小袖・袿	白物売	女	小袖
⑮	蛤売	男	小袖・袴	魚売	女	小袖
⑯	弓作	男	小袖・袴	弦売	男	小袖
⑰	挽入売	女	小袖	土器造	男	小袖・括袴
⑱	饅頭売	男	小袖・袴	法論味噌売	男	小袖・袴
⑲	紙漉	男	小袖・袴	賽磨	男	小袖・袴
⑳	鎧細工	男	筒袖・袴	轆轤師	男	小袖・袴
㉑	草履作	男	四幅袴・羽織	硫黄箒売	男	小袖・四幅袴・羽織
㉒	傘張	男	筒袖・袴	足駄作	男	袴
㉓	翠簾屋	男	袴	唐紙師	男	小袖・袴
㉔	一服一銭	男	小袖	煎じ物売	男	小袖
㉕	琵琶法師	男	法衣	女盲	女	小袖・袿
㉖	仏師	男	僧形	経師	男	僧形
㉗	蒔絵師	男	小袖・袴	貝磨	男	袴
㉘	絵師	男	直垂・袴	冠師	男	直垂・袴
㉙	鞠括	男	（諸肌ぬぎ）	沓造	男	（諸肌ぬぎ）
㉚	立君	女二人	小袖・衣かずき	図子君	女二人	小袖

㉛	銀細工	男	小袖・袴	薄打	男	小袖・袴
㉜	針磨	男	小袖・袴	念珠挽	男	僧形
㉝	紅粉解	女	小袖	鏡磨	男	（諸肌ぬぎ）
㉞	医師	男	狩衣・袴	陰陽師	男	水干・袴
㉟	米売	女	小袖	豆売	女	小袖・細帯
㊱	いたか	男	小袖・袴	ゑ多	男	（諸肌ぬぎ）
㊲	豆腐売	女	小袖	索麺売	女	小袖・細帯
㊳	塩売	男	直垂・袴	麹売	女	小袖
㊴	玉磨	男	小袖・袴	硯士	男	小袖・袴
㊵	灯心売	老女	小袖・打掛	葱売	男	小袖
㊶	牙会	女二人	小袖・衣かずき	蔵回	男	小袖・括り袴
㊷	筏師	男	笠・蓑・藁脚半	櫛挽	男	（諸肌ぬぎ）
㊸	枕売	男	小袖	畳刺	男	（片肌ぬぎ）
㊹	瓦焼	男	直垂・袴	笠縫	男	（諸肌ぬぎ）
㊺	鞘巻切	男	（諸肌ぬぎ）	鞍細工	男	小袖・袴
㊻	暮露	男	直垂・袴	通事	男	中国服
㊼	文者	男	狩衣・袴	弓取	男	鎧直垂
㊽	白拍子	女	水干・長袴	曲舞々	女	小袖・水干・長袴
㊾	放下	男	小袖・四幅袴	鉢叩	男	短袖
㊿	田楽	男	狩衣・袴	猿楽	男	狩衣・袴
51	縫物師	女	小袖	組師	女	小袖
52	摺師	（不明）	筒袖・袖だすき	畳紙売	女	小袖

53 葛籠造	男	小袖・袴	皮籠造	男	筒袖・袴
54 矢細工	男	小袖・袴	箙細工	男	小袖・袴
55 蟇目刳	男	（諸肌ぬぎ）	行縢造	男	（諸肌ぬぎ）
56 金掘	男	短袖・藁脚絆	水掘	男	短袖・藁手甲・藁脚絆
57 包丁師	男	直垂・袴	調菜	男	僧形
58 白布売	女	小袖・細紐	直垂売	男	直垂・袴
59 苧売	男	小袖・袴	綿売	女	小袖
60 薫物売	女	小袖	薬売	男	小袖・袴
61 山伏	男	篠懸・袴	持者	女	小袖・打掛
62 禰宜	男	狩衣・袴	巫	女	小袖・袿・袴
63 競馬組	男	半臂・袴	相撲取	男	下帯褌
64 禅宗	男	道衣・掛絡	律家	男	法衣・袈裟
65 念仏宗	男	法衣・袈裟	法華宗	男	法衣・袈裟
66 連歌師	男	僧形（執筆は直垂・袴）	早歌謡	男	直垂・袴
67 比丘尼	女	法衣・褊衫	尼衆	女	法衣・襟巻・袈裟
68 山法師	男	法衣	奈良法師	男	法衣
69 華厳宗	男	法衣	倶舎衆	男	法衣・袈裟
70 楽人	男	唐装束（指貫袴・半臂・忘緒）	舞人	男	（楽人に同じ）
71 酢造	男	直垂・袴	心太売	女	小袖

以上、一四二種の職人の名称・性別・着衣を表示してみた。この表から導き出せる結論は、庶民男性については直垂・袴あるいは小袖・袴が多かったことである。この直垂は上半身衣であり、袴と共に着られた衣服で、身頃は二幅

の布を用い、それに一幅半の袖を付けた衣服で、平安期以来、労働服として使用されたとされるが、鎌倉期以後武士の通常の衣装となり、室町期以後は儀礼服となったことから考えると、庶民男性の職人が直垂・袴や小袖・袴を着ていてもおかしくはないが、庶民の間では、労働時ではなく、正装として着られたと考えた方が良かろう。また右の表でも、直垂・袴や小袖・袴を着ている職人は、①番匠《ばんしょう》のように侍烏帽子を被っているので、庶民といえども、袴を着けるような正装の場合（たとえば武家や公家への製品の納品時など）には、烏帽子を被り直垂か小袖を着る正装姿で身なりを整えたものと考える。しかし厳しい労働の現場では、⑫「木伐《きこり》」のように、頭巾を被り腰までの小袖である「腰切」を着たり、⑩「馬買はふ」のように束ね髪に腰切を着け、草履ばきのスタイルを取ったのであろう。また小袖を括ったり袴の裾口を括った「括袴《くくりばかま》」を着けたりしている⑲「紙漉《かみすき》」や⑰「土器造《どきづくり》」の姿も、労働時のものといえよう。

いずれにしても庶民男性の正装時の服装は、小袖であったと結論づけられる。一部分の男性職人が直垂を着ているのは、公家や武家の邸宅の壁塗の工事を担当した「壁塗」（②）や、相国寺に召されたと話している「番匠」（①）のような出入りの職人が、仕事始めや完成時に礼服として直垂を着けたためであると考えられる。

これらとは異なり特殊な服装をしていた男性職人は、僧形の姿で描かれる㉖「仏師」や「経師」、小袖に四幅袴を着ける㊾「放下」など、また㊹「禅宗」㊹「律家」㊺「念仏宗」㊺「法華宗」などの僧形の人々は、法衣に袈裟や掛絡《から》を着けている。宗派ごとの、また仕事のしやすさや屋外での布教や演技に相応しい着衣が、それぞれの職種で決まっていたので、伝統にそった着衣が着けられたのであろう。

要するに男性庶民は、それぞれの職業での従来の決まりや慣習に従う以外は、働く場においては働きやすさを基準に小袖や筒袖の着衣を着け、あるいは諸肌、片肌を脱いで仕事に専念し、納品や販売あるいは挨拶の時には烏帽子・直垂・袴を着けて正装する場合があったとまとめられよう。

次に庶民女性の着衣を検討しよう。

図2　さかつくり（酒造り）。群書類従本『七十一番職人歌合』
酒をつくって運搬し販売する女性の酒造り。
出所：『日本中世の村落・女性・社会』吉川弘文館、2011年、8頁

まず女性の姿で登場する職人はどのような分野の職人であるかについて見てみよう。女性の姿で描かれる職人は、六つの分野に区分できる。

一……食料品とその加工品を商う（米売、豆売、魚売、酒売、豆腐売、餅売、素麺売、麹売）

二……衣類の販売とその生産（白布売、帯売、機織、紺掻、縫物師）

三……化粧品・嗜好品（白物売、紅粉解、薫物売、扇売、畳紙売）

四……日用品（小原女、挽入売、灯心売、綿売）

五……芸能者（立君、図子君、白拍子、曲舞々、女盲）

六……その他（比丘尼、尼衆）

右にまとめたように、女性の姿で描かれている職種をすべて挙げたが、食料品とその加工品の分野などでは、男性がこのような分野を担当していたとしてもおかしくはない。以前の論文「中世京都の商業と女商人」で示したように、室町期応永年間の酒屋名簿を見ても、合計三四七人の酒屋の名前を検討すると、男性名の酒屋が圧倒的に多く、女性名とはっきりわかるのは「屋ゝ」「めゝこ」「法性尼」の三名にすぎないので[4]、女性の酒売は、主に自家生産の濁り酒などを、市や振り売りで販売したのであり、その姿が『七十一番職人歌合』に残された女性の酒売りであったといえる。つまり自家で生産した酒（濁り酒か薄濁り酒）を市や路上でまた振り売りで販売したものと考える。酒を売っている姿の女性に「酒つくり」の名称が付されているのは、まさに小規模な女性の酒売であったということを示していよう（図2）。紺掻や機織などについてもこのことはいえるだろう。「帯売り」（図3）についても同様に、この女性は「この帯たちてのち見候はむ、いそがしや」と、隣の「白物《しろもの》売り」の女性に答えている。その理由は隣の白物つまり白粉《おしろい》売りの女性が「百けもなからけもいくらもめせ、いかほどよき御しろいが候ぞ」と呼びかけたからであった。「百笥《ひゃっけ》」という容器いっぱいの白粉も、その半分の量（なからげ）の白粉もあり

ますよ、いい白粉を扱っているので、どちらでもよいから買ってくださいね」と声を掛けた白粉売りに対して答えたのが、右の「帯売り」の台詞なのである。帯を仕立てている途中に「白粉はどうですか」と声を掛けられたため、「この帯を裁断してから見せてもらいましょう、忙しい、忙しい」と答えたのである。

つまり帯売りの女性は帯の製作と販売を一貫しておこなう職人でかつ商人であったといえる。まだまだ戦国期にはこのような製造と販売を一貫しておこなう商人が普遍的であった。先述の酒造りを始め、米売り、餅売り、豆腐売りなど食料品とその加工品、また日用品の販売のほか、男性の職種で描かれた「振り売り」をする油売り、鍋・釜を売る鍋売りなど、多くの職人は商人を兼ねていた。

こうした販売する商人は帯売りのように屋内で生産と販売をおこなった職人・商人と、市あるいは路上で、また「振り売り」で販売した職人・商人とに二分されることも事実である。屋内で製作・販売する職人は、女性ならば上の着衣「褂」や「上の小袖」を腰の周りに脱いでいるが、屋外で振り売りをしている職人・商人は、「酒作」のように、「上の小袖」つまり「打掛」を着たままで、頭には路上を歩いてきたことを示す布とそれを固定するための「飾り紐」が描かれている。つまり、生産と販売を一緒におこなう商人・職人は、総じて洛外や宇治、奈良、姫路、大山崎などから洛中まで、はるばる生産物を販売に、ほとんどの場合歩いてやってきたことが、その台詞などから理解することができた。販売という行為には、輸送という重労働が付随しており、女性といえどもそれは免除されず、奈良や宇治から、また近郷農村から、米、豆、酒、豆腐などを持ってはるばる都にやってきて振り売りをしたあと、必要な品を都で買って帰ったのである。中世の庶民女性は日常的に生産や販売の点で重労働をこなしていたことがわかる。

図３　おひうり（帯売り）。群書類従本『七十一番職人歌合』
帯売りは帯をつくりつつ白い物売りからの呼びかけに答える。
出所：図２に同じ、７頁

前掲の表に見るように、女性の着衣も小袖が最も多い。小袖は袖口が詰まっているので、寒さや労働時に適した着衣である。そのため最も早い女性の小袖姿は、前節で述べた平安期の『扇面法華経』に見える庶民女性が小袖を着ていた事例である。この他、小袖姿の女性がその上に袴を着ける「小袖袴」が、鎌倉後期の絵画史料である『春日権現験記絵』に見える。(5) また『七十一番職人歌合』の「扇売り」などは、小袖にプラスして、寒いときや外出時には打掛をその上に着ていることが見て取れる。また働き着として、夏は短袖や筒袖の着衣を用いたであろうし、場合によっては足下の自由がきく袴の着用もなされたことは、男性と同様であるといえる。

女性の着衣で注目されるのはその被り物である。桂女《かつらめ》と呼ばれる、桂川で捕れた鮎を朝廷に献上したり、公家・寺社・武家などに販売した女性が着けたとされる「桂巻」は、少しづつ変形をしつつも、「酒作《さかつくり》」にも見られるように、その後他の職種の女性にも広く着けられていることがわかる。頭を布で覆い、紐で留めるのは、埃や泥で汚れた道を往復することでの頭髪の汚れ防止と、「餅売」のように食品を扱う際の毛髪の紛れ込みなどを防ぐためであっただろう。

女性職人の中で複数の女性が描かれている職種がいくつか存在する。先述の「扇売」では一人の女性が小袖の袿を着て左手で扇の地紙を見せており、左の女性はその使用人であろうか、小袖・細帯を着けて扇骨を持っている。この時代の扇は、木などの扇骨に紙や絹の地紙を片面だけ貼って作った「蝙蝠扇《かわほり》」であったので、材料を持ち歩いて、注文主の邸宅などで作成した。そのため道具箱と材料の地紙などを持ち歩く必要から、複数の女性がセットとなってこの職種についていたのであろう。

同様の働き方をしていたのが、扇売とは異なって、女性集団として薪や黒木を売り歩いた「小原女《おはらめ》」である。『七十一番職人歌合』では「小原女《おはらめ》」と記されるが、洛外の大原の里から洛中へ黒木などを売りに来た女性たちは「大原女」とも呼ばれた。(6) 先年私たち京都の研究者と京都府で作った『京の女性史』で、(7) たまたま「おはらめ」(「をはらめ」と記されることもある)を担当した私は、聞き取り調査をするなかで、次のような発言に出会った。比叡山のふもとに位置する八瀬からも大原からも「おはらめ」が洛中に出ていたが、八瀬の女性は「小原女」の字を、大原の女性は「大原女」の字を使っていたというのである。ガスが家庭に導入される以前の燃料としての薪、炭利用の全盛期には、八瀬・大原方面からの炭や薪売りの女性たちは、おしなべて「おはらめ」とよばれたのであろう。

大原では木を切って炭に焼いたり、黒く燻（燻）べて作った「黒木」、それに薪を作ったのは男性であったようである。彼らは「炭焼」と呼ばれた（図4）。一方大原の女性たちは、二人以上の小集団で洛中へ製品の薪や黒木、炭を売り歩いたのである。つまり大原では家ごとに分業がなされていたのではなく、性別役割分業の形で、集落単位で生産と販売が男女に分離して担われていたことになる。

その証拠に「炭焼」が「けさ出でさいまうたか（今朝でてきなはったの）」と「小原女（大原女）」に問いかけたのに対して、二人の「小原女」は「あごぜ（あんた）は、まいりあひて候けるか（おっかあに会ったの）」と逆に質問しているからである。近所の女性同士で大原から洛中に、夫たちが作った薪や黒木を売り歩いたのが、「おはらめ」であったといえる（図5）。「おはらめ」の姿は同時代の『上杉本洛中洛外図屏風』(8)にも見られる。この上杉本は、一六世紀の都の様子を描いたものであるといわれているので、『七十一番職人歌合』の成立年代と近い。よって「おはらめ」の働く姿を見るには格好の史料といえる。上杉本に見える大原女は次の三か所に登場する（図6）。①四人の大原女、頭上に手拭い、柴の束、小袖、細帯、脚絆。②三人の大原女、頭上に手拭い、黒

図4　炭焼き。群書類従本『七十一番職人歌合』
八瀬や大原の里の男性炭焼き。
図5　大原女。群書類従本『七十一番職人歌合』
大原女の歩く姿と休む姿。
出所：いずれも図1に同じ、326頁

図6　大原女。米沢市蔵上杉本『洛中洛外図』
上杉本に描かれる大原女はすべて複数。
出所：図1に同じ、332頁

木の束、小袖、脚絆。③五人の大原女、頭上に手拭い、大きな薪の束、小袖、脚絆。

　このようにいずれの「おはらめ」も頭上には手拭いを載せて髪・頭を保護し、その上におそらく近世以後の大原女に見られるような、藁で編んだ円形の台座を載せ、薪や黒木、炭の大きな束を載せて歩いている。京の路上で三か所にも及ぶ大原女が描かれているのは、お得意先の邸宅や寺、神社への個別訪問、またそのほかの振り売りに励んでいる姿を写したものであろう。図6の③に描かれている牛は、大量の薪を大原から運んできた役畜であろう。

　そしていずれの場面でも「おはらめ」が身に着けていたのは小袖であった。その小袖の裾は脚絆のすぐ上までであるから、他の職種の女性の小袖よりは多少短かったかもしれない。その小袖の着流しか、小袖袴を着けて小袖の裾は袴の中に入れていたのであろう。いずれにしろ働きやすさを優先して小袖が工夫されていたであろうことが想像できる。

　小袖はこのように貴族や武士階級では下着に、次いで中衣、そして最終的に上着として用いられたが、庶民の男女には平安期から上着として愛用され、時には袴を併用したり、女性は小袖を重ね着して「打ち掛け」として用いるなど、広く着衣として使用し続けられたと結論づけられよう。

　小袖がこのように広く庶民の着衣として定着し、武士や公家にも日常着として身に着けられるようになると、その生産者は座を結成し、手広く独占販売をしようと努力し始める。「小袖座」の初見は南北朝期の正平七年（一三五二）で、座商人は「祇園社安居神人《あぐい》」であった。この「小袖座」は、錦小路室町の北頬《つら》にあった（『祇園執行日記』）。座のなかには若衆方と老衆方があったとされるので、座衆もかなりの数に上ったのであろう。このほか京都には北野にも小袖座があり、奈良、博多にも小袖の座があったとされるから、室町期に小袖は日本人の多くが好む着衣として普及していたといえるだろう。(9)

四　中世末〜近世初期の武士と庶民の衣服

中世後期つまり室町・戦国期から近世初期にかけてという時期には、武士階級の男女の肖像画が描かれ始め、戦国期以後著しく増加するという現象が見られる。その理由を考えると、江戸時代初期に江戸幕府は諸大名、旗本から系図を提出させ、若年寄太田資宗を奉行として大名と旗本の系譜集を作成した。これが『寛永諸家系図伝』であり、江戸幕府最初の系譜集である。このとき編集責任を務めたのは林羅山である。寛永一八年（一六四一年）に着手して、完成したのは二年後の寛永二〇年（一六四三年）であった。この時代は徳川三代将軍家光の時代である。しかし大名・旗本から提出された資料には、精密なものもあれば、粗略に過ぎるものもあり、十分準備されて提出されたものでもなかったし、編集も短期間になされたので、後に『寛政重修諸家譜』が文化九年（一八一二年）に編纂されることになる。『寛政重修諸家譜』は諸家から提出させた家譜を点検の上収録しており、『寛永諸家系図伝』を全面的に改訂しているので、信頼性は高い。しかし『寛永諸家系図伝』が近世初期に各家から提出された生の系図である点では、それぞれの武士の家の系譜に対する意識がそこに反映していると思われるため、貴重な史料といえるのではないかと考える。

このような系譜作成の機運が江戸初期に存在したことこそ、藩祖の時代を振り返り、その事業を顕彰する動きを生

図７　豊臣秀吉画像。高台寺蔵
白の袍と黒の唐冠を被る豊臣秀吉。
出所：『戦国の女たちを歩く』山と渓谷社、2004 年、25 頁

んだのではなかろうか。藩祖顕彰の一環として、絵師を動員して藩祖やその家族・子孫の肖像画を残したことが、現在我々が目にする戦国期から近世初期の人物の肖像画として残ったものであろう。

前節では、庶民男女の装束に焦点を当てて検討し、武士階級の日常服にも視野を広げたが、本節の史料として取りあげる肖像画は右に述べたように、藩主クラス以上の武士階級に残されている絵画である。そこで肖像画を用いて主として武士階級がどのような着衣を身に着けていたのか、またその着衣を着けてどのように座っていたのかを検討する。

藩主以上の武士階級の男性は、一人について複数の肖像画が残されている場合も多い。烏帽子、直垂の正装や日常着としての小袖・袴姿で描かれるが、特異な肖像画として、前著『北政所おね』（ミネルヴァ書房、二〇〇七年）で示した高台寺蔵「豊臣秀吉像」がある。この秀吉像には、裏に慶長三年（一五九八年）八月一八日という秀吉死去の日の南化玄興の賛が記されているので、秀吉の死期が近づいたころに描かれた寿像であろうとされている。[10]ではこの寿像を描かせたのは誰なのだろうか。それは秀吉の正室おねであったと考える。この肖像画が現在高台院にあることから見ても、寿像製作を命じたのは、秀吉正室おねであると思う。

この肖像画の秀吉は、白い袍《ほう》を着けてあぐらで座っている。袍は公家男性の武官が束帯や衣冠を着けるときに着た正装である。秀吉は摂政・太政大臣となったので、袍を着て冠を被るのは定式通りなのであるが、公家の衣冠束帯姿と異なるのは、頭には黒い冠を被っている点である。冠は日本の冠とは異なる「唐冠」であるとされる。この理由は、位人臣を極めたあと、「唐、天竺」まで征服することを夢見た秀吉の、夢を叶えた姿として、おねが秀吉の寿像を作らせたためであろう。秀吉像の背景には狩野派風の大きな松の描かれた屛風が見え、また秀吉の座る畳は二帖で、その上に敷物を敷いて座している。この座り方は後醍醐天皇など天皇の肖像画の座像と同じである。様々な点から、秀吉の生前の功績だけでなく、夢の部分にまで広げて精一杯荘厳化したのが、おねが発注し高台寺に残る、秀吉の肖像画であったと考える（図7）。

一方、女性の肖像画は被り物をした尼姿のものが多い。秀吉清正記念館や高台寺に残る「北政所おね」の肖像画には、おねが小袖の上に薄物の法衣を着ている様子が描かれる。右膝を立ててその上に数珠を持った右手を置き、左膝はあぐらでその上に左手を添えている。高台寺蔵の「北政所おね像」も着衣の模様に違いが見られるが、座り方、手の置き方は同じである。つまりおねは後家となって以来、ほぼこのような小袖に法衣をまとう衣装を着けていたことがわかる（図8）。

同時代を生きた前田まつ（芳春院）の画像は曹洞宗大本山総持寺にある（図9）。まつは白色の頭巾を被り、小袖の

図8　北政所画像。高台寺蔵
小袖に法衣姿の北政所おね。
出所：『戦国の女たちを歩く』山と渓谷社、2004 年、24 頁

図9　芳春院画像。大本山総持寺蔵
白の頭巾に白の小袖を着た芳春院。
出所：『日本中世女性史論』塙書房、1994 年、200 頁

重ね着をしており、上の小袖は白色で横から後ろにかけてたくさんの襞《ひだ》が描かれているのが特徴である。上の小袖の様子から、身頃の幅が大変広かったか、まつが大変な痩身であったのだろうと想像できる。また襞《ひだ》の形状から、右膝を立ててその上に数珠を持った右手をのせていることもわかる。膝を立てて座る姿は、おねと同様である。畳その上に敷物が敷かれた上に座している点もおねと同じである。

徳川家康とその正室築山殿との間の娘である亀姫（盛徳院）（一五六〇～一六二五年）は、一七歳の天正四年（一五七六年）に徳川家家臣奥平信昌に嫁いでいる。亀姫は婚姻時化粧料三千石を持参したとされる。亀姫は婚姻後、夫の領地の名を冠して「加納御前」「加納御方」などと呼ばれた。亀姫の肖像画のうち岐阜県盛徳寺のそれは、御簾を巻き上げ、帷《とばり》の内側に座り、頭巾を被って、葵の文様の描かれた小袖を着ており、もう一枚の打ち掛けの小袖は腰の周りに広げられている。座り方はおね・まつと同じく右膝を立てており、その上に敷物の敷かれた繧繝縁《うんげんべり》の畳の上に座している。この人が亡くなったのは、おねが死去した年の翌年である。

松の丸殿の肖像画は晩年を過ごした京都の誓願寺にあり、この人の亡くなった寛永一一年（一六三四年）頃製作されたとされる。松の丸殿は京極高次の姉妹で龍子と言い、若狭の武田元明に嫁したが、本能寺の変で明智光秀に味方した元明が丹羽長秀によって謀殺された後、豊臣秀吉の側室になった人である。おねらと同じく小袖の上に薄物の法衣を着て、頭巾を被り、右手に数珠を持ち、左手は立てた左膝の上に置いている。また繧繝縁の畳に敷物を敷いた上に座している点も同じである。

常光院おはつ（?～一六三三年）は淀殿の妹でお市の方の次女である。肖像画は福井県小浜市の常光寺にある。その姿はおねと同じく頭巾を被り、小袖の上に袈裟を着け、左膝を立てて座り、右手に数珠を持ち、左手は立てた左膝の上に置いている。片膝を立てて座るのが戦国期から近世初期の一般的な女性の座り方であったことが読み取れた。肖像画はモデルとなった男女の最も輝かしい時期を想定して描かれたと考えられるので、壮年または晩年であろうから、女性が尼姿で描かれるのはそのためであろう。これらの女性たちの座り方が「片膝立て」であったことを確認しておこう。

「片膝立て」で座る女性肖像画と趣を異にするのが奈良県立美術館所蔵の淀殿画像である（図10）。この像の淀殿は、大変豪華な赤を基調にした小袖の上に、赤茶色・黄色の縫箔の打掛を着ており、髪は垂髪である。小袖の右裾がかなり突き出ていることから、右膝はあぐらであったと考える。左膝も同様であろう。ただ注意しなければならないのは、繧繝縁の畳の上に座しているが、おねら他の同階層の女性の肖像画に見られるような御簾、帷が描かれていない点と、そのかわり上部に「賛」が記されているが、それは「ただたのめ　しめじがはらの　さしもぐさ　我世の中にあらむかぎりは」という和歌である点である。賛中の「しめじがはら」は伊吹山のふもとの原野を、「さしもぐさ」はよもぎを指し、転じて観音菩薩に救われるべき一切衆生・万人の譬《たと》えであるとされる。さらに『新古今和歌集』に同じような歌がすでにあり、それは「なほたのめ　しめぢが原のさせも草　わが世の中に　あらんかぎりは」であって清水観音の歌である。観音菩薩が万人を救済するのは理に叶っているが、淀殿が自分を「たのめ」と言ったのか、そう考えていたのかには疑問が残る。したがってこの肖像画と賛は「伝淀殿像」とするのが妥当であると思う。但し淀殿の座り方があぐらであった点はこの時代の姿であったと考えられる。

図10　伝淀殿画像。奈良県立美術館蔵
小袖・打掛を着て座す淀殿。
出所：図9に同じ、201頁

女性があぐらや立て膝で座る姿は他にも多く、伊達政宗の正室陽徳院の木像（仙台市瑞巌寺）と画像、仙台市博物館にある画像のいずれも、あぐらか右膝を立てる立て膝である。また池田輝政の妹で、

図11　彦根屏風。彦根城博物館蔵
男女の大人、子供はともにあぐらか立て膝で座している。
出所：図9に同じ、207頁

因幡若桜《わかさ》城主に嫁ぎ、天球院を創建したとされる「天球院」は、亀姫と同じく家紋模様の小袖を着ている。小袖に家紋を付けたのは、自らの出自や、寺の創建と死後の法要の継続のために多大な功績を残した女性として、その女性の死後、家の継承者が讃えるために描かせた画像であったためであろう。

次に戦国期から近世初期にかけての風俗画の世界には、一般民衆も座した姿で多く登場する。『豊国祭礼図』の桟敷内に座って祭りを見物する女性たちは、おねを始め大名家の妻女や公家の妻女、また女房衆であったと思われるが、座り方は半ばは片膝立て、半ばはあぐらである[11]。

いっぽう京都大学附属図書館所蔵の『國女歌舞伎絵詞』に見える観客は、男女を問わず片膝立てかあぐらで座っている。屋内の男女の座り方が知られる資料としては、寛永年間成立とされる『彦根屏風』がある（図11）。この屏風に描かれる男女や子供は遊里に集う人々であるが、禿《かむろ》の女の子をはじめ片膝立てかあぐらで座っていることが見て取れる。正座が見あたらないのは、描かれた場所が遊里であったためであろう。

慶長年間の作といわれる『花下遊楽図屏風』（東京国立博物館所蔵）に見られる見物人は、女性ばかりの場面で、お堂と思われる大きな建物の縁側の高い部分や、建物の敷居部分に腰掛け、足を前に投げ出している。正座をしている者はいなかった。おねをはじめとして大名の妻女や、公家の妻女、女房衆、また祭りや歌舞伎踊りの見物にやってきた一般民衆の男女は、日常生活の場において、また肖像画に描かれるような一世一代のハレの場においてさえ、小袖のように体が楽に動かせて、足元まで自由に動かせ、それでいて体全体が隠れる、身幅の広い小袖を着ていたことがわかった。

そして彼ら、彼女らの座り方は、あぐらか片膝立てであったことも論証できたと思う。正座が見られるのは、近世初期以後であり、それも公の場においてであったとも結論できよう。

五　小袖着用の背景を探る

前節で検討したように、平安期に庶民女性の上衣・下着として登場した小袖は、戦国期から近世初期にかけてという時期には、大名クラスから庶民に至るまで、日常着・労働着として日本社会に定着していた。その理由の一つは、室町期の織物の幅に由来する。絹織物の織り幅は四二センチメートル前後と広いものであり、したがって身頃の巾は約八四センチメートルと大変広く、その身頃に半幅の袖が左右に付いたから、裄《ゆき》は六三センチメートル、両手を広げると手首から手首まで一二六センチメートルほどになる。いっぽう身丈は短めで着丈いっぱいかそれより短く仕立てられていた。また帯は細い紐状のものが、特に庶民には好まれた。

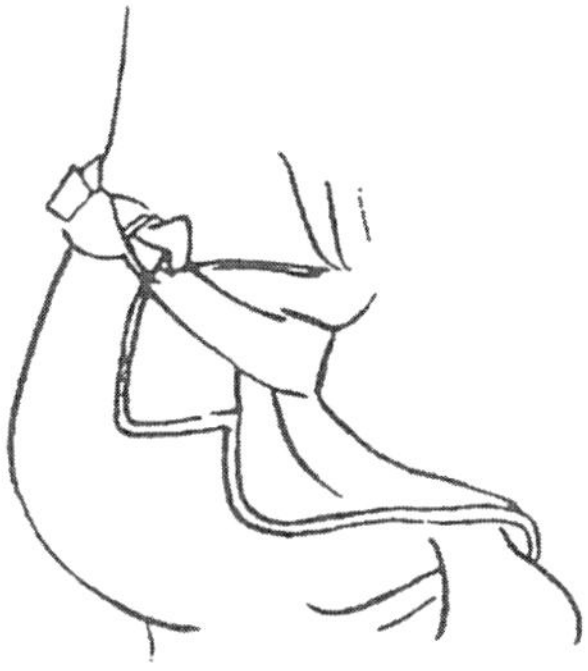

図12　小袖の着方。『近世風俗志』
小袖を着た姿を横から描く。

近世後期成立の随筆である喜田川守貞著『近世風俗志』[12]によると「古は男女ともに、衣服の幅ははなはだ広く（中略）襟《えり》は背に及べり、（中略）これ威儀の正しき故なり、女も帯広からざれども、衣服広き故に裾の開かざるなり」と述べている。「古《いにしえ》」とは中世のことであり、守貞は小袖が好まれた理由を的確に叙述していると思う。中世から近世の男女は日用着として小袖を着用し、小袖の帯の幅は近世以降のそれのように広くはなく、むしろ狭かったが、身頃が大変広く、身頃に付けた紐を前後にくくりつけると、活動しても裾が開くことはなく、人前でも恥ずかしくない姿が持続できたことを証明している。このような形状をとっていたため、小袖は庶民からトップクラスの男女、特に女性に、こよなく愛された日常着となり、普及したのである。

故実家として著名な伊勢下総守貞頼入道宗五が記した『宗五大双紙』[13]にも、

室町殿の殿中での家臣男女の衣替えについて「三月中ハあはせにうす小袖」「四月朔日よりあはせを着候」とあるので、袷《あわせ》の下に小袖を重ね着していたことがわかる。それ以後は五月五日から男衆は帷子、「女中」（女房衆）はすずし裏の練貫《ねりぬき》で、腰巻きにもすずし裏を付けること、八月朔日より練貫を着て、腰巻きに染め付けの小袖を着ること、九月朔日より袷、九日より小袖を（その下に）着たと記している。一〇月の亥子《いのこ》には、男女共に「むらさきの小袖」を用いたという。室町幕府に出仕する家臣・女房は、男女共に公式の場すなわち殿中でも、戦国期には小袖を着用することが習慣になっていたことがわかる。その理由は、直垂や袿に比べて小袖の特徴である動きやすさが生かされること、袖が小さく、袖口も小さかったので、寒さ対策としても理に叶った衣服であったためであると考える。

その他殿中では、男性は家紋の付いた小袖を着用する決まりであり、「大かたびら」を着るときは絹の小袖を着用し、僧躰の人は紬《つむぎ》の小袖を着ることなど、様々な決まりごとがあったことを宗五は記している。

室町時代以後近世を通じて、小袖は贈答品として大量に流通していた。先述の『宗五大双紙』や、明和三年（一七六六年）に解説を加えた伊勢貞丈《さだたけ》の『条々聞書』(14)に、小袖を人に贈るときは一〇、二〇また五つ三つの数で進呈すべきであって、一つというのは、見たことがないと述べている点から、小袖は複数というより、多数を先方に贈るのが礼儀とされていたことがわかる。その背景には、大量の小袖が生産され、あらゆる階層に喜んで用いられていた現実があったといえよう。

次の疑問は、おね以下の女性の肖像画や風俗画、また庶民の働く姿を検討した部分で述べたように、女性の日常の座り方はあぐらか片膝立てであり、肖像画のような最も輝かしい時代の姿を切り取った絵画でも、正座はなかった点である。この理由の一つは、身幅の広い小袖を着ていたので、体の動きが楽で、その上威儀を正した姿がとれたからであることは論証した。

もう一つの理由は住居や殿中の床の素材にあったと考える。肖像画では秀吉もおねもその他の女性たちも、繧繝縁の畳の上に敷物を敷いてその上に座っていたが、畳の下は、秀吉とおねの二枚の肖像画にはっきりと描かれているように、板の間であった。つまり室町幕府でも秀吉時代の大坂城でも、各部屋の床は基本的に板敷きであったとみてよい。

ではそこに畳が敷かれたのは、どのような理由によるのであろうか。住居に畳が敷き詰められるのは、戦国時代よりはるか後世であろうことは容易に想像できる。戦国期の室町将軍家でさえ、畳は限定された場合しか使用していなかった。先述の『宗五大双紙』が著されたのは大永八年（一五二八年）である。この双紙を引用しつつ解説する伊勢貞丈筆『条々聞書』には、「公方様御寝所にハ御座を志かれ候、其上に御むしろ敷被申候、御むしろのへり織物裏にすずしの絹付候、表は常のむしろ」とある。つまり「公方様」と呼ばれた足利義政・義尚・義植・義澄・義晴の五代の室町将軍家では、将軍の寝所には「御座」すなわち「あげ畳」を敷いており、その上に「むしろ」を敷いていたことがわかる。「むしろ」とは表が畳表で、裏にすずしの絹の布が当ててあり、四方の縁は織物の布で拵《こしら》えられ、四隅には房が付いている敷物であることもわかる。「御座」とあるように、寝所に敷かれる畳は「あげ畳」であって、常時敷いて置かれたものではなかったのである。つまり住居や幕府に敷かれる畳は、常時敷かれていたのではなく、高貴な人が睡眠をとったり、命令を下したり、肖像画を描かせるときなど特別の場合にのみ敷かれたのであって、常時敷き詰められていたわけではなかったと考える。

おねが語る羽柴藤吉郎秀吉との婚姻時の様子は、土間に簀掻藁《すがきわら》を敷き、その上に薄縁《うすべり》を敷いて婚姻をあげたという、質素なものである。当時の秀吉は信長の家臣ではあったが下級武士クラスであった。婚姻時、藤吉郎の家には、板敷の間もなかったのである。庶民クラスも同様であろう。おおむね京の町での庶民の家も、裕福な町人の家は、土間と板の間の組み合わせで成り立っていただろうから、そこで正座をすることは不可能に近い。戦国期の武士も庶民も、肖像画や『七十一番職人歌合』の図像に見られるように、男女共に座り方はあぐらか片膝立てであるのは、こうした当代の住環境に規定されていたと考える。

六　おわりに

日本人の衣服として古代の終わりつまり平安期から、多くの人に着用され愛用されて広がった小袖は、まず働く庶民女性の衣服として登場した。公式の場に出ることとは縁がなく、厳しい労働と生活環境のなかで生きていくためには、庶民が自分の衣服を動きやすいかたちに変えていくのは当然であった。なかでも古代・中世以降、庶民の家を代表するのは家父長たる男性であったから、男性には階層ごとの正装は必要であったが、庶民女性にはその必要性は薄かったので、日常着・労働着を共用して動きやすく改良することに支障はなかったであろう。この衣服の改良に合致したのが小袖であり、庶民の場合は、当然上衣としても肌着としても小袖は採用されたのである。

古代末・院政期以後に武士が登場すると、武士階級は小袖を日常着として採用し、室町幕府は小袖を殿中に仕える武士や女房の公式の着衣として公認した。殿中では様々な小袖が季節ごとに、上衣としても下着としても着用されたことは、『故実書』の記載から明らかである。

こうして室町・戦国期、近世初期に、小袖は多くの階層の男女に着用され、その姿は肖像画や風俗画の中に残された。このように武士ついで公家に、また庶民には古くから愛用されていた衣服が小袖であった。小袖がこれほど長い期間、しかも多くの人々に愛用された理由は、朝廷、幕府、寺社、公家などの邸宅の、仕事場や、寝起きする場所は板敷きであり、貴人や主君が座ったり寝たりするときにのみ、「あげ畳」を運び入れて敷いたからである。畳は重要な家財のうちに入っていた。家臣や客人は、通常板敷きの上に円座を敷いてその上に座るのが常であった。こうした住環境が畳敷きに代わるのは、大坂夏の陣（一六一五年）のころ以後のことであると考える。江戸中期以後には、肖像画にも畳の上に正座する学者の像などが見られるようになる。

屋内でも板敷きの間しかない近世初期までの時代にはそこに座ったり寝たりする人々は、正座を持続することは無理である。そのため身分の上下にかかわらず、男女共に、屋外でも屋内でも、座り方は片膝立てかあぐらであったと考える。肖像画に描かれた人々の座り方は、秀吉もおねも、板敷の部屋の床の上に畳と敷物を敷いて座っていたことが、それを証明している。

最後に、本書の共通テーマである「身体はだれのものか」に関して述べれば、小袖を自分流に改良して上衣として用い、普及させた庶民女性こそ、衣服を自分たちの身体に合わせてつくりあげた功労者であったといえよう。彼女らは、家父長制下で、家の代表とはなれない村落や都市の住民として暮らしており、夫が先立って後家になった場合のみ、家の代表者となりうるという、身分制下の男女不平等な社会に暮らしていたが、そのマイナス面を逆手に取って、生活と行動の自由、身体の自由を生かす衣服「小袖」を自らのものとし、他の階層にまで普及させ、日本前近代を代表する着衣へと進化させたのである。

注

(1) 神谷栄子編『小袖』日本の美術六七、至文堂、一九七一年。
(2)『日本絵巻大成』所収、一九七七年、中央公論社。
(3)『七十一番職人歌合新撰狂歌集古今夷曲集』新日本古典文学大系六一、岩波書店、一九九三年。
(4) 拙稿「中世京都の商業と女商人」『日本中世の社会と女性』吉川弘文館、一九九八年。
(5)『続日本の絵巻』中央公論社、一九九一年。
(6) 石川松太郎校注『庭訓往来』東洋文庫、平凡社、一九七三年。
(7) 京の女性史研究会編『京の女性史』京都府、一九九五年。
(8) 岡見政雄・佐竹昭広『標注洛中洛外屛風上杉本』岩波書店、一九八三年。
(9)『豊田武著作集』吉川弘文館、一九八二年。
(10) 宮島新一『肖像画』吉川弘文館、一九九四年。
(11) 拙稿「中世の坐態からみた衣と住」『日本中世の村落・女性・社会』吉川弘文館、二〇一一年。

(12) 宇佐美英機校訂、岩波文庫、一九九七年。
(13)『群書類従』巻四一三、続群書類従完成会、一九五五年訂正三版。
(14)『続々群書類従』七、続群書類従完成会、一九六九年。

[付記]二〇一六年九月、私の京都大学大学院生時代の先輩であり、京都橘大学に開学以来お勤めになり、私たち後進を導いてくださった脇田晴子先生が逝去された。脇田先生は女子大時代の橘大学の教員として多くの学生の指導にあたられ、「女性歴史文化研究所」創設の際には、学外からエールを贈っていただいた。また本学在職中、能楽部などの部活動でも、学生に懇切なご指導をいただいた。大きな学恩に対し、ささやかではあるが、本論文をもって献呈論文としたいと念じている。

あとがき

「はじめに」でも述べたように、身体というキーワードは人間にかかわるあらゆる学問分野の中でそれぞれ重要な位置を占めるものとなる。その意味で、本書のように文理融合の幅広い学際的な共同研究の格好のテーマとなりうるといえよう。本書の一〇本の論文と二つのコラムは、身体というテーマに対していかに多様な論じ方が可能かということを示している。この書籍は、女性歴史文化研究所のこれまでの刊行物とはこの点で異なっている。二一世紀における社会と学問の新たな状況のもとで、女性歴史文化研究所における研究活動も新しい展開が要請されているが、本研究はその第一歩といえるものでもある。

京都橘大学女性歴史文化研究所は一九九二年に開設され、今年度で二五周年を迎える。女性歴史文化研究所のミッションは、女性史・女性文化研究を中心に人文科学分野における質の高い研究活動をおこなうことで学術面での高い社会的評価を維持し、男女共同参画社会の実現という時代の要請に応じた課題にも適切に対応できるような研究活動を展開するとともに、これらの研究成果を地域や一般の市民にも発信し、社会に開かれた大学としての京都橘大学の姿勢を社会に向けて発信することである。このミッションのもと、開設以来、同研究所は活発な研究活動をおこない、その成果を出版物として世に問うとともに、その成果を学界および一般社会に発信してきた。本書もこうした活動の継続であり、上記のミッションの下に企画され刊行されたものである。

四年間のプロジェクト研究のあいだ、学内はもちろん学外の研究者の研究発表を聞く機会もあり、その成果も共同研究に取り入れられている。ここで、本書に原稿を寄せてくださった立教大学名誉教授の北山晴一先生と滋賀大学助教の橋本周子先生には改めて御礼を申し上げたい。学内の研究者も、近年の大学における公務の多忙にもかかわらず、本研究も意義に賛同してご執筆いただいたことはたいへんありがたく思っている。とくに、学部長や学科主任の激務のなかで執筆いただいた先生方（松浦京子文学部長、日比野英子健康科学部長、河原宣子看護学部長、横山茂樹理学療法学科主任）には感謝の気持ちを伝えたい。また、本学名誉教授であり京都橘大学の学長および女性歴史文化研究所の所長を務めてこられた田端泰子先生には、第一〇章をご執筆いただき、特段の感謝の言葉を申し上げたい。

また、本書の刊行には京都橘大学の関係する職員の皆さん（学術支援課）の協力が不可欠であった。これにも感謝の気持ちをあらわしたい。京都橘大学は今年度で開学五〇周年を迎え、この書籍もその記念事業の一環として大学から出版費用の援助をいただいている。これにも女性歴史文化研究所所長として感謝の言葉を述べておきたい。最後に、編集の事務を担当していただいた昭和堂の越道京子様にも、たいへんなご苦労をおかけしたことをお詫びし、感謝申し上げたい。

二〇一八年二月

京都橘大学女性歴史文化研究所所長

南　直人

◇◆編　者◆◇

南　直人（みなみ　なおと）　第三章

1957年生。大阪大学大学院文学研究科史学専攻博士後期課程中途退学。博士（文学）。京都橘大学文学部教授。専門は西洋史学、食文化研究。

主要著書に『ヨーロッパの舌はどう変わったか——十九世紀食卓革命』（講談社、1998年）、『世界の食文化⑬ドイツ』（農山漁村文化協会、2003年）、『身体と医療の教育社会史』（共著、昭和堂、2003年）、『食の経済』（共著、ドメス出版、2011年）、『医療の社会史——生・老・病・死』（共著、思文閣出版、2013年）、『宗教と食』（編著、ドメス出版、2014年）、『〈食〉から読み解くドイツ近代史』（ミネルヴァ書房、2015年）。

北山　晴一（きたやま　せいいち）　第一章

1944年生。東京大学大学院人文科学研究科修了。立教大学名誉教授。専門は身体社会学、社会史、社会学、社会デザイン学。

主要著書に『19世紀パリの原風景①おしゃれと権力』（三省堂、1985年）、『19世紀パリの原風景②美食と革命』（三省堂、1985年）、『美食の社会史』（朝日選書、1991年）、『おしゃれの社会史』（朝日選書、1991年）、『官能論』（講談社、1994年）、『普遍と多元——現代文化へ向けて』（共著、岩波講座世界歴史28、1999年）、『衣服は肉体になにを与えたか』（朝日選書、1999年）、『世界の食文化⑯ フランス』（農山漁村文化協会、2008年）、『医食同源　食とからだ・こころ』（共著、ドメス出版、2010年）、『乳房の文化論』（共編著、淡交社、2014年）、『顔の百科事典』（共編著、丸善出版、2015年）、『乳房の科学』（共編著、朝倉書店、2017年）。

日比野　英子（ひびの　えいこ）　第四章

1953年生。同志社大学大学院文学研究科心理学専攻博士後期課程単位取得後退学。京都橘大学健康科学部教授。専門は心理学、臨床心理学。

主要著書に『臨床心理学を基本から学ぶ』（共著、北大路出版、2004年）、『個と向き合う介護——美容福祉へのいざない』（共著、誠信書房、2006年）、『待ってるよ赤ちゃん——しんれつ・こうがいれつを持つ子どもを安心して迎えるために』（共著、法蔵館、2006年）、『メイクセラピーガイド』（共著、フレグランスジャーナル社、2008年）、『顔の百科事典』（共著、丸善出版、2015年）。

田端　泰子（たばた　やすこ）　第十章

1941年生。京都大学大学院文学研究科博士課程修了。博士（文学）。京都橘大学名誉教授。元京都橘大学学長。専門は日本中世史、日本女性史。

主要著書に『中世村落の構造と領主制』（法政大学出版局、1986年）、『日本中世の女性』（吉川弘文館、1987年）、『日本中世女性史論』（塙書房、1994年）、『日本中世の社会と女性』（吉川弘文館、1998年）、『幕府を背負った尼御台北条政子』（人文書院、2003年）、『山内一豊と千代』（岩波書店、2005年）、『北政所おね』（ミネルヴァ書房、2007年）、『細川ガラシャ』（ミネルヴァ書房、2010年）、『日本中世の村落・女性・社会』（吉川弘文館、2011年）、『医療の社会史——生・老・病・死』（共著、思文閣出版、2013年）。

◇◆執筆者◆◇

橋本　周子（はしもと　ちかこ）　第二章

京都大学大学院人間・環境学研究科共生人間学専攻修了。博士（人間・環境学）。滋賀県立大学人間文化学部助教。専門は思想史。

主要論文・著書に「19世紀初頭におけるグリモによる「グルマン」再定義の試み――新興富裕層の野卑と貴族的洗練のあいだ」（『人文学報』第103号、2013年）、「美食批評はいかにしてはじまったか――食卓にこめられた思想」（『αシノドス』158号、2014年）、『美食家の誕生――グリモと〈食〉のフランス革命』（名古屋大学出版会、2014年。第31回渋沢・クローデル賞ルイ・ヴィトン特別賞受賞）。

林　久美子（はやし　くみこ）　第五章

1958年生。大阪市立大学大学院文学研究科博士後期課程修了。博士（文学）。京都橘大学教授。専門は日本近世演劇・文学。

主要論文・著書に『近世前期浄瑠璃の基礎的研究』（和泉書院、1995年）、「善光寺開帳と浄瑠璃――元禄七年開帳の反映」（『文学史研究』第46号、2006年）、『表象のトランスジェンダー』（共著、新典社、2013年）、『日本人は日本をどうみてきたか――江戸から見る自意識の変遷』（共著、笠間書院、2015年）、「役行者千年忌と元禄期の演劇――『丹州千年狐』とその関連作品をめぐって」『神戸女子大学古典芸能研究センター紀要』第10号（2016年）、『説経　人は神仏に何を託そうとするのか』（共著、和泉書院、2017年）。

王　衛明（おう　えいめい）　第六章

1958年生。中国北京中央美術学院大学院アジア仏教美術史専攻博士課程単位取得満期退学。京都橘大学文学部教授。専門は東洋美術史、中国古代仏教美術史、魏晋南北朝・隋唐絵画史、中国古代美術史籍文献の研究。

主要著書に『大聖慈寺画史叢考――唐・五代・宋時期西濁仏教美術発展探源』（文化芸術出版社、北京、2005年）、『女たちのシルクロード――美の東西交流史』（共著、平凡社、2010年）、『医療の社会史――生・老・病・死』（共著、思文閣出版、2013年）、『敏而好学――王衛明『論語』書法作品集』（北京時代華文書局、2014年）。

小林　裕子（こばやし　ゆうこ）　第七章

1967年生。早稲田大学大学院文学研究科芸術学（芸術史）専攻博士課程単位取得満期退学。博士（文学）。京都橘大学文学部准教授。専門は日本・東洋美術史。

主要論文･著書に「法祖六祖像」（『興福寺――美術史研究のあゆみ』里文出版、2011年）、「浄瑠璃寺厨子入吉祥天像と解脱上人貞慶」（『てら　ゆき　めぐれ』中央公論美術出版､2012年）、「平等院経蔵と藤原氏」（『奈良美術研究』16、2015年）、「唐招提寺の舎利信仰」（『唐招提寺――美術史研究のあゆみ』里文出版､2016年）､「塔本四仏」（『西大寺――美術史研究のあゆみ』里文出版、2018年）、『興福寺創建期の研究』（中央公論美術出版 、2010年）。

米澤　洋子（よねざわ　ようこ）　第八章

1951 年生。京都橘大学大学院文学研究科博士後期課程単位取得退学。京都橘大学女性歴史研究所勤務を経て、現在同大学非常勤講師。専門は日本中世史。

主要論文・著書に「中世後期の柿の流通と生産活動　山科東庄との関連において」（『京都橘女子大学大学院研究論集』第 3 号、2005 年）、「山科家の栗贈答――中世後期の贈与行為に関する一考察」（『女性歴史文化研究所紀要』、2010 年）、『珠玉の荘園「新見庄」』（共著、備北民報社、2011 年）、『医療の社会史――生・老・病・死』（共著、思文閣出版、2013 年）。

松浦　京子（まつうら きょうこ）　第九章

1956 年生。文学修士。京都橘大学文学部教授。専門はイギリス近代史。

主要論文・著書に「19 世紀後半のイギリスにおける巡回訪問看護――リバプール・スキームとランヤード・ミッションの活動を中心に」（『女性歴史文化研究所紀要』第 23 号）、『世紀転換期イギリスの人びと――アソシエイションとシティズンシップ』（共著、人文書院、2000 年）、『空間のイギリス史』（共著、山川出版社、2005 年）、『異文化交流史の再検討――日本近代の〈経験〉とその周辺』（共著、平凡社、2011 年）など。

河原　宣子（かわはら　のりこ）　コラム

1964 年生。三重大学大学院生物資源学研究科修士課程修了。京都橘大学看護学部教授。専門は看護学、家族看護学、災害看護学、国際看護学。

主要著書に『ナース発東日本大震災レポートルポ・そのとき看護は』（共著、日本看護協会出版会、2011 年）、『ルポ・そのとき看護は――ナース発東日本大震災レポート』（共著、日本看護協会出版会、2011 年）、『医療福祉学の道標』（共著、金芳堂、2011 年）、『障害者の自立生活支援と医療福祉』（共著、金芳堂、2011 年）、『看護学生のためのよくわかる大学での学び方スタディ・スキル』（共著、金芳堂、2014 年）。

横山　茂樹（よこやま　しげき）　コラム

1965 年生。長崎大学大学院医歯薬学総合研究科医療科学専攻博士課程修了。博士（医学）。京都橘大学健康科学部教授。専門は人間医工学、外科系臨床医学、スポーツリハビリテーション、運動器系理学療法。

主要論文に「頸部・体幹のスポーツ障害の理学療法における臨床推論の考え方・あり方」（『理学療法』第 33 号、2016 年）、「高校野球選手における小胸筋に対するストレッチ方法の違いが小胸筋長および肩甲骨位置に与える影響」（『理学療法学』43、2016 年）、「慢性足関節不安定性（Chronic Ankle Instability；CAI）に対する固有感覚トレーニングの有効性とその課題」（『スポーツメディスン』28、2016 年）、「膝前十字靱帯再建術後 1 年時における片脚ジャンプ動作の運動学・運動力学的特性」（『臨床歩行分析研究会誌』3、2016 年）。

京都橘大学女性歴史文化研究所叢書
身体はだれのものか
——比較史でみる装いとケア

2018年3月30日　初版第1刷発行

編　者　南　直人
北山　晴一
日比野英子
田端　泰子
発行者　杉田　啓三

〒607-8494　京都市山科区日ノ岡堤谷町3-1
発行所　株式会社　昭和堂
振替口座　01060-5-9347
TEL (075) 502-7500/FAX (075) 502-7501

印刷　モリモト印刷

ISBN978-4-8122-1712-2
＊落丁本・乱丁本はお取り替えいたします
Printed in Japan

フランス王妃列伝
――アンヌ・ド・ブルターニュからマリー＝アントワネットまで

阿河雄二郎・嶋中博章　編

四六版上製・二九六頁　定価（本体二八〇〇円＋税）

王妃とは何か？

最新の研究成果をもとに、激動の時代を生きた十人のフランス王妃の姿をドラマティックかつリアルに描き出す。

彼女たちの生きざま、王妃の役割、王妃と政治について真摯に考察した、日本とフランスの歴史家による新たな王妃論。